世界哲學家叢書

法　藏

方立天著

1991

東大圖書公司印行

國立中央圖書館出版品預行編目資料

法藏／方立天著.--初版.--臺北市：
東大出版：三民總經銷，民80
面；　　公分.--(世界哲學家叢書)
參考書目：面
含索引
ISBN 957-19-1308-1（精裝）
ISBN 957-19-1309-X（平裝）

1.（唐）法藏-學識-佛學 2.華嚴宗-傳記

226.39　　　　80001614

© 法藏

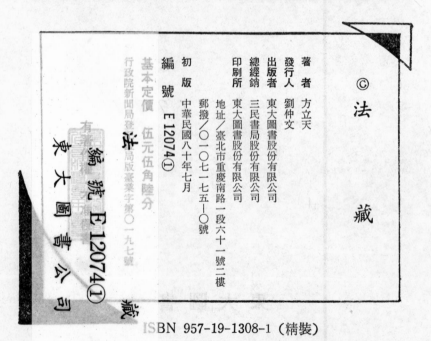

著者　方立天
發行人　劉仲文
出版者　東大圖書股份有限公司
總經銷　三民書局股份有限公司
印刷所　東大圖書股份有限公司
地址／臺北市重慶南路一段六十一號二樓
郵撥／〇一〇七一七五一〇號
初版　中華民國八十年七月
編號　E 12074①
基本定價　伍元伍角陸分
行政院新聞局登記證局版臺業字第〇一九七號

法藏
編號 E 12074①
東大圖書公司

ISBN 957-19-1308-1（精裝）

《世界哲學家叢書》總序

本叢書的出版計劃原先出於三民書局董事長劉振強先生多年來的構想，曾先向政通提出，並希望我們兩人共同負責主編工作。一九八四年二月底，偉勳應邀訪問香港中文大學哲學系，三月中旬順道來臺，即與政通拜訪劉先生，在三民書局二樓辦公室商談有關叢書出版的初步計劃。我們十分贊同劉先生的構想，認爲此套叢書（預計百册以上）如能順利完成，當是學術文化出版事業的一大創舉與突破，也就當場答應劉先生的誠懇邀請，共同擔任叢書主編。兩人私下也爲叢書的計劃討論多次，擬定了「撰稿細則」，以求各書可循的統一規格，尤其在內容上特別要求各書必須包括（1）原哲學思想家的生平；（2）時代背景與社會環境；（3）思想傳承與改造；（4）思想特徵及其獨創性；（5）歷史地位；（6）對後世的影響（包括歷代對他的評價），以及（7）思想的現代意義。

作爲叢書主編，我們都了解到，以目前極有限的財源、人力與時間，要去完成多達三、四百册的大規模而齊全的叢書，根本是不可能的事。光就人力一點來說，少數教授學者由於個人的某些困難（如筆債太多之類），不克參加；因此我們曾對較有餘力的簽約作者，暗示過繼續邀請他們多撰一兩本書的可能性。遺憾的是，此刻在政治上整個中國仍然處於「一分爲二」的艱苦狀態，加上馬列教條的種種限制，我們不可能邀請大陸學者參與撰寫工作。不過到目前爲止，我們已經獲得八十位以上海內外的學者精英全力支持，包括臺灣、香港、新加坡、澳洲、美國、西德與加拿大七個地區；難得的是，更包括了日本與大韓民國好多位名流學者加入叢書作者的陣容，增加不少叢書的國際光彩。韓國的國際退溪學會也在定期月刊《退溪學界消息》鄭重推薦叢書兩次，我們藉此機會表示謝意。

原則上，本叢書應該包括古今中外所有著名的哲學思想家，但是除了財源問題之外也有人才不足的實際困難。就西方哲學來說，一大半作者的專長與興趣都集中在現代哲學部門，反映著我們在近代哲學的專門人才不太充足。再就東方哲學而言，印度哲學部門很難找到適當的專家與作者；至於貫穿整個亞洲思想文化的佛教部門，在中、韓兩國的佛教思想家方面雖有十位左右的作者參加，日本佛教與印度佛教方面卻仍近乎空白。人才與作者最多的是在儒家思想家這個部門，包括中、韓、日三國的儒學發展在內，最能令人滿意。總之，我們尋找叢書作者所遭遇到的這些困難，對於我們有一學術研究的重要啟示(或不如說是警號)：我們在印度思想、日本佛教以及西方哲學方面至今仍無高度的研究成果，我們必須早日設法彌補這些方面的人才缺失，以便提高我們的學術水平。相比之下，鄰邦日本一百多年來已造就了東西方哲學幾乎每一部門的專家學者，足資借鏡，有待我們迎頭趕上。

以儒、道、佛三家爲主的中國哲學，可以說是傳統中國思想與文化的本有根基，有待我們經過一番批判的繼承與創造的發展，重新提高它在世界哲學應有的地位。爲了解決此一時代課題，我們實有必要重新比較中國哲學與（包括西方與日、韓、印等東方國家在內的）外國哲學的優劣長短，從中設法開闢一條合乎未來中國所需求的哲學理路。我們衷心盼望，本叢書將有助於讀者對此時代課題的深切關注反思，且有助於中外哲學之間更進一步的交流與會通。

最後，我們應該強調，中國目前雖仍處於「一分爲二」的政治局面，但是海峽兩岸的每一知識份子都應具有「文化中國」的共識共認，爲了祖國傳統思想與文化的繼往開來承擔一份責任，這也是我們主編《世界哲學家叢書》的一大旨趣。

傅偉勳　韋政通

一九八六年五月四日

自序

兩年前，我尊敬的友人，美國天普大學教授傅偉勳先生來函，邀我為《世界哲學家叢書》撰寫《法藏》一書。近日又蒙偉勳兄惠贈佳作《從創造的詮釋學到大乘佛學》，書中〈關於佛教研究的方法論與迫切課題〉一文謂：邀請中國大陸學者撰寫叢書，「對於海峽兩岸的佛教學術交流具有象徵性的時代意義」❶。傅先生和韋政通兩位教授精心策劃，主編《世界哲學家叢書》，不僅有助於推動中國傳統優秀哲學走向世界，也有助於促進海峽兩岸的文化交流，增進兩岸學者的同胞情誼。我作為一個大陸的知識份子，也正是為了祖國傳統哲學與文化的繼往開來的宏偉事業，而十分愉快地接受和承擔撰寫《法藏》的任務。

法藏（公元 643-712 年），是唐代佛教華嚴宗的實際創始人，一位著名的佛學家、哲學家、翻譯家、社會活動家和書法家。他的宗教活動和哲學思想給當時和後世的佛教生活和文化思想的影響是多方面的、深遠的。在佛教史上，對於華嚴學思想的發展、判教學說和修行實踐等，都帶來了巨大的衝擊和變化，對於和天台宗、唯識宗、禪宗的關係，也帶來了複雜的影響和作用，

---

❶ 《從創造的詮釋學到大乘佛學》，東大圖書公司，1990 年7月版，頁 338。

並且推動了朝鮮和日本的華嚴宗的創立和發展。在哲學史上，法藏以風格獨特的現象論、本體論、人生理想論、心性論和認識論等，豐富了古代哲學的寶庫，並推動了宋明理學的形成和發展。法藏在中國佛教史、哲學史和中外文化交流史上，都占有重要的地位。在我看來，法藏創立的佛教華嚴宗，在哲學思維、理論思辨方面，已達到了登峰造極的地步，代表了中國佛教哲學的最高水準。因此，系統地研究、總結法藏的生平活動和哲學思想，是有重要意義的。

本書的結構是分四部分，共設九章。第一部分包括第一、二章，敍述法藏的生平、創宗活動及其社會背景和學說淵源。第二部分卽第三章，是講法藏的判教學說。第三部分為第四、五、六、七、八章，全面地剖析法藏的哲學思想——世界觀、人生觀和認識論。第四部分卽第九章，總結法藏的思想影響和歷史地位。

第一、二章，突出法藏的創宗活動，圍繞這一中心，詳盡地介紹了法藏的生平事蹟。書中敍述了法藏的身世、投師和披剃的情況，並從譯經、著述、講學、弘法、培養弟子和創建華嚴寺等，多方面地論述法藏創立華嚴宗的理論活動和實際活動。隨後從政治、經濟和文化的角度，就唐代統一的政治局面、武則天的大力支持、雄厚的寺院經濟和佛教自主性的提高四個方面，分析法藏創宗的社會背景。最後，闡述了《華嚴經》、地論學、攝論學、《大乘起信論》和天台宗、唯識宗對法藏思想的影響，以全面地揭示法藏的學說淵源。

判教學說是法藏學說的重要方面，也是法藏創立華嚴宗的重要標誌。本書第三章以歷史哲學的視角，認為判教論是一種佛教文獻次第觀、佛教義理深淺觀和佛教派別優劣觀，並就法藏先前的判教諸說、法藏判教的具體內容（五教、十宗、同別二教和本末二教）、哲學意義、貢獻與缺陷，盡力作出平實的敍述和論說。

論述法藏的哲學思想是本書的主體部分，特設五章，分自然哲學、人生哲學和認識論三個方面，加以發掘、闡釋。第四、五、六共三章論述法藏的自然哲學思想，是本書主體部分的基本工程。這三章把法藏的法界緣起論學說歸結為宇宙生成論、宇宙圓融論和宇宙本體論三個層次，比較系統而詳盡地介紹了法藏的三性同異、因門六義、緣起十義、六相圓融、十玄無礙和一心法界等學說及其哲學義蘊。第七章是論述法藏的人生理想論，着重說明成就人生理想的根據（佛性論）、實現人生理想的途徑（行位論）和人生最高理想境界（佛身、佛土論）三個基本問題。第八章是着重講法藏對宇宙和人生的認識方法，分別介紹了他的法界觀、十重唯識觀和妄盡還源觀的內涵，揭示了這些觀法的途徑、目的、內在邏輯聯繫與思維特徵。

本書最後一部分第九章，帶有總結的性質，是從法藏的思想業績出發，着重考察他在佛教史和哲學史上的作用與影響，然後評估其在歷史上的地位。

在長期從事中國哲學和中國佛教的研究過程中，我對華嚴宗和禪宗產生了濃厚的探索興趣，因為，在我看來，佛教中的這兩大宗派，不僅是中國化了佛教派別，而且對唐宋以來中國思想文化的發展產生了最為巨大和深遠的影響，研究華嚴宗和禪宗，對於科學總結唐宋以來的中國傳統文化具有十分重要的意義。撰寫《法藏》一書是我研究華嚴宗思想的一個成果。在寫作的指導思想和方法上，我注意了以下兩個方面：一是學術性，卽着重從學術的角度去論述法藏。學術性貴在實事求是，為此全書注意充分運用法藏的歷史事蹟和基本著作來加以描述性的介紹，並着重運用現代語言加以清晰的說明，以求客觀而全面的論述法藏的生平業績、哲學內容、思想作用和歷史地位。二是思想性，全書的重點是論述法藏的哲學思想，卽努力揭示、分析法藏著作中的哲學思想，加以現代化的表述、闡釋。我在寫作時，特別重視闡發法藏的一系列概念、範疇、命題和思想的哲學意義，剖析其所含的哲學思想內涵，總結其思維方式的類型和特徵，並適當地與當代某些相關學說，如一般系統論、宇宙全息統一論等加以比觀評價，從而力求呈現出法藏哲學思想的真實面貌、基本特徵和時代意義。同時，也指出法藏的哲學思想是如何為其佛敎理想和佛敎實踐作論證的基本事實。

我希望本書的問世，有助於推動佛敎學術研究的進一步展開，有助於發揚中國傳統文化的優秀傳統，從而對時代精神、道德文明的建設產生積極的作用。

最後，我對傅、韋兩位敎授邀我撰寫《法藏》的盛情，再次表示衷心的感謝。

方立天

一九九一、六、三〇

法 藏 目 次

第一章　法藏的生平與其創宗活動

唐代沙門法藏，也稱康藏法師、國一法師、賢首大師、賢首菩薩、香象大師，是中國重要的佛教翻譯家、著名的佛教理論家和宣傳家，被華嚴宗人尊爲三祖，實際上是中國佛教華嚴宗的創始人。法藏善於施展法術，還長於書法，又是中、印、朝、日之間文化交流和人民友好的推動者。

法藏畢生最大的業績是創立佛教華嚴宗。法藏以其優異的主觀條件，有利的客觀環境，幸運的機遇，非凡的才智，高遠的抱負，總攬衆流，取舍整合，融結出一種新的理境，創造出了新的宗派。法藏和華嚴宗的哲學理論思維是中國佛教各宗派中水準最高的，是中國佛教理論思維的頂峰，極大地推進了中國佛教思想的發展，爲中國佛教史、哲學史、思維史、文化史增添了新的重要的一章。

法藏創立的華嚴宗迄今依然活躍在東亞地區，他本人的大量著述及其所包涵的豐富的哲學思想，足以使他成爲古代世界級的哲學家而當之無愧。法藏給後人的哲學遺產一直不斷地爲爾後的學人思考、咀嚼、研究、總結。

第一節　身世、投師與披剃

釋法藏，梵文達摩多羅，字賢首，梵文跋陀羅室利。唐太宗貞觀十七年（公元643年）十一月二日生於唐都長安。因係西域康居❶僑裔，又稱康法藏、康藏。按照東漢以來的習慣，凡來華的譯師和僑民，都在名字前冠以原國名稱，如來自天竺的竺法蘭，來自安息的安世高，又如僧會來自康居稱康僧會，法藏也是如此。僧傳說法藏俗姓「康」，嚴格說來，與我國所稱的姓是不同的。

法藏出身於世宦之家，他的高祖、曾祖蟬聯爲康居國的宰相，地位很高。他的祖父來長安僑居，父親康謐，任唐王朝的左衞中郎將，弟康寶藏也在唐王朝任要職。法藏出身於仕宦世家，又是西域僑民，這兩種情況對於後來法藏的人生道路以及與唐王朝的密切交往都有重要的關係。

法藏幼年和少年的生活情況已無從稽考，史籍記載自十六歲始。康居人多信佛教，法藏又處在長安佛教興盛的氛圍中，自然容易萌生仰慕佛教的心理。他在十六歲時曾到岐州法門寺❷舍利塔前，燃煉指頭一根。「煉指」，是佛教徒一種舍身供佛的重要宗教行爲，以表示對佛教信仰的虔誠，這是法藏決心信仰佛教的重要標誌。第二年，法藏開始了離家游學活動，入太白山學道。史載，法藏「於太白山餌朮數年，敷閱方等」❸「雲棲朮食，久

---

❶　康居，今蘇聯烏兹別克共和國撒馬爾罕一帶。

❷　法門寺在今陝西省鳳翔縣境內。

❸❹崔致遠：〈唐大薦福寺故寺主翻經大德法藏和尚傳〉，見《華嚴金師子章校釋》，中華書局，1983 年 9 月版，頁 175。拙著《華嚴

玩《雜華》」❹。《雜華》卽《華嚴》。法藏一面學道家神仙道術服食法，吃白朮數年，一面閱讀佛敎《華嚴經》等大乘經典。後來因母親身體染疾，下山回長安奉侍慈母❺。法藏入山數年，返回長安，當在二十歲左右。法藏得知沙門智儼（公元 602-668年）在雲華寺講授《華嚴經》，就去該寺拜智儼爲師。史載法藏和智儼初次見面時，就提出了一些問題，言出意表，深得智儼的賞識。智儼嗟賞說：「比丘義龍輩，尙罕扣斯端，何計仁賢，發皇耳目？」❻意思是說，就是有學識的比丘也提不出這樣深刻的問題，沒想到法藏這樣年輕居士的見解竟使人耳目一新。法藏給智儼留下了極爲深刻、良好的印象。法藏投師智儼，是他人生道路上的一塊界碑，確定了他信奉佛敎的方向與重點，標誌着他專攻華嚴、弘揚華嚴、振興華嚴事業的開始。

法藏在智儼門下前後九年，直至智儼逝世。師徒相處甚爲融洽。法藏非常尊敬和欽佩師父智儼，智儼也十分欣賞和重視弟子法藏。在此期間，法藏着重研究《華嚴》，同時也兼講《梵網》

（續）金師子章校釋》集錄了法藏的有關傳記。爲便於查閱，本書凡引用有關法藏生平活動的資料，其出處均註《華嚴金師子章校釋》的頁碼。

❺ <唐大薦福寺故寺主翻經大德法藏和尙傳>「第二科」謂：「後聞親疾，出谷入京」，「第七科」謂「因入山學道，屬慈親不愈，歸奉庭闈。」（見《華嚴金師子章校釋》，中華書局，1983年9月版，頁175、181）。然續法《法界宗五祖略記》謂「後聞慈親不悅，歸奉庭闈。」（見《華嚴金師子章校釋》，中華書局1983年9月版，頁194）。「愈」字，旣可作身體康復解，又通「愉」，而和「悅」義同。看來，法藏下山回家的原因是母親患病還是母親不悅，已難確證，筆者傾向於母親患病說。如若母親不高興，則是指法藏在山學道朮食之事。

❻ <唐大薦福寺故寺主翻經大德法藏和尙傳>，見《華嚴金師子章校釋》，中華書局，1983年9月版，頁175。

等佛典。也曾請釋迦彌多羅尊者授菩薩戒。和法藏同學的有新羅沙門義湘。義湘在智儼逝世後三年回國，創立華嚴宗，成爲海東華嚴宗初祖。智儼一人調教出中國和新羅兩個國家的華嚴祖師，這是佛教史上罕見的現象。在智儼生前，法藏始終是沒有出家的居士。當時度僧，一是要在國家婚喪大典時，再是要由國家批准。直至智儼逝世，法藏還沒有披剃的機會。智儼認定法藏是自己的理想接班人，度他出家的心情極爲迫切。在他去世前，還念念不忘促成法藏披剃，特意向佛教界大德推薦，囑托道成、薄塵兩位弟子，說法藏:「注意於《華嚴》，蓋無師自悟，紹隆遺法，其惟是人。幸假余光，俾沾剃度。」❼智儼去世後二年，即唐高宗咸亨元年（公元670年），武后則天的生母榮國夫人楊氏逝世，她爲了「廣樹福田」，替母親積功德，決定度一批人爲僧，並捨榮國夫人住宅爲太原寺。道成、薄塵等大德立即連狀薦舉法藏。法藏奉命剃度於太原道場，並奉詔爲該寺住持。法藏時年二十八歲。太原寺住持一職，由於榮國夫人係佛教的大護法，武則天又是朝廷炙手可熱的人物，因此，不僅是很高的榮譽，而且爲法藏與王朝最高層人士的接觸奠立了基礎。這也表明了法藏的佛學造詣獲得了佛教界與朝廷的普遍信任與推崇。法藏任住持後，就承旨在太原寺講《華嚴經》。四年以後，唐高宗又降旨命京都十位佛教大德爲法藏受滿分戒。從此法藏成爲正式的比丘僧❽。法藏剃度和受戒都是在唐王朝最高統治者的直接關懷下完

---

❼ <唐大薦福寺故寺主翻經大德法藏和尚傳>，見《華嚴金師子章校釋》，中華書局，1983 年9月版，頁 175。

❽ 續法在《法界宗五祖略記》中說，在命十大德爲法藏受具足戒時，還爲法藏賜號首賢。但該文末又云，法藏死後，「勅謚賢首。」前後不一。又據唐末來華活動的新羅學者崔致遠在<唐大

成的，隆重顯赫，非同凡響，客觀上爲法藏弘揚華嚴開闢了前進道路，顯示着法藏弘揚華嚴事業的廣濶前景。

第二節　創宗的理論活動

法藏出家後，大力從事多方面的弘法活動。這些活動概括起來就是創立佛敎宗派華嚴宗。法藏創宗意識是由自發進到自覺，逐漸增強的。至晚在法藏成爲正式的比丘僧後十年，已有強烈的創宗企圖。〈唐大薦福寺故寺主翻經大德法藏和尚傳〉中有一段十分重要的話：

> 藏也蓄銳俟時，解紛為念。旣遇日照三藏，乃問：「西域古德其或判一代聖敎之昇降乎？」答曰：「近代天竺有二大論師，一名戒賢，二稱智光。賢則遠承慈氏、無著，近踵護法、難陀，立法相宗。光卽遠體曼殊、龍樹，近稟青目、清辯，立法性宗。由是華梵兩融，色空雙泯，風除惑霧，日釋疑冰。（具如《探玄》所釋。）……以梁、陳間，有慧文禪師，學龍樹法，授衡岳思，思傳智顗，顗付灌頂。三葉騰芳，宛若前朝佛澄、安、遠。……說通判四敎之歸，圓悟顯一乘之極。藏以寢處定慧，異代同心，隨決敎宗，加頓為五。……或開或合，有別有同，融正覺之圓

（續）薦福寺主翻經大德法藏和尚傳＞中說：「釋法藏者，梵言達摩多羅，字賢首，梵言跋陀羅室利。」列出法藏的名和字的梵文音訓，字賢首應是原來取定的。法藏在《華嚴經傳記》中的智儼傳裏講到師父的「門人懷齊、賢首」云云，賢首也似非賜號。但是否如續法所記，是「署字爲號」呢？看來這個問題難以考證確切了。

心，變方來之邪見，永標龜鏡，實淬牛刀❾。

法藏既了解當時印度佛教分宗的情況，又有前人慧文、慧思、智顗創天台宗的前例，更是堅定了創立宗派的決心。法藏既有判教立宗的抱負，又有優異的條件與環境，而且精進勇猛，使整個創宗活動進展十分順利。法藏的創宗活動主要分理論活動和實際活動兩個方面。在理論活動方面以譯經和著述兩項爲最重要。

一、譯　經

中國佛教宗派一般都以印度的某一種或幾種佛典爲立宗的理論依據，不同宗派的形成往往與佛典的翻譯分不開，尤其是法相唯識宗、華嚴宗和密宗等宗派，都和創宗者主持或參加譯經直接相關。法藏創立華嚴宗就是以奉譯出的《華嚴經》爲根據的。法藏本人也具備非常優異的翻譯條件，「本資西胤，雅善梵言；生寓東華，精詳漢字。」❿法藏原籍西域康居，懂得梵文，又生長在中國，精通漢語，具有由梵譯漢的很大優勢。而且法藏理解力很強，又擅長文字表達，在當時確是一位傑出的佛經翻譯家。

據史載，法藏在唐高宗調露元年（公元 679 年）開始參加譯事，至唐中宗景龍四年（公元 710 年）止，前後三十多年，參加譯經活動是相當頻繁的。法藏參加翻譯，對於《華嚴經》最爲關注，又是補缺，又是再譯，可謂不遺餘力。早在東晉時，北印度人佛馱跋陀羅（覺賢）來華，在建康（今南京）譯出《華嚴經》

❾ 見《華嚴金師子章校釋》，中華書局，1983年9月版，頁185-186。

❿ <唐大薦福寺故寺主翻經大德法藏和尙傳>，見《華嚴金師子章校釋》，中華書局，1983 年 9 月版，頁 178。

大本五十卷。後經沙門慧嚴、慧觀，學士謝靈運等人潤文，分爲六十卷行世，稱《六十華嚴》。調露元年（公元 679 年），中印度人地婆訶羅（日照三藏）來華，帶來梵本《華嚴經》。法藏對《六十華嚴》不很滿意，總覺得有闕文，就和日照共同勘校，果然發現《六十華嚴》有兩處脫文。於是上奏朝廷，奉命與道成、薄塵等大德譯出脫文，細心補遺。武則天卽皇位後，又遣使赴于闐求索《華嚴》梵本，並請實叉難陀（喜學）同來主持譯事。此次譯經，十分隆重，譯者規格很高，由梵僧戰陀、提婆譯語，法藏筆受，復禮綴文，義淨、圓測、弘景、神英、法寶等證義，自證聖元年至聖歷二年（公元 695-699 年），五年功畢，共成八十卷，世稱《八十華嚴》。實叉難陀譯本，比以往譯本增添了九千偈，仍缺日照所補脫文。法藏又將脫文補上，成爲《華嚴經》的第四個譯本⓫。東晉譯本和唐譯本都缺日照所補的脫文，很可能原本就有兩種不同的譯本。從法藏參加《華嚴經》的翻譯過程來看，他對該經的翻譯與補遺的貢獻是大的，也說明他對該經是深有研究的。

法藏除了參加翻譯《華嚴經》外，還參與了一系列重要佛典的譯事。史載，唐高宗調露元年（公元 679 年）始，法藏奉旨與地婆訶羅以及道成、薄塵、大乘基等，共同翻譯《密嚴》等經、《顯識》等論，後共成十多部，二十四卷。武則天久視元年（公元 700 年），法藏應詔在洛陽三陽宮與實叉難陀、彌陀山共同譯出《大乘入楞伽經》。二年後，又在長安清禪寺與實叉難陀譯《文殊師利授記經》。長安三年（公元 703 年），法藏奉詔爲證

⓫《華嚴經》四譯本爲東晉譯本、日照補遺本、唐譯本、法藏校補本。

義，與義淨三藏等華梵十四人，共譯《金光明最勝王經》等二十一部，一百十五卷。唐中宗神龍元年（公元 705 年），法藏應詔與彌陀山共譯《無垢淨光陀羅尼經》。次年奉詔於西崇福寺與菩提流支同譯《大寶積經》，法藏爲證義。景龍二年（公元 708 年）奉旨入內殿，與義淨三藏同譯《藥師琉璃光七佛本願功德經》。後二年，又應詔與菩提流支續譯《大寶積經》，以中書陸象先、尚書郭元振、宰相張說潤文，譯成共一百二十卷。由上可見，法藏後三十多年幾乎是不間斷地參加譯事，其職責以證義居多。譯經有一定的組織規制。證義是審閱佛典譯文文義，把關以保證質量，可見其重要，也表明法藏是當時佛學界的佼佼者，他的佛學素養是衆所公認的。

法藏是否參加過玄奘的譯事活動，是法藏生平的一大懸案。最早說法藏參與了玄奘的譯經活動是宋人贊寧，他在《續高僧傳·法藏傳》中說：

> （法藏）薄游長安，彌露鋒穎。尋應名僧義學之選。屬奘師譯經，始預其間。後因筆授、證義、潤文、見識不同，而出譯場⑫。

這段記載，問題很多，近人呂澂、巨贊等均明確加以否定⑬。從史料和史實兩方面考察，贊寧的說法是站不住腳的。就史料

---

⑫ 見《華嚴金師子章校釋》，中華書局，1983 年 9 月版，頁 190。
⑬ 見呂澂《中國佛學源流略講》，中華書局，1979年 8 月版，頁353。鑒安（巨贊）：〈華嚴宗的傳承及其他〉，見張曼濤主編《現代佛教學術叢刊》第 34 册，大乘文化出版社，1981 年 7 月二版，頁 242。

方面說，唐人閻朝隱在法藏逝世不久作的〈大唐大薦福寺故大德康藏法師之碑〉不見記載，新羅人崔致遠在唐朝考中進士，做過大官，他作長篇的〈唐大薦福寺故寺主翻經大德法藏和尙傳〉，詳細敍述了法藏的譯經活動和過程，也根本沒有提到此事。法藏若有如此重要的譯經活動，怎能不在閻氏所作的碑文，尤其是崔氏把法藏作爲翻經大德加以立傳的傳文都不見記載，反而首次出現在法藏身後二、三百年的贊寧作的僧傳中呢？再從史實方面考察，存在的問題、矛盾之處也很多：⑴玄奘逝世於唐高宗麟德元年（公元664年），當時法藏僅二十二歲。說玄奘組織譯場，法藏「始預其間」，始予於何年沒說，但起碼應在玄奘死前幾年，時法藏才十多歲，如何有可能？⑵法藏是在玄奘逝世後六年出家受戒的，一個還沒有出家受戒的居士，不是名僧，怎能應「名僧義學之選」？⑶法藏的師父智儼是後玄奘四年去世的，據史載，法藏跟隨智儼九年，專攻《華嚴》，在此期間法藏怎能離開智儼，後又回到智儼身邊？⑷玄奘譯場的層次很高，都是屬於講解大小乘經論，爲時輩所推崇的名僧大德，而且又是經過朝廷批准的，這些人的名單保存在《大唐大慈恩寺三藏法師傳》中，其中並沒有法藏的名字⑭。⑸譯場有一定的組織規制，分工十分明確，筆受、證義、潤文各有專職，年輕的法藏怎能兼任數職，且和各項專職人員都發生「見識不同」的分歧呢？⑹參加玄奘的譯事是經過朝廷批准的，怎能任意退出譯場？法藏又係年

---

⑭　《大唐大慈恩寺三藏法師傳》卷6：「將事翻譯，（玄奘）乃條疏所須證義、綴文、筆受、書手等數，以申留守司空梁國公玄齡。玄齡遣所司具狀發使定州啓奏。」見《大正藏》卷50，頁253下、254上。傳內證義十二人，綴文九人，字學一人，證梵語梵文一人，都有具體的名字。

輕的僑民，何以敢如此驕恣狂且？從以上理由來看，所謂法藏參與玄奘的譯事，是屬不經之談。

二、著　述

與譯經不同，著述是闡釋佛典義蘊，發揮作者心得見解的，對開教立宗具有更重要的意義。法藏一生勤於著述，著作等身。這些著作的寫作年代多已無從考證，只有少數的可以推斷出時限。法藏著作佚失的也不少，但較多的還是保存下來了。對於法藏現存和佚失的著作，有關研究論著彔說不一，現據各種資料，列目錄於下：

(一)現存著作：

1.《華嚴經探玄記》，二十卷。

2.《華嚴一乘教義分齊章》，又稱《教分記》、《五教章》，三卷或四卷。

3.《華嚴經旨歸》，一卷。

4.《華嚴經文義綱目》，一卷。

5.《華嚴經義海百門》（《華嚴法界義海》），一卷。

6.《華嚴金師子章》，一卷。

7.《華嚴策林》，一卷。

8.《修華嚴奧旨妄盡還源觀》（《華嚴妄盡還源觀》），一卷。

9.《華嚴發菩提心章》，一卷。

10.《華嚴經問答》，二卷。

11.《華嚴經明法品內立三寶章》（《華嚴雜章門》），二卷。

12.《華嚴遊心法界記》，一卷。

13.《華嚴經關脈義記》（依八十卷《華嚴》），一卷。

14.《華嚴經普賢觀行法門》(《華嚴十重止觀》)，一卷。

15.《玄義章》，一卷。

16.《流轉章》，一卷。

17.《法界緣起章》，一卷。

18.《圓音章》，一卷。

19.《法身章》，一卷。

20.《十世章》，一卷。

21.《華嚴三昧章》，一卷。

22.《華嚴經傳記》（《纂靈記》），五卷。

23.《般若波羅蜜多心經略疏》(《般若心經略疏》)，一卷。

24.《入楞伽心玄義》，一卷。

25.《梵網經菩薩戒本疏》，三卷或爲六卷。

26.《十二門論宗致義記》，二卷。

27.《大乘法界無差別論疏》，一卷。

28.《大乘起信論義記》，五卷。

29.《大乘起信論義記別記》，一卷。

30.《大乘密嚴經疏》，三卷（原四卷，缺一卷）。

上述現存著作，1至13，22至29收錄在日本《大正藏》中，14、30收錄在《續藏經》中，15至21見於金陵刻經處印經目。9《華嚴發菩提心章》和21《華嚴三昧章》內容相同而書名相異。11《華嚴經明法品內立三寶章》包含了15至20《玄義章》《流轉章》、《法界緣起章》、《圓音章》、《法身章》、《十世章》六章相同的內容。

從體例看，上述著作包括論著和章疏兩類。屬於論著的如

5、7、10、12、14等，屬於章疏類的有經疏1、4、13、23、24、30，律疏25，論疏 26、27、28、29，義章 2、6、9、11等。

從內容看，最爲重要的是，一類如 1、4、13 以及 3、10 是對《華嚴經》的直接解說，一類如2、6、9、11、12、15、21等是闡發華嚴宗基本學說的著作，一類是解說其他經、律、論的著作。此外還有傳記 22 。從1至22都是關於《華嚴》的著述。在法藏現存著作中，《華嚴經探玄記》、《華嚴一乘教義分齊章》、《華嚴經旨歸》、《華嚴經文義綱目》、《華嚴策林》、《華嚴玄義章》、《華嚴金師子章》、《華嚴遊心法界記》、《華嚴三昧觀》、《修華嚴奧旨妄盡還源觀》是創宗的最重要、最著名的著作。此外，《十二門論宗致義記》和《大乘起信論義記》、《大乘起信論義記別記》也是十分著名的著作。

(二)佚失著作:

據史載，法藏尚有不少著作散失，主要有: 1.《新華嚴經略疏》十二卷，2.《華嚴經內佛名》二卷，3.《華嚴經內菩薩名》一卷，4.《華嚴經七科章》一卷，5.《華藏世界觀》一卷，6.《色空觀》一卷，7.《華嚴三教對辨懸談》一卷，8.《華嚴唯識章》一卷，9.《華嚴三寶禮》一卷，10.《華嚴讚禮》一卷，11.《華嚴梵語及音義》一卷，12.《華嚴翻梵語》一卷，13.《華嚴傳音義》一卷，14.《新華嚴經序註》一卷，15.《三寶別行記》一卷，16.《無常經疏》一卷，17.《寄海東華嚴大德書》一卷。《華嚴經探玄記》是法藏對舊譯《華嚴經》的疏釋，《新華嚴經略疏》是對新譯八十卷《華嚴經》所作的經疏，僅成十二卷，未絕筆而長逝。在佚失著作中，《華嚴世界觀》、《華嚴唯識章》等是重要著作。

綜合上述現存和佚失的著作，近五十種，可謂洋洋大觀。如果法藏的寫作從二十八歲出家前後算起，平均每年要寫一部多著作。雖然法藏絕大多數著作是一卷本，但其孜孜矻矻，筆耕不輟的精神是多麼令人敬仰和欽佩！

法藏著作中關於《華嚴》的著述，現存的和佚失的共達三十五種左右，其用心之勤，數量之巨，確屬罕見。如果說《華嚴經》的翻譯爲華嚴宗的創立提供了經典的理論根據的話，那麼，法藏的著作，特別是《探玄記》、《五教章》等，則全面而完整地組織了華嚴宗的教觀新說，對於判敎、義理、觀行都作了系統而獨特的闡揚，爲華嚴宗的創立作出了最重要的理論貢獻。

第三節　創宗的實際活動

創宗的理論活動，主要是確立宗派的佛典理論根據和闡發宗派的理論體系，創宗的實際活動，則是應用本宗理論進行宣傳、組織的工作。法藏創宗的實際活動主要是講學、弘法、培養弟子、結社、建立寺院等。

一、講　學

《華嚴經》和華嚴理論，一般信徒是不容易理解的，要使羣衆信仰，講學具有重要作用。法藏一生着力宣講《華嚴經》，史載他「前後講《華嚴經》三十餘遍。」[15] 從法藏二十八歲出家住太原寺開講算起，一直到講解譯出新的《華嚴經》，前後三十多

---

⑮　唐・閻朝隱<大唐大薦福寺故大德康藏法師之碑>，見《華嚴金師子章校釋》，中華書局，1983年9月版，頁172。

年，幾乎平均每年講一遍，可謂精誠專致，常講不懈。關於法藏講經的情景，佛教史籍有許多神奇的記載，如說法藏講經時「有光明從口出，須臾成蓋，衆所具瞻。」⑯或是講時「香風四合，瑞霧五彩，崇朝不散，縈空射人。」⑰「講室及寺院歘然震吼，聽衆稻廡，嘆未曾有。」⑱看來當時的聽衆對法藏的宣講《華嚴經》是非常崇拜的。

值得強調的是，法藏講學特別善於譬喻，有一套「善巧化誘」，「能近取譬」的教法，因而更具有吸引聽衆的力量。史載:

> 時天后召師於長生殿（即長生院），問六相、十玄之旨。師指殿隅金師子為喻曉之。至一一毛頭各有金師子，一一毛頭師子同時頓入一毛中，一一毛中皆有無邊師子，如是重重無盡。後乃豁然。隨貢《金師子章》一篇⑲。

這裏記述的是法藏爲武則天講學的情景。法藏以殿角的金師子爲喻，來說明六相、十玄的奧義。法藏爲了講解華嚴宗的「無盡緣起」的玄理，還用十面鏡子安置在八隅上下，鏡子面面相對，中間安放一尊佛像，燃燭照射鏡面，如此鏡子互相映照，鏡裏所現影像交互含攝，形成重重交叉的景象。法藏就借此來說明

---

⑯ <唐大薦福寺故寺主翻經大德法藏和尙傳>，見《華嚴金師子章校釋》，中華書局，1983年9月版，頁175、176。
⑰ 同上。
⑱ 同上。
⑲ 續法《法界宗五祖略記・三國賢首國師》，見《華嚴金師子章校釋》，中華書局，1983年9月版，頁197。

重重無盡的道理。應當說，法藏的講學生動活潑，確是一位傑出的教學法專家，比那種只會咬文嚼字、照本宣科的人在講學效果上確是不可同日而語的。

二、弘　法

弘法是指一切弘揚佛法的活動。講經說法是弘法的重要內容和重要方式，此外，弘法還包含其他內容和多種方式。法藏弘法以王朝的最高統治層為重點對象，且與最高統治層宗教、政治、經濟的需要相配合，形成了特殊的弘法風格。

(一)受菩薩戒　史載，法藏曾為唐中宗和唐睿宗授菩薩戒，被禮為菩薩戒師，中宗還賜號「國一」[20]。

(二)組建「華嚴」法會　長安四年（公元 704 年），武則天患病，居長生院，法藏應邀與其他僧衆在內道場建「華嚴」法會[21]。

(三)迎佛舍利　長安四年冬，武則天特命鳳閣侍郎博陵崔玄暐與法藏同往岐州無憂王寺迎舍利。當時法藏為大崇福寺主，應邀與應大德、綱律師等十人前往奉迎。於十二月末迎至大崇福寺供奉。次年正月十一日迎至洛陽，觀燈時節，由法藏捧持，武則天虔誠善禱[22]。

(四)求雨祈雪　因旱情嚴重，朝廷請法藏求雨祈雪。史載，

---

[20] <唐大薦福寺故寺主翻經大德法藏和尚傳>，見《華嚴金師子章校釋》，中華書局，1983 年 9 月版，頁 184。

[21] 〈法界宗五祖略記・三祖賢首國師〉，見《華嚴金師子章校釋》，中華書局，1983 年 9 月版，頁 197。

[22] <唐大薦福寺故寺主翻經大德法藏和尚傳>，見《華嚴金師子章校釋》，中華書局，1983 年 9 月版，頁 182-185。

法藏曾分別應武則天、中宗和睿宗之詔，於垂拱三年（公元 687 年）、天册萬歲元年（公元 695 年）、景龍二年（公元 708 年）、景雲二年（公元 711 年），多次立壇誦經，念咒作法，祈求降雨落雪。據說，每次都很靈驗，獲得皇帝的嘉勉和尊崇㉓。

（五）配合出兵打擊邊民　武則天神功元年（公元 697 年），居於我國東北的契丹族松漠都督，因不滿武周王朝的凌侮起而反抗。武則天一面派兵鎮壓，一面詔法藏施法協助。法藏上奏：「若令摧伏怨敵，請約左道諸法。」㉔獲准後，法藏盥浴更衣，建立十一面道場，置觀音像，按《神咒經》行道拒敵。據說，法藏行道數天後，敵兵見觀音像浮空而至，以為神兵下降，於是紛紛潰退。事畢，武則天優詔慰勞。

（六）協助討伐張氏叛亂　唐中宗神龍元年（公元 705 年），春正月時武則天年老重病，宰相張柬之乘機聯合桓彥范等人，號召恢復唐王朝，遭武則天的嬖臣張易之、張宗昌兄弟反對。法藏在此關鍵時刻，「內弘法力，外贊皇猷。」㉕協助誅殺二張，消除叛亂，獲得唐中宗贈予的三品褒獎。

由於法藏的多樣弘法方式，有的又頗具吸引作用，因此博得了最高統治者對佛教華嚴學的信仰。最高統治者帶頭信仰佛教，又產生出巨大的社會效應，直接推動一般人的信仰。法藏弘法，對於提倡華嚴信仰發揮了重大作用。

㉓ 同上。

㉔ 同上。

㉕ <唐大薦福寺故寺主翻經大德法藏和尚傳>，見《華嚴金師子章校釋》，中華書局，1983 年 9 月版，頁 181。

三、培養弟子

法藏很重視培養弟子。崔致遠在〈唐大薦福寺故寺主翻經大德法藏和尚傳〉中說:

> 從學如雲，莫能悉數。其錚錚者，略舉六人：釋宏觀、釋文超、東都華嚴寺智光、荷恩寺宗一、靜法寺慧苑、經行寺慧英，並名雷於時，跡露於後㉖。

法藏弟子很多，著名的有六人，如慧英著《華嚴感應傳》，宗一繼承法藏撰成《新華嚴經疏》二十卷。慧苑是法藏的上首弟子，撰有《華嚴旋復章》一部，《大乘權實義》二卷，《新經音義》二卷，又續法藏未完成的《新華嚴經略疏》，作《新經刊定記》十六卷（或二十卷）。法藏弟子中有不少比丘尼，她們主要是護律棲禪，其中也有著名的，如法澄，曾爲紹唐寺和興盛寺的寺主。由於法藏培養了一大批弟子，就有了形成宗派的力量基礎，並使本宗的華嚴學說得以繼承和弘揚。

四、建立華嚴寺

寺廟是宗派活動的基地，法藏主要活動在兩都長安、洛陽，他曾爲太原寺的住持，長期在兩京寺院譯經和講學，又爲大薦福寺主。這些寺廟自然是他創立宗派的重要據點。更爲重要的是，法藏在景龍二年（公元708年）奉命誦經求雨之後，及時奏請並獲准在長安、洛陽、吳、越、清涼山五處建立寺廟，「均牓華嚴

㉖ 見《華嚴金師子章校釋》，中華書局，1983年9月版，頁186。

之號」，安放佛教經典和諸家章疏。旋又請許，長安、洛陽一帶的平民，「爭趨梵筵，普締香社。於是乎像圖七處，數越萬家。」㉗這樣，法藏通過建立寺廟和締結香社，也就確立了華嚴宗的基地，弘揚華嚴學的據點也就由長安、洛陽進而擴展到華北和江南，弘揚華嚴學的對象也就由上層統治者擴展到平民百姓家，由此，華嚴宗也就有了堅實的物質基礎和廣泛的羣衆基礎。「故人皆不名，而稱華嚴和尚焉。」㉘一代華嚴學大師、華嚴宗的創建者的形象獲得了衆人自發的認同而脫穎而出了。

五、創宗的特色

上述法藏的創宗活動，有着鮮明的特色：

第一、熱心翻譯和專心研究《華嚴經》，大力弘揚和發揮華嚴學。在法藏第一次和智儼見面時，已「久玩《雜華》。」㉙法藏在出家前，已經對《華嚴經》有了深入的研究，名聲顯赫，譽滿道路。恰值此時武則天又大力提倡《華嚴經》，法藏得以多次參與該經的校勘、再譯、補缺的工作，從而獲得更深刻的理解。法藏反復講解《華嚴經》三十多次，不斷撰寫闡發華嚴學說的著作達數十種。法藏被尊爲「華嚴和尚」、「華嚴師」，以《華嚴》名家，創立華嚴宗，實屬必然。

第二、竭力適應，滿足統治者的需要，大力爭取統治者的支持。法藏不僅給武則天講經，建華嚴法會，爲中宗、睿宗受菩薩

㉗ <唐大薦福寺故寺主翻經大德法藏和尚傳>，《華嚴金師子章校釋》，中華書局，1983年9月版，頁184。
㉘ 同上。
㉙ <唐大薦福寺故寺主翻經大德法藏和尚傳>，《華嚴金師子章校釋》，中華書局，1983年9月版，頁175。

戒，而且應詔施展法術，求雨祈雪，甚至協助討伐張氏叛亂，這都分別換得了武則天、中宗的獎賞和支持，又得以在長安、洛陽兩地主持寺廟，從事翻譯和創作，並請許在重要地區建立五座華嚴寺，締結香社。法藏創立華嚴宗是和爭取統治者支持的活動同步進行的，兩者是分不開的。法藏傑出的宣傳佛教的本領和出色的政治活動能力是他成功地創立華嚴宗的重要因素。

唐玄宗先天二年（公元712年）冬，法藏逝世於長安大薦福寺，終年七十。一代佛教宗師的圓寂，引起了朝野的巨大震動。太上皇（睿宗）賜「誥」，「贈鴻臚卿，賻絹一千二百匹，葬事準僧例官供。」[30]「送葬之儀，皆用追寵典屬國三品格式。」[31]這在當時是一種特殊的榮譽。「鴻臚卿」、「典屬國」是官名，因法藏是僑裔，故用外賓司禮儀隆重對待。「諸王公降及士庶，禮儭施捨，亘歷數焉。」[32]法藏一生，一帆風順，業績顯赫，聲譽很高，死後朝野悲慟，葬禮盛大、隆重，眞可謂「其生也榮，其死也哀。」[33]

---

[30] <唐大薦福寺故寺主翻經大德法藏和尚傳>，《華嚴金師子章校釋》，中華書局，1983年9月版，頁187。

[31] 同上。

[32] 同上。

[33] 同上。

第二章　法藏創宗的社會背景和學說淵源

法藏是唐代佛教華嚴宗的創始人。創宗是佛教史上的大事。宗派不同於學派，自有其質的規定性。湯用彤先生云:

> 所謂宗派者，其質有三：一、教理闡明，獨闢蹊徑；二、門戶見深，入主出奴；三、時味說教，自誇承繼道統❶。

佛教宗派的特質，是有獨特的區別於其他教派的學說思想體系；崇奉本宗的學說，以本派學說爲最高教理，貶低和排斥其他學說，以本宗所崇奉的爲主，以所排斥的爲奴；又應時說法，強調一脈相承的道統。宗派的形成有嚴格的要求，在教理、風格、組織、傳承方面都自成系統，且具有鮮明的特色。宗派的創立不是隨意的，而是一種歷史產物，是歷史提供了立宗的主觀客觀的條件，內部外部的條件。

在古代中國，佛教宗派的創立，需要具備四個基本條件：一是一定的政治環境，尤其是最高統治者的認可、支持；二是固定的寺廟勢力範圍，得以設立門庭，傳授學徒；三是一定的經濟實

❶ 《隋唐佛教史稿》，中華書局，1982年8月版，頁105。又所謂道統，爲傳道的系統。

力，足以保障、滿足創宗和延續的物質需要；四是佛教思想資料的積累，爲綜合創造組織異說奠定基礎。法藏適逢其時，「身當四方合統之朝，值三寶重興之運。」❷特定的社會環境、時代背景和大量學說資料的積累，爲他創立華嚴學和華嚴宗提供了充分的條件。

第一節　創宗的社會背景

法藏創立華嚴學和華嚴宗的社會環境和時代背景，最重要的是，唐代統一的政治局面，最高統治者尤其是武則天的大力支持，固定的寺廟和雄厚的經濟力量，有關學說的流傳和《華嚴經》的翻譯。

一、統一的政治局面

唐朝是南北統一的大國，又是長達近三百年的大朝。法藏生活的盛唐時期，經濟繁榮，武功震鑠，文化昌盛，國力強大。統一而強大的王朝不僅能容納宗教存在，而且扶植宗教的創新，利用宗教爲鞏固自身的統治服務。對於佛教，此時的朝廷不僅足以吸引外國僧人的東來求學，保護中國僧人的西去求法，而且鼓勵佛教宗派的創立，推動佛教的發展。

唐朝統一的政權，要求有相應統一的佛教。中國佛教一直是和政治密切聯繫的，在南北朝時代，南北兩地政治情況不同，決定了兩地佛教風貌差異很大。隋朝統一南北以後，隋文帝、煬帝

---

❷ <唐大薦福寺故寺主翻經大德法藏和尚傳>，見《華嚴金師子章校釋》，中華書局，1983年9月版，頁174。

就着手打破南北佛教各有所偏的局面，隋文帝命令京都和各州建立官寺，施行佛道。他還曾先後三次召天下名僧到京都，應召者南北兩地都有。又「初，煬帝於東都（洛陽）建四道場，召天下名僧居焉。其征來者皆一藝之士，是故法將如林。」❸文帝、煬帝集中天下名僧，就反映了王朝建立統一佛教的熱情和需要。唐王朝也是如此。政治是決定文化的重要因素。唐朝政治決定了佛教的某種特性，即帶有國家意識與屬性，唐王朝規定佛教從屬於王法之下，僧人犯罪要受國法制裁，國家建立管理僧侶的僧官制度，由俗官負責執行，唐朝政治還決定了佛教的走向。隋唐王朝結束了分裂的政局，就要求在文化上有所更新發展，要求創建統一的新文化，要求佛教順應南北兩地融合的發展趨勢，組織新的學說結構，走向新的歷史階段。隋唐佛教各個宗派正是適應這種要求，通過對各種經典、教義的統一安排，即通過所謂「判教」（詳後）來建立各自的複雜龐大的思想體系，自立門戶的。

唐朝統一的政治局面也為佛教融合南北不同學風，創立新的宗派提供了條件，開闢了道路。隋唐前魏晉南北朝時期，尤其是南北朝時期是我國秦漢以後政局分裂持續時間最長的時期，同時也是第二次民族大融合的時期❹。在這個時期裏，民族融合和文化交流互相促進，佛教僧人在各地的傳教活動，也促進了南北融合和文化交流。但是，由於南北分隔，政治背景和文化環境的不同，使南北兩地佛教各有所偏，各有特點。在北方，佛教重行為信仰、宗教實踐，偏於修持、禪定、造像，在南方，佛教重佛學

❸ 《大慈恩寺三藏法師傳》卷1，《大正藏》卷50，頁222上。
❹ 中華民族在歷史上有五次大融合時期，即春秋戰國時期、魏晉南北朝時期、西夏、遼、金及早期蒙古時期、元朝時期和清朝時期。

悟解，宗敎理論，偏於敎理探索、論辯、玄談。相應地，在北方，佛敎中心勢力在平民，而南方，佛敎中心勢力在士大夫。到了隋唐時期，政治局面由分裂到統一，爲南北文化的融合提供了有利的條件：統治者要求佛敎統一，並且直接推動佛敎統一；地理障礙被拆除，交通日益便利；文化傳播地域擴大，南北往來愈益密切。正是在統一的政治局面的推動下，隋唐時期佛敎宗派和僧人都是修持和敎理兼融並重的。法藏本人不僅十分重視理論，而且也堅持戒行禪法，突破了南北朝時期僧人或偏於義理或偏於禪定的格局，而是禪義均弘，同步進行，相得益彰。

隋唐王朝雖然要求佛敎以統一的、適應本王朝政治需要的面貌出現，但是由於改朝換代，先後不同的最高統治者出於或同宗敎領袖的關係不同，或對佛敎的具體信仰不同，或直接的具體要求不同，從而支持不同集團的佛敎勢力，如隋煬帝支持智顗的天台宗的創立，唐太宗支持玄奘、窺基創立法相唯識宗，法藏的華嚴宗則是在武則天全力扶植下創立的。由於唐代具體的時代背景的變異，決定了佛敎必然形成不同的宗派。

二、武則天的大力扶持

法藏生於唐太宗貞觀十七年，卒於唐玄宗先天元年，整個生活年代經歷了唐太宗、高宗、武則天、中宗、睿宗和玄宗六代，其中以高宗、武則天、中宗三代最爲重要，在這三代中，法藏又與武則天的關係最爲密切，武則天對於法藏華嚴宗的創立起了異乎尋常的作用。

唐朝統治者從加強政治和思想統治的基本需要出發，原則上採取儒道佛三敎並重的方針，只是隨環境機緣的不同而時有倚重倚輕之別。唐太宗、高宗、武則天等人對於佛教重在利用，並沒有眞誠的信仰。唐太宗以不信仰佛教著稱，但對佛教又取扶植政策。武則天雖然十分崇佛，獎挹華嚴宗、禪宗等不遺餘力，但她和道教也有深厚的關係。武則天一面改變道在佛先的格局，下令佛教在道法之上，僧尼處道士、女冠之前，一面又優禮道士，爲其亡子李弘寫三十六部《一切道經》，甚至在一敕書中竟說：「老君化胡，典誥攸著，……道能方便設教，佛本因道而生。」❺實是對佛教的毀謗。

武則天信道拜佛，同時信奉兩教，是爲了籠絡各方人士，利用佛道兩教，爲自已篡位當皇帝服務。由於儒家經典中根本沒有女人當皇帝的論據，又道教的符讖雖可作爲武則天當皇帝的根據，但畢竟比較勉強，而佛教有些經典的內容，則可作具體的比附，因此武則天確又是對佛教越來越產生興趣，越來越佞佛，武則天對法藏的大力扶持就是崇佛的一個突出表現。

法藏自出家始就與武則天結下了不解之緣。武則天一直對法藏十分崇敬，渥禮有加。唐高宗咸亨元年（公元 670 年），武則天母親榮國夫人逝世，她爲了廣樹福田，而使法藏獲准得以披度，並請法藏住在捨宅爲寺的太原寺，主持她的家廟。法藏出家不久，尙未受戒，就承旨在寺內講《華嚴經》，時值端午節，武則天特意寫信並派人送去衣裳五事，信說：「今送衣裳五事，用符端午之事數。願師承兹采艾之序，更茂如松之齡，永耀傳燈，常爲導首。」❻頌揚備至。唐高宗顯慶五年（公元 660 年）始，

❺ 《全唐文》卷 96，〈高宗武皇后·僧道並重勅〉，中華書局影印本，1983 年 11 月版，頁 990-991。原題「僧道並重勅」，與原意不合，誤。
❻ <唐大薦福寺故寺主翻經大德法藏和尙傳>，《華嚴金師子章校釋》，中華書局，1983 年 9 月版，頁 175。

悉委政事於武則天，武后權同人主。咸亨五年（公元 674 年），帝旨命京城十大德為法藏受滿分戒，實際上也是武后的旨意。

武則天正式登基後，更是推崇《華嚴經》，並經常請法藏入內道場講經。永昌元年（公元 689 年），武則天命於玄武北門建華嚴高座八會道場講經，集有僧尼衆數千人，她親自撰寫〈聽華嚴詩並序〉。次年，沙門懷義、明法等進《大雲經疏》，陳符命，稱武則天是彌勒下生，當代唐作閻浮提主。同年，武則天改國號為周，改元天授，加尊號為神聖皇帝。這是武則天利用佛教的極為重要的歷史事實。自此，武則天更為推崇佛教，利用佛教，明令佛教在道法之上，對於法藏，也更為寵信，大力支持了。史載：「暨女皇革命，變唐為周，遣使往于闐國求索梵本。」❼這裏講的梵本，就是指梵本《華嚴經》。經取來後，法藏奉命為筆受，於洛陽大徧空寺協同實叉難陀翻譯。武則天時至譯場，親受筆削，施供食饌。此經前後歷五年譯成，共八十卷。武則天重視大型的、多卷本的《華嚴經》，是因此經影響巨大，更有助於為維護自身的皇帝寶座作論證。武則天曾親為《八十華嚴》制序，〈大周新譯大方廣佛華嚴經序〉說：

> 朕曩刧植因，叨承佛記，金仙降旨，《大雲》之偈先彰；玉扆披祥，《寶雨》之文後及。加以積善餘慶，俯集微躬，遂得地平天成，河清海晏。殊祥絶瑞，旣日至而月書；見牒靈文，亦時臻而歲洽。踰海越漠，獻琛之禮備焉❽。

❼ <唐大薦福寺故寺主翻經大德法藏和尚傳>，《華嚴金師子章校釋》，中華書局，1983 年 9 月版，頁 177。

❽ 見《全唐文》卷97〈高宗武皇后〉，中華書局影印本，1983年11月版，頁 1002。

武則天利用《大雲經》、《寶雨經》和《華嚴經》，把自己篡位作皇帝說成是秉承佛的意旨，「膺命登基」是有神學根據的。新《華嚴經》譯成後，法藏奉召於洛陽佛授記寺開講，相傳當法藏講到〈華藏世界品〉時，講臺出現「地動」現象，有人向武則天報告，武則天當即御筆批答：「斯乃如來降祉，用符九會之文，豈朕庸虛，敢當六種之震？」❾乘機宣揚是國家的祥瑞，以粉飾太平美化統治。同時武則天還在長生殿召見法藏，請法藏講說華嚴教理，這也是非同尋常的事。後來法藏為武則天貢《金師子章》。《華嚴經》的傳譯對於華嚴宗的創立有着重大的直接的意義，武則天是利用《華嚴經》來為自己的政治統治抹上神聖的靈光，法藏則以六十卷本《華嚴經》和奉武則天之命譯出的八十卷《華嚴經》作為立宗的經典根據。

繼武則天即位的唐中宗，也對法藏十分推崇，他不僅賜法藏以鴻臚卿的褒獎，還敕令寫法藏眞儀，御製讚四章，高度頌揚法藏，「闡揚釋教，拯濟迷津。」❿後來又為法藏加五品階，賜爵郡縣公。中宗還禮法藏為菩薩戒師，賜號「國一」。又根據法藏奏請在長安、洛陽、吳、越和清凉山建造五座華嚴寺，在雍、洛一帶普締香社。對於法藏創宗活動的支持是很大的。又繼中宗的睿宗也請法藏授菩薩戒，法藏壽誕睿宗賜衣財和食品，稱法藏為「華嚴師」，同樣是十分尊重，褒獎有加的。沒有武則天、唐中宗等最高統治者的支持，法藏要順利地創立華嚴宗是難以想像的。

---

❾ 《宋高僧傳》卷5＜周洛京佛授記寺法藏傳＞，《華嚴金師子章校釋》，中華書局，1983年9月版，頁191。

❿ ＜唐大薦福寺故寺主翻經大德法藏和尚傳＞，《華嚴金師子章校釋》，中華書局，1983年9月版，頁183。

三、雄厚的寺院經濟

佛教宗派的創立，需要有固定的寺院和地方，需要有經濟生活的保障和傳教的陣地，這樣，創宗人才能設立門庭，自樹一幟，傳授學徒，相承不絕。也就是說，固定的寺院和一定的經濟基礎是創立佛教宗派的不可或缺的物質條件。和以往流動不定的各種師說、學派不同，隋唐佛教宗派是建立在固定的寺院及其經濟的基礎上的。

佛教寺院經濟主要類別有：一是經營碾磑、邸店（倉庫）、車坊（出租車馬店）、商店等，是經營帶工商業性質的事業。二是設立「無盡藏」。無盡藏，本是德廣難窮，無不包含的意思。佛教基於福田思想，經營借貸、典當等業務，世稱「無盡藏」。無盡藏早期帶有慈善事業的性質，後來則具有高利貸的性質，成爲聚財營利的手段。有的索取利率竟高達月利百分之二十。三是寺田、莊田，由下層僧尼、奴婢和佃戶（莊戶）耕作。

早在南北朝時代，寺院就兼併侵奪民間田宅，如北魏遷都洛陽不久，洛陽民宅近三分之一被寺院侵奪。由於寺院享有免稅免役的特權，廣大貧民紛紛湧入寺院，或出家，或爲寺僧服役的「白徒」，爲尼姑服役的「養女」，以致在梁朝就出現了「天下戶口幾亡其半」⑪的嚴重現象。在隋代，如沙門慧胄主持的清禪寺「水陸莊田，倉廩碾磑，庫藏盈滿。」「京師殷有，無過此寺。」⑫迄至唐代，「國家大寺，如似長安西明、慈恩等寺，除口分地

---

⑪ 《南史》卷70〈列傳第六十・郭祖深傳〉，中華書局，1975年6月版，頁 1722。

⑫ 《續高僧傳》卷29<慧胄傳>，《大正藏》卷50，頁697下。

外，別有敕賜田莊。所有供給，并是國家供養。」⑬唐太宗爲開國時因戰爭陣亡者立七個寺廟，每個都賜給家人、牛、馬和田莊，寺廟實際也就是莊園。唐高宗僅賜西明寺就有「田園百頃，淨人（寺奴）百房（百家），車五十輛，絹布二千匹。」⑭到武則天當政時，沙門懷義受寵信，其勢力所及，「所在公私田宅，多爲僧有。」⑮唐中宗時，「貴戚爭營佛寺」，「富戶強丁多削髮以避徭役，所在充滿。」⑯「十分天下之財而佛有七八」⑰，一時佛教幾乎壟斷了全部社會財富。由此足見法藏生活的時代，佛教寺院經濟是何等發達，它爲佛教創立宗派提供了強大的物質基礎。天台宗、三論宗、法相唯識宗、律宗、華嚴宗、淨土宗等，於隋代和唐代前期約一百五十年間相繼創立，絕不是偶然的。

法藏在武則天的直接關懷和支持下，曾爲太原寺主，太原寺後改名爲西崇福寺或魏國西寺，他還常住薦福寺、雲華寺。這些著名寺廟具有雄厚的經濟實力，物質條件十分優越，是法藏從事翻譯、研究、說法、著述、培養弟子、教化羣衆的據點，創立華嚴宗的基地。至於唐中宗下令法藏在兩都、吳、越和清涼山五處建造五座華嚴寺，更爲華嚴宗面向全國、由兩都擴及華東、華

⑬ 《法苑珠林》卷 62〈祭祠篇・獻佛部〉，《大正藏》卷 53，頁 750 中。

⑭ <唐長安西明寺塔碑>，《全唐文》卷 257<蘇頲>，中華書局影印本，1983 年 11 月版，頁 2597。

⑮ 《資治通鑑》卷205《唐紀》21<則天后天册萬歲元年>(695)，古籍出版社，1956 年 6 月版，頁 6498。

⑯ 《資治通鑑》卷211《唐紀》27<玄宗開元二年>（714），古籍出版社，1956 年 6 月版，頁 6695。

⑰ 《舊唐書》卷101〈列傳第五十一・辛替否傳〉，中華書局，1957 年 5 月版，頁 3158。

北，拓展了勢力範圍。史載，中宗時「造寺不止，枉費財者數百億；度人不休，免租庸者數十萬。」⑱「盛興佛寺，百姓勞弊，帑藏爲之空竭。」⑲可以肯定，五座華嚴寺耗資十分巨大。由此可見，華嚴宗乃至其他宗派的創立，是以巨大的經濟財力爲後盾，以耗費大量財貨爲代價的。

四、佛教自主性的提高

佛教宗派的創立，也是中國佛教僧侶思想日益成熟，佛教力量日益壯大的結果，是佛教自主性、獨立性提高的體現。法藏生活的年代，佛教自主性、獨立性的提高，主要表現在文化和組織兩個方面。

在文化方面，佛教經過漢代以來約七個世紀的長期流傳和發展，得以進一步發揮創造性思維，闡發獨立見解。佛教初傳入內地時，被視爲我國當時流行的道術的一種，魏晉時佛教則依附玄學而流傳，到南北朝時興起講說佛教經論之風。但此時的佛教經師、論師，一般地只擅長於講解經論本身的內容，談不上甚麼獨立的見解和發揮，也缺乏全面評判其他經典及學派的知識和能力。到了隋唐時代，一些佛教領袖和學者博覽羣書，知識淵博，並隨着以往中國佛教學者對印度佛教經典理解的不斷積累，此時中國佛教學者對印度經典的理解也越來越深刻，而且還能獨立判斷，獨立發揮，有所創造，有所前進，形成了若干獨立的佛教宗派、文化系統。隋唐時代佛教學者在思想文化上創造性、獨立性、自主性的提高，產生了兩種結果：一是在與教外其他流派的

⑱ 同上書，頁 3159。
⑲ 同上書，頁 3155。

關係上，已不再依附中國固有的文化，不是中國固有文化的附屬分子，而是自立門戶，形成獨立的思想系統。此時佛教不僅與儒、道分庭抗禮，而且主動向道教挑戰，攻擊道教，表現了與道教爭取宗教正統地位的姿態。二是在佛教內部，不同佛教學者分別對印度整個佛教經典和流派作出了自己的判斷，把這些經典和流派作爲一個統一整體的各別情況來區別先後高低，按照自己的理解對各派思想給以系統的安排，分別給予一定的地位，這也就是不同宗派所作的「判教」。中國佛教宗派對印度佛教作出了自己的獨立評判，有所褒貶，有的甚至向印度佛經的權威地位挑戰，這都是中國僧侶的重要創見。中國佛教各宗都具有濃厚的宗派意識，它們各認自己一派爲正宗，這種門戶之見，也是此時佛教獨創性的特殊表現形式。法藏創宗時代，天台、三論、唯識等宗已經形成，他是在佛教各宗派對峙的情況下，面臨着嚴峻的重壓和挑戰，着手立教創宗的，表現了他巨大的創造性和統攝能力。

佛教隨着長期流傳，地域擴大，信徒增多，經濟壯大，影響廣泛，在組織方面的獨立性也日益提高。僅在法藏生活年代，著名的和尚就有道宣（公元596-667年）、玄奘（公元600-664年）、智儼（公元602-668年）、弘忍（公元601-674年）、神秀（公元606-706年）、善導（公元613-681年）、懷素（公元625-698年）、窺基（公元632-682年）、義淨（公元635-713年）、慧能（公元638-713年）、神會（公元668，一說686-760年）、鑒眞（公元688-763年）等人，集中了律宗、法相唯識宗、淨土宗、禪宗的創立者和華嚴宗的先驅。眞可謂名僧輩出、洋洋大觀。這些著名的和尚，一時成爲國內佛教徒信仰的中心，國際上求佛法者拜師的目標。連同華嚴宗在內，中國佛教宗派主要是在法藏生活年代創立的，這就表明此時的社會氣候和社會環境對佛教創宗是多麼有利，也表明此時佛教勢力正處於鼎盛階段。佛教雖受國家的管理，但也有自主的教會組織。此時佛教已不必仰仗他力，如借助皇帝和士大夫的提倡，也能繼續流傳，當然，有了皇帝和士大夫的支持就更有助於佛教的繁榮。此時，佛教宗派各有自己的組織體系，形成了以分布於京都和祖國名山的寺院爲基點，以著名僧人爲中心的龐大僧團組織。各宗還仿照世俗的宗譜制和世襲制，編制本宗的譜系和歷史，形成一個世代相傳的傳法系統。隨着佛教信仰、觀法、懺法的流傳，佛教的羣衆性民間組織和活動也日益形成和壯大。如北魏末已形成修持《華嚴經》的聚會，南齊有華嚴齋會，隋代有華嚴衆，唐代有共同諷誦《華嚴經》的結社。佛教實際上已經成爲一支獨立的社會力量，這是佛教得以創宗的條件，也是立宗的體現。法藏華嚴學和華嚴宗的創立，是唐代佛教自主性提高的突出事例。

第二節　創宗的學說淵源

法藏創立華嚴學說和華嚴宗，是佛教在中國流傳約七個世紀後出現的宗教現象，是七世紀中國思想文化背景的產物，是以《華嚴經》學說爲主，融合其他佛教派別的思想，並在中國傳統注經思維、整體思維的影響下相互溝通、綜合調和的思維成果。法藏創立華嚴宗是爲了批判性地統一當時佛教各宗派和新舊異說。他的思想廣博豐富，內容複雜多義。他並非從單一方面去吸取思想源泉。法藏創宗思想的學說淵源，主要來自被推崇爲至高無上的《華嚴經》的思想及華嚴先驅學者的思想，尤其是地論派的思想，同時也吸收了諸如攝論派，《大乘起信論》、《密嚴經》、《楞伽經》、《法界無差別論》、《般若心經》、《十二門論》，以及唯識宗、天台宗等思想。

一、《華嚴經》——法藏立教的宗經

法藏早年致力於學習和鑽研六十卷《華嚴經》，無師自悟。後撰《探玄記》，大力闡發《華嚴》義理。晚年又參加八十卷《華嚴》的翻譯，在翻譯過程中，又對《華嚴》義理進行發揮。法藏的佛教思想、觀法、判教以及表述方式，首先來源於《華嚴經》。《華嚴經》是法藏創立華嚴宗的思想基礎。

《華嚴經》有「經中之王」、「佛經之母」的美稱。按照佛教傳統的說法，此經是釋迦牟尼成道後在菩提場等處，藉普賢、文殊等顯示、贊頌佛陀的因行果德，後結集而成的。共有上、中、下三本，下本十萬偈，中本四十九萬八千八百偈，上本的偈多如「世界微塵」。經的內容無比高深，先由龍王藏於海底，後龍樹從龍宮偸出下本，才流傳世間。從佛教經典翻譯史和文獻史來看，《華嚴經》在我國長時間譯出的是別行譯本，是獨立譯出的小品單行本。最早是東漢支婁迦讖譯出的《兜沙經》，相當於《華嚴經》的〈如來名號品〉。姚秦鳩摩羅什重譯的《十住經》，即《華嚴經》的〈十地品〉。據法藏在《華嚴經傳記》卷1中說，迄至唐代，此類別行譯本就有三十五部之多[20]。據此，近代學人一般認爲，《華嚴經》不是一時一地的產物，而是若干相關

---

[20] 見《大正藏》卷 51，頁 155中-156 上。

散本的滙集。又，東晉末、劉宋初的六十卷譯本，和唐的八十卷譯本，兩者相隔二百七十多年，原本又都來自于闐。《華嚴經·諸菩薩住處品》還提到我國的清凉山（山西五台山）和那羅延窟（山東牢山），說明此經的編纂地點離我國不遠。此外，除〈十地品〉和〈入法界品〉外，迄今尚未發現《華嚴經》的梵本。龍樹的《大智度論》所引用的《華嚴》類典籍，也只是〈十地品〉等幾種零部。據此，近人推斷，《華嚴經》可能就是在于闐編纂成型的。

《華嚴經》的內容和結構有着鮮明的特點。全書分七處八會（或七處九會），天上四處，人間三處，天上人間，人神交雜，組成一個整體，體裁近於我國後出的章回小說。《華嚴經》以佛的境界爲對象，發揮佛境本是衆生心地所具有的理論。書中大量運用形象的表述方法，雜以寓言、比喩、神話等，極富想像力。全經的哲學中心思想是，基於「法性本淨」的觀點，闡明一切事物本性同一，性空不實，由此進一步推論一卽一切，一切卽一，宣揚無盡緣起，圓融無礙的理論。《華嚴經》與其他經典不同，它用「海印三昧」來說明宇宙的本來面目㉑，說釋迦牟尼在海印正定中，宇宙萬事萬物像海水一樣地被凸現出來，不僅是世間的森羅萬象，甚至地獄天國、諸佛淨土，橫遍四方，豎窮三際，一切萬有，無不印現。又，一滴海水具百川之味，萬事萬物的關係也是如此，一卽一切，一切卽一，相卽相入，平等和諧，互不相礙，無盡圓融。由此形成無限廣大又互相圓融而沒有個別區分的大法界。法藏把《華嚴經》這種宗趣概括爲「因果緣起，理實法

㉑　《大方廣佛華嚴經》卷14＜賢首品＞，《大正藏》卷10，頁 72-80。

界」㉒。「因果」即萬象，「理實」即本體。本體與萬象圓融自在。法藏據此用理事、一多來闡述《華嚴經》的思想：從「事」來看，萬物各有差別，從「理」來說，圓融無礙。「一」中包含了「多」，「多」中包含了「一」。法藏通過抽象的佛學範疇的探索，以溝通一切對立面的圓融關係，從而構成了獨特的基本哲學學說。

與上相關，法藏還特別提倡圓教思想。這種思想是導源於《華嚴經・入法界品》。〈入法界品〉講述了善財童子參學求法的故事。善財參學的「善知識」有五十多位，世稱善財五十三參。這些善知識不僅有菩薩、天神，還有普通的和尙、居士，世俗的王者、長者、醫生、女人，甚至還有外道、婆羅門、仙人等。這實際上是調和佛教內部各派學說，溝通佛教與教外的思想，協調僧侶生活和世俗生活的反映。這種包容一切、吸收一切、調和一切的立場和方法，對於法藏的以圓融無礙爲特徵的宗派思想影響甚大。

法藏思想中的一個重要內容是，認爲世間萬事萬物都是主體的心造的，那麼衆生解脫的關鍵就應在心上下工夫。這個思想也是《華嚴經》觀點的改造和發揮。該經卷第十九〈夜摩宮中偈讚品〉第二十有云：

> 心如工畫師，能畫諸世間，五蘊悉從生，無法而不造。……
> 若人欲了知，三世一切佛，應觀法界性，一切唯心造㉓。

㉒　《華嚴經探玄記》卷1，《大正藏》卷35，頁120上。
㉓　見《大正藏》卷10，頁102上、中。

世間萬事萬物原本性空，萬事萬物呈現爲有，就是心的所作所現。心如工畫師一樣，能畫各種事物。若果人想了知三世一切佛，就應當觀照法界性，都是心造的。經文是強調衆生的迷悟在心。法藏據此不僅提倡重視修心，而且引伸爲宇宙萬事萬物都是心的創造。

又如毗盧舍那佛被華嚴宗奉爲本尊，這是和《華嚴經》對毗盧舍那佛的推崇分不開的。《華嚴經》首次把毗盧舍那佛作爲「法身」佛的形象加以崇拜。「法身」是佛法的神格化。毗盧舍那是光明普照的意思，也就是「日」卽太陽的別名。毗盧舍那佛能於身上任何部位放出無限光明，使諸菩薩見到十方世界十方諸佛。也就是說，毗盧舍那佛猶如太陽，是世間光明的普照者。毗盧舍那佛的光明能照遍、滲透一切，一一光中現出無數菩薩，進而呈現無數佛土。這樣，其他的佛就都是毗盧舍那佛的體現，或是他的「化身」，或是他的「報身」。化身是應化之身，報身是修行功德所得之身。釋迦牟尼作爲佛教的教主，也被降爲盧舍那佛的一種化身。從法藏的生涯來看，他特別重視靈異，一再顯示宗教奇蹟，極富神道色彩。對盧舍那佛的崇拜是法藏這種神奇信仰的需要，也是法藏頌揚最高神秘法力以統攝世間與出世間的需要。

在著述的形式方面，法藏也繼承《華嚴經》的表述方式。佛經通常喜歡用「恒河沙」卽印度一條大河的沙子來比喻無限多的觀念，《華嚴經》不滿足於這種比喻，它採用「佛刹微塵」來形容無限多。一佛刹爲一佛教化的世界，相當於三個大千世界。佛刹微塵卽三個大千世界粉碎爲微細的灰塵，其數量更是遠遠超過恒河的沙子了。這表明《華嚴經》和法藏都具有極高的想像力。《華嚴經》還喜歡用「十」這個數量詞，有「十住」、「十行」、

「十地」、「十忍」等名目，以十句式表述經文。這種把一個問題分爲十個方面加以陳述，以「十」來表示和諧和圓滿的方式也爲法藏所沿用。法藏往往用十法門來展示他的理論架構，以表十全十美，圓滿無瑕。至於《華嚴經》的寓言、比喻、靈異等形象化的表述方法，法藏也在撰述和說法中出色地加以運用。

二、地論學——法藏學說的直接來源

地論學是關於研究、探索《十地經論》的學說，研討這種學說的僧人，稱作「地論師」。從學統的相承來說，法藏正是北朝以來地論學系思想的繼承者。

〈十地品〉是《華嚴經》的中心部分，十分重要。關於法藏的因果關係、心的作用、六相圓融等思想的淵源，書中均有所展示。至於《十地經論》闡述的關於心識的理論，尤其是把傳統的「十二因緣」說變成「一心（阿黎耶）緣起」說，更對法藏思想的形成發生過重大影響。據史載，《地論》是在北魏時由菩提流支和勒那摩提等人譯出，但這兩位譯者的觀點並不一致，影響所及，他們的弟子分別創立了兩派地論學。師事菩提流支的道寵立北道派，從學於勒那摩提慧光（公元 468-537 年）創南道派。地論學一度支配了北方的佛教思想。其間，慧光對於《十地經論》的傳播作用最大，對於後來法藏創宗的關係最爲密切。慧光有知名弟子道憑（公元 488-559 年）是一位大學者。道憑的弟子靈裕（公元 518-605 年）德高望重，影響頗大。靈裕的門人彭淵（公元 544-611 年）是終南山至相寺的祖師，彭淵門下有智正（公元 559-639 年），法藏的師父、華嚴宗二祖智儼正是接受智正系統，闡揚華嚴學的。地論師南道派是法藏學說的源遠流長的師承系統，法藏重要哲學思想的源頭，正是從終南山流衍下來的。

在地論學系中，對法藏影響最大的是慧光和智儼。慧光是精通《華儼》、《地論》和《四分律》的大師，對《華嚴》極爲推崇，曾作注疏，現殘存《華嚴經義記》一卷。據法藏《華嚴經傳記》卷 3 記載，智儼投身智正門下，研習《華嚴經》，但「炎凉亟改，未革所疑」[24]。疑難頗多，收益不大。「遂遍覽藏經，討尋衆釋，傳光統律師文疏，稍開殊軫。謂別敎一乘，無盡緣起，欣然賞會，粗知毛目」[25]。光統即慧光，因曾任北魏僧官「國統」，故名。智儼是閱讀了慧光的文疏，別開新境，才眞正對《華嚴經》有所領悟：體會到《華嚴》在全部佛經中的最高地位（「別敎一乘」），《華嚴》所講的是緣起說（「無盡緣起」）。這是華嚴宗的思想核心，是智儼閱讀慧光的《華嚴經疏》領會所得。這爲法藏所繼承，並且深刻地決定了法藏的思想主旨和方向。上面提到，法藏在《華嚴經探玄記》中，把《華嚴經》的宗趣歸結爲「因果緣起，理實法界」，也是直接受慧光思想的啓發[26]。慧光《華嚴經疏》立三敎判，即漸說、頓說、圓說三敎，漸說中又分三乘，實際上也是五敎說。智儼據此立名目不太固定的五敎說，法藏又重新加以組織，成固定、具體的五敎說。慧光的思想直接或通過智儼而影響了法藏的思想構成。智儼作爲法藏的門師，對法藏的影響也是至爲重要的，智儼的著作如《華嚴經搜玄

[24] 《大正藏》卷 51，頁 163 下。
[25] 同上。
[26] 法藏在《華嚴經探玄記》卷 1 中說：「五依光統師以因果理實爲宗，即因果是所成行德，理實是所依法界。」見《大正藏》卷 35，頁 120 上。

記》(經的簡單注釋)、《華嚴孔目章》(提示全經的大綱)、《華嚴五十要問答》(闡釋經的要義)和《華嚴一乘十玄門》(立十玄緣起說),都是集中講述《華嚴》思想的,都為法藏所直接繼承。智儼十玄緣起說就是法藏在《華嚴經探玄記》、《華嚴五教章》等文中闡發十玄的依據。《華嚴經搜玄記》和《華嚴五十要問答》所闡釋的六相說,後來也為法藏所發揮。

華嚴宗的宗派相承,據載為杜順(公元 557-640 年)——智儼——法藏,法藏後為澄觀(公元 737-838 年,一說 738-839 年)——宗密(公元 780-841 年)。法藏是三祖,杜順是初祖。此說始於宗密。這是肯定杜順經智儼而和法藏存在着華嚴傳承關係。但是近代以來,中日兩國一些佛教學者對於這種說法提出質疑,並由此而產生了很大紛歧。一種是堅持華嚴宗人的傳統說法,一種是否定杜順初祖說。紛歧是由於對杜順的生平和著作的不同看法而形成的。杜順,原名法順,因俗姓杜,改為杜順。史載杜順是個禪者,頗有「神德」,被稱為「神僧」,時人盛傳他有多種神異事蹟。關於他和智儼的師徒因緣,法藏在《華嚴經傳記》的智儼傳記中,是這樣說的:

> (智儼)年十二,有神僧杜順,無何而輒入其舍。撫儼頂謂景(智儼父趙景申)曰:「此我兒,可還我來。」父母知其有道,欣然不悋。順即以儼付上足達法師,令其順誨。曉夜誦持,曾無再問㉗。

文中以神異的筆法記載智儼的出家因緣,並說杜順只是把智儼交

㉗ 見《大正藏》卷 51,頁 163 中。

給達法師，且是「曾無再問」。從中不見杜順和《華嚴》學說的關係，也不見杜順與智儼的傳授關係。又題爲杜順所作的《華嚴法界觀門》和《華嚴五教止觀》兩書，前者全文見於法藏的《華嚴發菩提心章》中，後者大部分見於法藏的《華嚴游心法界記》中，是後來經澄觀、宗密的疏解，才確定爲杜順所作。據此，一些學者懷疑不是杜順的著作。可以說，杜順的華嚴宗初祖的地位問題，迄今仍無定說。在傳承華嚴學方面，杜順和法藏是否有一脈相承的關係，殊難論定。

三、攝論學、《大乘起信論》等——法藏的重要學說淵源

法藏的師父智儼，很重視地論學，同時也向攝論師法常（公元 567-645 年）求教，重視《攝論》和著名的攝論師曇遷（公元 542-607年）的學說。攝論學派是因研究《攝大乘論》（簡稱《攝論》）而得名的。《攝大乘論》係印度無著所著，世親作《攝大乘論釋》，南朝梁陳時眞諦譯出，着重介紹印度佛教大乘有宗的唯識學說。《攝論》㉘把佛教區分爲小乘、大乘和一乘，又把大乘作爲不定乘，分爲聲聞、緣覺和菩薩三乘，合爲五乘。這種說法實際也是智儼判教思想的來源之一。智儼的判教是融會了地論和攝論兩家而成的。又，智儼的著作如《華嚴孔目章》就引用曇遷的《亡是非論》。攝論學對於智儼和法藏的影響也是很顯著的。

《大乘起信論》是一部以如來藏爲中心觀念的、爲發起大乘

㉘ 見《大正藏》卷31，頁 132 上。又見世親《攝大乘論釋》卷15，《大正藏》卷 31，頁 265。

信根而作的大乘佛法概論。自南朝末年以來，傳習愈來愈廣。華嚴宗人智儼、法藏、澄觀、宗密都各有疏記，法藏有《起信論義記》五卷、《起信論別記》一卷。法藏所作的《義記》，是最爲後人所重視的《起信論》注疏之一。法藏重視《大乘起信論》，並深受影響。他的重要學說，如性起學說、妄盡還源觀都直接受到該論的啓發。

此外，法藏對於《密嚴經》、《楞伽經》、《法界無差別論》、《般若心經》和《十二門論》等佛典，也都用心進行鑽研，作過注疏。這些經論的前三種屬於眞常唯心的思想系統，宣揚絕對不變的本心、本性、眞理、本體的存在與作用，後二種是屬於性空系統，強調萬物本性空寂。這些都對法藏哲學思想的形成和構造產生了一定的影響。

四、天台宗、唯識宗——法藏判教思想的重要來源

法藏力圖把當時各種新興的佛教宗派的學說熔冶於一爐，所以一面批判其他宗派的理論，一面又吸取其他宗派的說法，尤其在判教方面，法藏更是直接吸取天台、唯識兩宗的主張。天台宗有五時八教說㉙，法藏以小、始、終相當於天台的藏、通、別，

㉙ 五時八教，爲天台宗判教學說，五時與化法四教、化儀四教的統稱。「五時」爲一華嚴時，謂釋迦牟尼說大乘無上法門《華嚴經》，因爲深奧、悟解者少；二阿含時，爲根底淺者說小乘經典《阿含經》；三方等時，應衆根機說《維摩經》、《金光明經》、《楞伽經》等大乘經典；四般若時，說《般若經》，宣講一切皆空之理；五法華涅槃時，說《法華經》和《大涅槃經》，闡發佛陀出世本意。「化法四教」是就釋迦牟尼教化衆生的教法內容劃分的，一「藏」指經、律、論三藏教，即小乘教；二「通」，指《般若》，義通大小，故稱；三「別」，指不爲聲聞、緣覺說，而專爲菩薩說的其他《方等經》（大乘經）；四「圓」，指《法華

圓教照舊，又取天台的頓，組成小、始、終、圓、頓五教。法藏又有十宗的說法，這是吸取唯識宗的判教而成的。唯識宗創始人之一窺基在《妙法蓮華經玄讚》卷1和《大乘百法明門論解》卷上有八宗㉚之說，法藏十宗的前六宗的名目和唯識宗所說的完全相同，第七、八兩宗改變了名稱，內容一樣，另加二宗，合爲十宗。

此外，中國傳統文化的重視闡釋經典義理的注經思維，中國傳統哲學的主導思想——天人合一和知行合一的觀點，不可能不對「生寓東華，精詳漢字」㉛的法藏不發生影響。可以說，法藏是繼承並綜合以往印度和中國的佛學研究成果，以及中國傳統文化的某些思維成果而創立新的華嚴宗思想體系的。

法藏整個思想體系的兩大中心支柱是「別教一乘」和「法界緣起」，這也是體現法藏思想特徵的基本內容。由這兩個中心出發組織其他學說，形成了華嚴學的巨大理論架構。「別教一乘」講《華嚴經》的義理是獨立於三乘（聲聞、緣覺、菩薩）之外的，因而與判教有關，並與五時十宗相結合，從而組成爲法藏學說非常重要的部分。「別教一乘」的中心義理是「法界緣起」。

(續)經》，教義圓滿、圓融，故稱。「化儀四教」是就釋迦牟尼傳教的不同形式劃分的，「一頓」，指《華嚴經》所講不經階次，頓至佛地的教義；二「漸」，指《阿含經》、《般若經》、《方等經》等教義，主張依次漸修，故稱；三「秘密」，各人聽到與已根機相應的道理，故名；四「不定」，各人聽法各有不同的理解，故名。

㉚ 窺基依佛教深淺分爲八宗：我法具有宗、法有我無宗、法無去來宗、現通假實宗、俗妄眞實宗、諸法但名宗、勝義俱空宗、應理圓實宗。見《大正藏》卷34，頁657上中；卷44，頁46下。

㉛ <唐大薦福寺故寺主翻經大德法藏和尙傳>，見《華嚴金師子章校釋》，中華書局，1983年9月版，頁178。

「法界緣起」，是闡述對宇宙萬有的看法，是法藏的宇宙論和本體論學說。法藏着重舉出「三性同異」、「因門六義」和「緣起十義」三門以構成法界緣起的原理；舉出「六相圓融」和「十玄無礙」二門以闡明法界緣起的內涵。法界緣起的基本思想是宣揚宇宙萬物統統互爲因果，一物爲因，萬物爲果；萬物爲因，一物爲果。萬物互爲緣起，互爲依存，相卽相入，圓融無礙，重重無盡。這是法藏學說中最富理論色彩、哲學意義和思想價值的部分。「法界緣起」的理論是與其人生理想論（「行果論」）相聯繫的，由此又涉及佛性論、行位論和佛身佛土論。法界緣起論和行果論又都是與觀法相聯繫的，法藏提倡的主要觀法是「法界觀」、「十重唯識觀」和「妄盡還源觀」等，體現了法藏的認識論和方法論的思想。以上所述是法藏思想體系的總體邏輯結構，以下是上述內容的分項論述。

第三章　佛教義理史觀——判教論

判教詳稱爲「教相判釋」，意即判別解釋佛所說教法的相狀差別，又稱「教判」、「教相」、「教攝」。佛教經典數量衆多，形成的時間、地點、因緣不同，且隸屬於不同的派別，因而內容龐雜，互有出入，甚至相互矛盾，這就需要說明其因緣、次第，加以組織、融通。佛教義理多樣，但畢竟有其相對統一的基本原理，人們通過爬羅剔抉，整理歸納又可組成一個統一的體系。中國佛教各宗派爲了調和佛教內部的不同說法，樹立本宗的正宗和權威，對先後所出的經典或以時間順序上加以配列，或從教理深淺上加以組織，即從形式和內容兩方面進行分類、安排和評價，加以組織體系化，並判定其價值。由此，中國佛教在判教方面也特別興盛。

法藏判教的基本意圖有二個：一是力求把當時包括天台宗、唯識宗在內的各種新興宗派的學說熔冶於一爐；一是要確立《華嚴經》在整個佛教中的最高地位。法藏判教的內容主要有三，即三種判教：一是從相對的角度，把佛教法按深淺的次第加以安排，爲五教十宗判；二是從絕對的角度，認爲佛所說法就在《華嚴經》中，《華嚴經》包括了佛的說法。由此有同別二判教；三是統合前二種角度，即把由華嚴攝收佛的說法和立深淺之別結合起來，表示華嚴特有的看法，而作本末二判教。此外，也還有從緣起理論展開的判教。在上述三種主要判教形式中，以五教十宗說最爲重要，其間又以五教爲中心，其他都是五教說的補充。法藏華嚴宗和天台宗一樣，其判教涵括佛所說法，內容完備、次序井然、時空清晰。這種系統整然的判教，成爲中國佛教的一大特色。

法藏判教的內容雖然並不完全符合歷史事實，也並不理想，但是它所反映的中國僧人的獨立判教精神、融會統合能力和綜合創造思維，其哲學意義，還是巨大的。法藏的判教論，包涵了對佛教經典的系統整理，表現了對義理的抑揚褒貶，也反映了佛教宗派之爭。法藏的判教論既是佛教文獻次第觀，又是佛教義理深淺觀，而且還是佛教派別優劣觀。

第一節　先前的判教諸說

中國佛教的判教形式始於南北朝時代，當時已有「南三北七」（詳下）之說。後經過百多年，迨至唐初，更有二十來家不同的說法。下面簡要敍述法藏前的判教諸說，這對於了解法藏判教思想的背景和來源、法藏判教和其他判教說的異同，以及法藏判教的貢獻與局限，都是必要的。

印度佛教不同經典原已包含判教的端緒，如《法華經》等大乘經典強調大小乘的高下。《楞伽經》示以頓、漸之別。《華嚴經》有三照說，謂佛說如日出，先照高山，次照幽谷，再照平地，有先後的不同。《大般涅槃經》又說五味，以從出乳，從乳出酪，從酪出生酥，從生酥出熟酥，從熟酥出醍醐，比喻從佛出十二部經，從十二部經出修多羅，又從修多羅出《方等經》，從《方等經》出般若波羅蜜，從般若波羅蜜出大涅槃等。這都對中國判教以直接的啓示，尤其是《大般涅槃經》的說法，既表示佛教的教義是一個完整的體系，又表示其教義有深淺高下，實樹立判教的典型，對中國僧人的啓發作用最大。

中國翻譯印度佛典，不是按佛典成立先後傳譯，而是同時傳譯不同時代、不同內容的佛典。南北朝時代佛教學者就開始判教，智顗在《法華玄義》卷10上❶列舉南三北七的判教。江南諸師主要依佛說法的形式，立頓、漸、不定之教，其中漸教方面，又有立三時教、四時教和五時教之別。如虎丘山岌師立有相教、無相教和常住教三時教。宗愛法師則開作有相教、無相教、同歸教、常住教四時。道場寺慧觀略判教爲頓、漸二種，以《華嚴經》歸於頓教，更於漸教中開爲五時：有相教、無相教、褒貶抑揚教、同歸教、常住教。北方諸師則側重佛說法的內容，立七種判教：一、北地某師用武都山隱士劉虬之說，立人天教、有相教、無相教、同歸教和常住教的五時教；二、北魏菩提流支判立半字教與滿字教；三、慧光立頓、漸、圓三教，又分因緣宗、假名宗、誑相宗、常宗四宗教；四、護身寺自軌於四宗外另加法界宗，爲五宗教；五、耆闍寺安凛判立因緣宗、假名宗、誑相宗、眞宗、常宗、圓宗六宗教；六、北地禪師立有相大乘和無相大乘二種大乘教；七、北地禪師立一音教，謂佛以一音演說法，衆生隨類而解。正如上文所述，在北方諸師判教中，地論師慧光的判教對法藏的影響最爲巨大。慧光把《華嚴經》歸於頓教，法藏的

❶ 見《大正藏》卷 33，頁 801 上、中。

師父智儼將《華嚴經》攝入於圓、頓二教，法藏則進一步把《華嚴經》安置於圓教。

隋唐以來，天台宗和法相唯識宗的判教，是先於華嚴宗的最爲重要的兩種判教學說。天台宗創始人智顗在《法華玄義》卷10上破斥「南三北七」十家的判教主張，而自立五時八教的判教學說。所謂五時，是指釋迦牟尼成道以後，針對條件、水平不同的對象所說的不同法門，以時間分類爲《華嚴》、《阿含》、《方等》、《般若》和《法華》、《涅槃》等五時。所謂八教，是就佛說法的形式，分爲「化儀四教」，「儀」，儀式，教化的方式。化儀四教爲頓、漸、秘密、不定。「化法四教」，「法」，教化的內容。化法四教爲藏、通、別、圓。智顗的化儀四教淵源於南地諸師，尤其是成實師之說，化法四教是基於北地諸師尤其是地論師之說。天台宗的八教實際上也是淵源於南北諸師的判教學說而發展組織成的，是集南三北七之大成。法相唯識宗創始人之一窺基立三教八宗說。所謂三教是有教（各類《阿含經》等小乘義）、空教（《般若經》、《中論》、《百論》、《十二門論》），中道教（《華嚴》、《深密》、《法華》等）。所謂八宗是，以犢子部等爲我法俱有宗，薩婆多部等爲法有我無宗。大衆部中主張現在有的一派爲法無去來宗。說假部、經部等及《成實論》主張現在世中諸法假實不定，爲現通假實宗。說出世部主張世俗皆假，出世法皆實，爲俗妄眞實宗。一說部主張一切我法，唯有假名，都無實體，爲諸法但名宗。般若諸經及《中》、《百》等論主張一切皆空爲勝義皆空宗。《法華》等經及無著等所說的中道教爲應理圓實宗。天台、法相唯識二宗的判教對於法藏影響很大，一定意義上說，法藏的判教也是分別以這二宗的判教，重加增刪，調整、改造而成的。

法藏對先前的判教主張也十分重視，作了系統的歸納，以資借鑒。他在《華嚴一乘教義分齊章・敍古今立教》中說：「古今諸賢所立教門，差別非一。且略敍十家，以爲龜鏡。」❷法藏創立五教所取法的十家是：

(一)一音教　北魏菩提流支依《維摩經》等，據「佛以一音演說法，衆生隨類各得解」❸的教義而立。

(二)漸、頓二教　護法師等依《楞伽》等經立。先習小乘，後趣大乘，名爲漸，如《涅槃經》所說。又「如直往菩薩等，大不由小」❹，則名爲頓，如《華嚴經》所說。

(三)漸、頓、圓三教　北魏慧光律師立。爲條件未成熟的衆生漸次說法，爲漸教。爲條件已成熟者，「於一法門，具足演說一切佛法」❺，爲頓教。爲「上達分階佛境」者，說《華嚴經》義理，爲圓教。

(四)四宗教　北齊大衍法師等立。四教爲：因緣宗（小乘薩婆多等部），假名宗（經部、《成實論》等），不眞宗（諸部《般若》），謂一切事物都不眞實，眞實宗（《涅槃》、《華嚴》），主張佛性、眞理的眞實存在。

(五)五種教　護身法師立。前三種教和大衍法師的前三教相同，第四依《涅槃經》立眞實宗，第五依《華嚴經》立法界宗，讚法界自在無礙思想。

---

❷《大正藏》卷 45，頁 480 中。
❸ 同上。
❹ 同上。
❺ 同上書，頁 480 下。

(六)六宗教　耆闍法師立。前二宗和大衍法師的前二教相同，第三不眞宗，謂諸大乘通說「諸法如幻」，第四眞宗，明諸法「眞空」之理，第五常宗，謂「眞理恆沙功德常恆」，第六圓宗，指《華嚴經》，謂「法界自在，緣起無礙，德用圓備。」❻

(七)四種教　南嶽慧思禪師、天台智顗禪師立。四教爲藏，指三藏教，卽小乘，大乘爲摩訶衍藏；通，謂諸大乘經中通大小乘者；別，謂諸大乘經中義理不通小乘者；圓，指《華嚴》等經，謂「法界自在，具足一切無盡法門。」❼

(八)二教　江南慜法師立。一是屈曲教，如《涅槃經》等不是直示佛性，而是「以逐物機，隨計破著」❽，根據不同對象具體情況進行說法；二是平等教，如《華嚴經》是隨「法性自在」「平等」說法。

(九)四乘教　梁法雲法師立。卽《法華經》所立「四車」教義：三乘——羊、鹿、（黃）牛「臨門三車」、一乘——大白牛車。

(十)三時教　唐玄奘依《解深密經》、《金光明經》、《瑜伽論》立。卽三法輪：轉法輪（初時鹿苑轉四諦法輪）、照法輪（中時大乘內密意說諸法空義）、持法輪（後時說唯識教義）❾。

---

❻　《大正藏》卷 45，頁 480 下。
❼　同上書，頁 481 上。
❽　同上。
❾　以上據《華嚴一乘教義分齊章》所說。又據《華嚴經探玄記》，則第六起又有所不同：㈥慧思、智顗立四教；㈦唐元曉立四教：三乘別教(四諦、緣起等)、三乘通教（大乘空、有二宗）、一乘分教（《瓔珞》、《梵網》等），一乘滿教（《華嚴》等）；㈧吉藏立三教：《華嚴》「根本法」、小乘「枝末法」、《法華》「攝牛歸本法」、㈨梁法雲立四乘教；㈩唐江南印法師、慜法師立二教。詳見《大正藏》卷 35，頁 111 上、中。

以上十家，前六屬舊說，後四爲新說。這是法藏對南北朝以來判教史的總結。在十家說法中，絕大多數推崇《華嚴經》的教義最圓滿，地位最高，這對法藏是一個重要的啓發。法藏對於玄奘的「三法輪」說不滿，指出沒有包括《華嚴經》：「轉法輪」是小乘的四諦，《華嚴》在初時說，但不是小乘；「照法輪」，是講一切皆空的《般若經》教法；「持法輪」是後時說，不攝初時說的《華嚴》。法藏對於玄奘的判教是否定的，但對於玄奘法師是尊重的。

現題爲杜順所作的《華嚴五教止觀》，其五教內容與法藏的五教說是一致的。但該書和法藏的《華嚴遊心法界記》基本相同，而且書中出現杜順後武周時纔改稱的佛授記寺名，又轉用了不少玄奘的譯語，似非杜順原作。上面提過，五教的區分是智儼繼承地論、攝論兩派餘緒而創立的，但名目一直沒有確定，法藏是在智儼判教的基礎上再吸收天台宗的判教說加以重新組織而成五教說的。法藏判教的基本著作是《華嚴一乘教義分齊章》，該書多方面地、詳盡而系統地闡發了華嚴宗的判教理論。全書共十章，第一章〈建立一乘〉，敍述一乘的意義，分別別教一乘與同教一乘，即華嚴獨特的一乘與融合三乘於一乘的意義。第二章〈教義攝益〉，論述一乘與三乘的教義及其利益。第三章〈古今立教〉，列舉從菩提流支到玄奘等古今諸賢所立的教門。第四章〈分教開宗〉，立華嚴五教十宗的判教，對佛教各派義理做出價值判斷。第五章〈乘教開合〉，論述五教的相互關係。第六章〈教起前後〉和第七章〈決擇其意〉，論述佛教各種經典在時間上的先後順序及其理由。第八章〈施設異相〉，從十個方面說明一乘與三乘的區別。第九章〈所詮差別〉，敍述華嚴教學與其他佛教教學的關係，闡發心識、佛性等理論問題。第十章〈義理分齊〉，全面闡發華嚴教學的內容——三性、因門六義、十玄和六相的學說。

第二節　五　教

法藏以五教十宗判釋一代佛教。關於五教，《華嚴一乘教義分齊章》卷 1 說：「就法分教，教類有五」⑩，《華嚴經探玄記》卷 1 說：「以義分教，教類有五，就此義分，非約時事。」⑪就教法的高下深淺，分佛教爲五類，卽小乘教、大乘始教、終教、頓教、圓教。五教的總體概念是：

> 初一（指小乘教）卽愚法二乘，後一卽別教一乘……。中間三者，有其三義：一、或總為一，謂一三乘教也……。二、或分為二，所謂漸、頓，以始終二教所有解行，並在言說，階位次第，因果相承，從微至著，通名為漸。……頓者，言説頓絶，理性頓顯，解行頓成，一念不生，卽是佛等。故《楞伽》云：頓者，如鏡中像，頓現非漸，此之謂也。以一切法，本來自正，不待言説，不待觀智，如淨名以默顯不二等。……三、或開為三，謂於漸中，開出始終二教。……以空門為始，以不空門為終。……又《起信論》中，約頓教門，顯絶言真如；約漸教門，説依言真

---

⑩　《大正藏》卷 45，頁 481 中。
⑪　《大正藏》卷 35，頁 115 下。

如。就依言中，約始終二教，說空不空，二真如也[12]。

這是對五教的一般說明。初小乘是「愚法」，是決定地不能由小回大的。後圓教是別教一乘，即《華嚴》教。中間始、終、頓三教有三種解釋：第一、三類同屬三乘教，因爲三類所指，就是聲聞、緣覺、菩薩三乘人所得的佛法。第二、三類分爲漸、頓二教。其中始、終二類都是漸教，其特點是「所有解行，並在言說」，是通過言說，悟解佛理，而且又是一個「由微至著」的漸進過程，故稱。與始終二教相對的是頓教，其特點是頓絕言說，頓顯理性，頓成解行。也就是說，不是漸進而成，而是頓然而悟。第三，從漸教中分出始、終二教，連同頓教，成爲三教。始、終二教的根本區別是，始教是空門，終教是不空門。說空說不空，是「說依言眞如」，是言說，是漸教，這和「顯絕言眞如」的頓教不同。法藏把大乘始、終、頓三教概括爲一、二、三三教，又對始、終二教的內涵作了進一步的規定，這種判釋有其獨到之處。

以下先闡述法藏五教說的具體內容，後論述與五教有關的幾個重要問題。

一、小乘教

小乘教，又稱愚法二乘教。因有別於菩薩乘，故又稱小乘。此教不懂一切事物（「法」）空的道理，愚於法空，謂之愚法。二乘，指聲聞、緣覺。

---

[12] 《華嚴一乘教義分齊章》卷 1，《大正藏》卷 45，頁 481 中、下。

屬於小乘教的經典有四:《阿含》等經,《僧祇》、《四分》、《十誦》等律,《發智》、《六足》、《婆沙》、《雜心》、《俱舍》、《顯宗》、《正理》、《成實》等論。這是原始佛教和部派佛教崇奉的經典。小乘即指原始佛教和部派佛教而言。此教義理,主要是四諦、十二因緣的理論,宣傳人是無主宰、無實體的,事物則是過去、現實和未來三世都是實有的,實體恆存的。法藏認爲,這是只懂得主體是空,不了解客體也是空。只講人空,不明法空。雖然有的也說法空,但是講得不明顯、不明確。這是由於小乘,根性淺劣,昧於大乘義理。再是,從心識差別的角度來說,小乘教把包括清淨的和染汚的一切事物生起的根本,歸結爲六識三毒的作用。六識是眼識、耳識、鼻識、舌識、身識、意識。三毒是貪毒、瞋毒、痴毒。由於三毒促發了六識的活動而生起萬物。這是不懂得第八識——阿賴耶識⑬在生起萬物方面所起的比六識更爲重要的作用。

二、始　教

始教又稱大乘始教。因是爲自小乘出而始入大乘的根性未成熟者所說的淺近教法,是大乘的初門,層次低級,未盡大乘法理,故稱,也稱初教。又因主張有成佛不成佛之分,還名分教。始教分爲二種:空始教和相始教。所謂空始教,是指《般若》等經,《中》、《百》、《十二門》等論的教理。所謂相始教,是指《解深密》等經、《瑜伽》、《唯識》等論。二種始教就是印

---

⑬ 阿賴耶識:「阿賴耶」是梵語音譯,意譯爲藏。印度佛教瑜伽行派最重視這個識,認爲這是一切衆生的根本心識,是產生一切現象的根源。

度大乘佛教的空、有二宗，在中國卽是三論宗和法相唯識宗。

空始敎的基本義理是主張一切皆空，以破除主觀上的所有執著，達到「無所得」的境界。但是沒有悟解不空妙有的道理，沒有肯定眞如實體的存在，只講空的一面，不講不空的一面，在法藏看來是還沒有把握大乘深妙的義理。

空相敎的基本義理是側重於事物現象的分類、分析，而缺乏對事物本質的揭示、認識，也就是多說法相（事物的相狀），少說法性（事物的本性）。其次，是偏於在事物的生起和消滅問題上，突出阿賴耶識的作用，專講阿賴耶識緣起的理論，不明白理事圓融卽本體和現象融通無礙的道理。第三，此敎還把衆生分爲五種不同的種姓(性)：(一)無種姓：也稱無姓有情，有情卽衆生，無種指無善根種子。無種姓的衆生，不僅永遠不能成佛，連求出世得解脫都不可能。(二)聲聞乘定姓（定姓聲聞）：聞佛聲敎而得覺悟，名聲聞。此種姓專門修習聲聞因，證聲聞果，沒有迴小向大的心，不願趣向佛果，只求做個聲聞聖者。(三)緣覺乘定姓（定姓緣覺）：觀察、思維因緣生滅的事物和道理，獲得覺悟，契證寂滅涅槃，名緣覺。此種姓專門修習緣覺因，證緣覺果，也沒有廻小向大的心，不想進求佛道，只希作個緣覺聖者。(四)不定種姓：是具有聲聞、緣覺、菩薩三乘的本有種子，隨着遇緣薰習，修行不定。也就是說，如近聲聞，就修習聲聞法，如近緣覺，則修習緣覺法，如近菩薩，又修習菩薩法，有迴心向大，修行成就的可能，然究竟達到何種果位，不能肯定。(五)如來乘定姓（菩薩種姓、定姓菩薩）：菩薩悲智雙運，頓入大乘，直往佛果。在五種姓中，旣有定性與不定性之分，又有成佛與不成佛之別。

三、終　教

終教又名大乘終教，也稱實教。此教強調一切衆生悉當成佛，方盡大乘至極之理，是大乘終極法門，故名終教。又所說契合實理，而名實教。闡述此教的經典是《楞伽》、《密嚴》、《如來藏》、《勝鬘》等經，《起信》、《寶性》、《法界無差別》等論。終教的理論核心是眞如緣起論，或如來藏緣起論，是屬於眞常唯心論的思想體系。

終教宣傳眞如隨緣而生起萬物的理論。所謂眞如，是指宇宙萬物的眞實本相、本體。這個本體是無差別的、統一的、清淨的。眞如在萬物之中，就人來說，眞如爲煩惱妄染覆藏，不能顯現出來，所以，又稱如來藏。所謂眞如緣起論，就是眞如本體隨着不同的條件、機緣而生起萬事萬物。眞如（或如來藏）隨緣生起萬事萬物，森羅萬象，也就是眞如的體現。眞如是「理」，萬象是「事」，理事不隔，理外無事，事外無理。性相融通，眞如平等的理性和萬物差別的事相，互融相卽。在大乘終教看來，沒有差別的事相，只有無差別的理性，事理不二，性相不二。此教講眞如，講如來藏，是多講法性，少及法相，並把法相會歸於法性。所說八識，通如來藏，隨緣而立，具生滅不生滅義。

一切衆生也都是眞如隨緣成立，都是平等的，由此和始教不同，終教提倡定姓二乘，不定種姓和無種姓都能成佛的主張，反對有一部分衆生不能成佛的說法。此教也立有五姓的學說，但不認爲五姓的區分是永恒的、不變的，五姓是隨業感而立名的，最終必定都能成就佛道。

始教和終教有修行階位高下之分，修行歷程先後之別，但就後面的頓、圓二教來講，都是漸教，是權而非實。

四、頓　教

頓教，又名一乘頓教。頓是頓然、頓速的意思。具體說，包括二層含意：一是絕言顯理，不用語言文字表達，直指理性本體；二是解行頓成、不立階位，因妄念不起即是佛果，故無需漸次修成。《維摩經》、《思益經》等所說，屬於此教。

頓教的基本學說是，主張以理性本體爲本位，直顯眞如體的妙理，不從事物的差別相狀去認識眞如本體。認爲一切事物，沒有差異可言，所以不講法相，不講差別。一切事物，都是出自衆生妄心的分別，若果沒有妄心，沒有妄念，不對事物進行虛妄分別，也就沒有差別的境界。一切事物當體就是眞如，眞如本體是離言離相的，由此對於一切事物，實也無有言語可說。人空、我空的說法，都是差別心的表現。衆生一念不生，即頓顯眞如理體，也就是佛。不立階位，不分次第，衆生和佛在理體上本無差別相。對此，法藏有一段話說得非常清楚：

> 若依頓教，即一切法唯一眞如心，差別相盡，離言絕慮，不可說也。如《維摩經》中三十二菩薩所說不二法門者，是前終教中染淨鎔融無二之義；淨名所顯離言不二，是此門也。以其一切染淨相盡，無有二法可以融會，故不可說爲不二也⑭。

---

⑭　《華嚴一乘教義分齊章》卷 2 <所詮差別第九>，見《大正藏》卷45，頁 485 中。

五、圓 教

圓教，又名一乘圓教。圓是圓滿、圓融無礙之謂。圓教的名稱，源於晉譯《華嚴經·入法界品》：「爾時如來，知諸衆生應受化者，而爲演說圓滿因緣修多羅。」⑮又說：「時法輪音聲，虛空燈如來，知衆生根熟，往詣大衆所，顯現自在力，演說圓滿經。無量諸衆生，悉授菩提記。」⑯法藏對圓教立名，也作了說明，他說，圓教「卽別教一乘，以經本中下文內，爲善伏太子所說，名爲圓滿修多羅故，立此名也。」⑰

圓教的要旨是，主張宇宙萬事萬物，互相聯繫、互相依存，互相容融，互不妨礙。大的能容納小的，小的能容納大的，一卽多，多卽一，一卽一切，一切卽一。衆生成佛也是初發心時便成正覺，就修行和階位來說，也是一行卽攝一切行，一位卽一切位，圓滿具足，信滿成佛。

以上關於五教的分齊，主要據《華嚴經探玄記》和《華嚴一乘教義分齊章》所說，此外，《華嚴金師子章》和《華嚴遊心法界記》也有簡明的分疏。《金師子章》以因緣爲小教，無自性空是始教，幻有宛然是終教，二相（假有、眞空）雙亡是頓教，情盡體露是圓教。《遊心法界記》以法是我非爲小教，緣生無性是始教，事理混融是終教，言盡理顯是頓教，法界無礙是圓教。這種表述上的差異，表現了法藏在判教上的重要變化，卽不再採取天台宗的判教標準，而是變換參照系，或從緣起說展開，或結合

---

⑮ 《大正藏》卷 9，頁 749 上。

⑯ 《大正藏》卷 9，頁 750 中。

⑰ 《華嚴一乘教義分齊章》卷 1，《大正藏》卷 45，頁 481 中。

止觀學展開，從而形成一種嶄新的自圓其說的解釋，較富有哲學理論意義。

六、三 時

法藏爲了進一步肯定五教價值層次的判斷，相應地又提出了釋迦牟尼說法的先後時序——三時說。所謂三時是日出先照時、日升轉照時和日沒還照時，日升轉照時又分初轉、中轉和後轉三時，合爲五時，與五教相應。《華嚴經·如來出現品》對於釋迦爲不同對象說法，有一個比喻性的說明：

> 譬如日出於閻浮提⑱，先照一切須彌山⑲等諸大山王，次照黑山，次照高原，然後普照一切大地。日不作念，我先照此，後照於彼，但以山地有高下故，照有先後。如來應正等覺，亦復如是。成就無邊法界智輪，常放無礙智慧光明，先照菩薩摩訶薩等諸大山王，次照緣覺，次照聲聞，次照決定善根衆生，隨其心器，示廣大智，然後普照一切衆生，乃至邪定，亦皆普及，為作未來利益因緣，合成熟故。而彼如來大智日光，不作是念，我當先照菩薩大行，乃至後照邪定衆生，但放光明，平等普照，無礙無障，無所分別⑳。

---

⑱ 閻浮提：佛教謂在須彌山的南方，又稱南閻浮提，還稱瞻部洲、南瞻部洲，指人類居住的地方。

⑲ 須彌山：印度神話中的山名，也爲佛教採用，說是世界中心的大山，四周圍繞着大地、山河、星球。

⑳ 《大正藏》卷 10，頁 266 中。

佛說法如日光，聽法者條件機智不齊，如山河大地高下不同。日照有先後，佛說法有時序。法藏據此日出先照、次照、後照的說法，發揮爲三時說。

(一)日出先照時　此時如太陽初出,陽光照射高山之上頂,是佛爲圓頓大根菩薩轉無上根本法輪。名爲直顯教。此教是直稱本懷，顯示自證，即《華嚴經》所說，爲最高義理。

(二)日升轉照時　太陽上升，陽光下射,平原幽谷,照有先後。如此，日中之照又分三轉：1.初轉時：佛初在鹿野苑，爲鈍根一類衆生說法，轉小乘法輪，名爲隱實教。因隱一乘實，施二乘（聲聞、緣覺）權，故名。指《阿含經》、《俱舍論》所說四諦法、十二因緣等教理。2.中轉時：佛於中時爲中根一類衆生轉三乘法輪，名爲引攝教。令聲聞、緣覺二乘人等轉小乘成大乘，故名。如《方廣》、《深密》等經，《瑜伽》、《唯識》等論所說。3.後轉時：佛於後時爲利根一類衆生轉大乘法輪，名爲融通教。令以上權教三乘（聲聞、緣覺和大乘）轉變，轉權爲實，爲《般若經》、《中》、《百》、《十二門》等論所說。

(三)日沒還照時　太陽落到地平線以下，陽光上射，返照高山。佛在此時爲上上根衆生轉攝末歸本法輪，名爲開會教，開權顯實，會三（三乘）歸一，故稱。如《法華》、《涅槃》諸經所說。

三時和五教的對應關係是，先照時無上根本法輪和還照時攝末歸本法輪都是圓教，中間轉照時依本末法輪分爲三轉，初轉爲小乘，中轉爲始教和終教，後轉爲頓教。這是法藏力圖把以說法時序的判教和以教法深淺的判教協調起來所作的努力。

第三節　十　宗

五敎是佛敎教學上的分類，是依敎法的深淺優劣的差別而確立的。十宗是佛敎宗旨上的分類，是就敎法所詮的理趣的分別而確立的，也卽判別各宗所持敎義的內容。「以理開宗，宗乃有十。」[21]十宗的大致內容是：

一、我法俱有宗

此爲人天乘與犢子部等小乘所立。人天[22]乘指人類和比人類高一等的生命體的「天」。人和天有二類，一是「已入佛法」，二是「未入佛法」，這裏是指信奉佛敎、已入佛法的人天乘。人天乘不懂我法俱空的道理，主張主體「我」和客體「法」俱有實體。又佛敎小乘犢子部、法上部、賢胄部、正量部、密林山部，以及經量部中本經部等各派，也主張我與法是實有。如犢子部將一切事物分爲三聚（有爲聚、無爲聚和非二聚——非卽非離蘊我）及五法藏（過去、現在、未來、無爲和不可說藏——非卽非離蘊我），其間關係可列表爲：

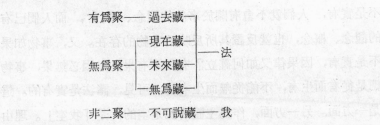

有爲聚——過去藏—┐
　　　　　┌現在藏—┤
　　　　　│　　　　├——法
無爲聚——┤未來藏—┤
　　　　　└無爲藏—┘
非二聚——不可說藏——我

---

[21] 《華嚴一乘敎義分齊章》卷 1 <分敎開宗第四>，《大正藏》卷 45，頁 481 中。

[22] 天：也稱天界、天道、天趣，爲佛敎所講的五趣之一、六道之一，指世間中最優越的有情識的生物。

「有爲」，指由因緣和合而成的有生滅的事物。「無爲」是非由因緣和合而成的，無生滅的，指涅槃。「非二聚」，非有爲攝，也非無爲攝，稱爲「勝義我」。「蘊」是聚集、積集的意思，此指五蘊——色、受、想、行、識，卽人身構成的五大要素，實卽指人，我。犢子部認爲，各類事物無論是有爲的、無爲的、過去的、現在的、未來的，都是實有的。由五蘊和合而成的，人在死後，也還有非卽蘊、非離蘊，也就是和蘊不卽不離的「我」存在着，這是因果報應的承受者，如果沒有這個「勝義我」，因果就難以一貫。此派認爲佛所說的「諸法無我」，是指沒有「卽蘊」我和「離蘊」我而言，並不是說沒有「非卽非離蘊我」。「我」不可說，但是實有的。法藏認爲這一宗的主張是完全錯誤的，是附佛法外道，不屬於佛法的範疇。

二、法有我無宗

此宗指小乘佛教的說一切有部、雪山部、多聞部等部派，立「法」（事物）是實有、「我」是空無的教義。如說一切有部從主客觀關係和因果關係論證，認爲過去、現在和未來三世諸法如果不是實有，人們就不會有關於事物的觀念、概念，而人們已有的觀念、概念，也就反證其所反映的事物的存在。又，事物如果不是實有，因果律又如何確立？有因才有果，無因必無果，事物總是從有而生有，不能從無而生有的。可見，諸法是實有的。這是一方面。另一方面，作爲主體的我是空的，是「我空」。理由是人是由五蘊和合而成，離開五蘊就沒有我了，旣然是五蘊和合而成，那麼，無論是卽蘊的實我，還是離蘊的實我，或者是非卽非離蘊我，都是沒有的。說我是實有，卽不同於蘊；不同於蘊，就是非實有；說是非實有，即不異於蘊；不異於蘊，即我非實有，所以，我是空的。此宗雖立一切法實有，但並不立我，主張無我，所以又異於外道。

三、法無去來宗

小乘佛教中大衆部、雞胤部、制多山部、西山住部、北山住部、法藏部、飲光部等所立。去，指過去，來，指未來。大衆部等認爲，在過去、現在和未來三世中，過去和未來的事物體用俱無，是空的，只有現在的事物和無爲法——涅槃是有體有用的，是有的。強調只在現有事物上立因立果，不許過去爲因，未來爲果。這是和上述說一切有部的三世實有，法體恆有的說法不同的。大衆部等說，有的佛經說事物在過去和未來是有，這是爲防止衆生不承認因果律而方便說的，並不是眞的認爲過去、未來的實體有。如果過去、未來的體都是實有的，怎麼會在現在沒有作用呢？爲甚麼只有現在的事物才有作用呢？旣然只是現在的有作用，過去和未來的都無作用，這就表明，現在有體，過去和未來是無體的。

四、現通假實宗

這是小乘中說假部、《成實論》和其他經部的宗旨。說假部等認爲，不僅過去、未來的事象無體，而且現在的事象也有假有實，是「現通假實」。如在「五蘊」是實，在「十二處十八界」㉓

㉓　十二處十八界：是佛敎以認識爲中心對宇宙萬有的分類。十二處爲內六處——眼處、耳處、鼻處、舌處、身處、意處，外六處——色處、聲處、香處、味處、觸處、法處。內六處卽所謂六根，外六處卽所謂六境。十八界是在十二處的基礎上再增加相應的六識——眼、耳、鼻、舌、身、意識而成。佛敎認爲十八界攝盡宇宙的一切現象，是對宇宙萬有的總分類。

爲假。因爲五蘊是直接舉示的，不需依靠其他事物的，如以一切物質現象爲「色」，以一切領納心爲「受」等，是絕對的，實有的；而十二處、十八界不同，如組成十二處的六根六境，根和境是相對而說的，不是直接舉示的、是假有的。現有一切事象，視不同情況，假實不定，爲現通假實宗。

五、俗妄眞實宗

小乘中說出世部等立此義。此宗認爲，世間法是妄，出世法是實。因爲世間法是從顚倒而產生的，從顚倒生，就是虛妄的，只有假名，而無實體。出世法不是從顚倒產生的，非虛妄的，道和道果都是實有體性的。此宗立出世法爲實，以世俗法爲假，而和上一宗於世間法上論假論實不同。

六、諸法但名宗

小乘一說部立此宗旨。此宗認爲，一切諸法，無論是世間法還是出世間法，俱是假名，都無實體。因爲世間和出世間是相對的，有世間必有出世間，世間既然是虛妄的，出世間也必是無實體的。又我和法也是相對的，法是由我而立，我相既然是虛妄的，法相也必是無實體的。諸法也都是佛爲廣度衆生而假立名字，說教方便，一切我法但有假名，無體可得。

七、一切皆空宗

《般若經》和《中》、《百》、《十二門》諸論所說，相當於五教中大乘始教的空始教。此宗認爲，一切事物不論是有漏無漏㉔，都是性空，都是無相，也就是「空」。第六諸法但名宗，雖也主一切皆空，但是，析有明空，是通過分析而肯定空。此宗不同，是主張卽有是空，一切事物趨於情表，無所分別，生卽無生，當體卽是空，是比小乘的諸法但名宗更爲徹底的空，是無相大乘。

八、眞德不空宗

《勝鬘》、《如來藏》、《密嚴》、《楞伽》等經，《起信》、《寶性》、《佛性》等論所說，相當於五教中大乘終教。「眞德不空」，指眞如具足無量功德。此宗主張，眞如本體具有無量功德，一切事物不論是迷悟染淨，都是從眞如隨緣而生起。也就是說，宇宙森羅萬象都是眞如本體的體現。眞如是理，萬物是事，事都由理而起，事和理無礙圓融。這是眞如緣起說，也稱如來藏緣起說，如來藏就是眞如本體在衆生中的異名。

九、相想俱絶宗

相當於五教中的頓教，指《維摩》、《思益》、《楞嚴》、《圓覺》等經的學說。相，指主觀所緣境相，卽客體；想，指能緣心想，卽主體的心理活動。此宗主張主觀心理活動和客體共同泯滅，一念不生，達到這樣境界就是佛。由於主張相想雙絕，斷離一切言說，直顯理性之境，因此稱相想俱絕宗。

十、圓明具德宗

相當於五教中的圓教，指《華嚴經》的學說。此宗認爲，宇

㉔ 漏：原意爲漏泄，引申爲指煩惱。

宙萬物是無盡緣起，彼此無礙，自在圓融，相即相入，重重無際。因宇宙萬物的體性，就具有無盡緣起的德用，圓滿明朗，故稱圓明具德宗。

以上十宗，前六宗屬於小乘，後四宗屬於大乘。法相唯識宗人窺基曾立八宗說，法藏所說前六宗和窺基所說前六宗的名稱完全相同，窺基所說第七勝義皆空宗（指般若）和第八應理圓宗（指唯識），法藏改變了名稱。所以說，法藏對小乘教的判別，是繼承了窺基的判教主張。

法藏建立十宗是爲了補充五教的不足，兩者判別角度不同，但又是相應的，以圖示如下：

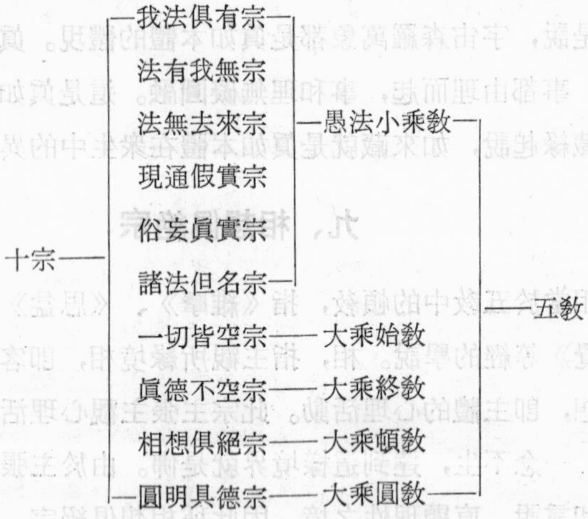

十宗和五教雖是相應的，但並不嚴密，五教中大乘始教分爲空始教和相始教兩種，但一切皆空宗只是和空始教對應，而並不涉及相始教，應當說，這是一種疏漏，自然這也反映出在十宗安排上發生的困難。

從法藏十宗的排列次序來看，他的判教思路是逐步縮小「有」的範圍，以趨向於「空」。法藏貶低小乘，主要是小乘各派情況不同地執持有的觀念，空的理念不徹底。隨後以小乘的諸法但名宗，過渡到大乘教的一切皆空宗。但是一切皆空說也不是最高眞理，由此又過渡到眞德不空宗，以明眞如本體的實有。第九、十兩宗是進一步補充、強調俱絕相想，直顯實相，最後是突出一切具足、圓融無礙的眞如實有。這是法藏破有而趣空，再由空而趣於眞如實有的思維過程，是主張佛教理趣由劣而勝，最後顯示華嚴爲最勝的認識過程。

第四節　同、別二教與本、末二教

一、同、別二教

天台宗人尊《法華經》爲宗經，該經講一乘教，被稱爲圓教。法藏也推重《法華經》，但更尊重《華嚴經》，奉《華嚴經》爲最高經典。這樣，就有一個在判教上如何和《法華經》協調、區別的問題。在《華嚴經內章門等雜孔目章》卷 4〈融會三乘決顯明一乘之妙趣〉中，站在華嚴學的立場，闡明同、別二教的思想。他把釋迦牟尼的說法分爲三乘、一乘二種，又將一乘判爲同、別二教：《法華經》會三歸一說是同教一乘，《華嚴經》圓融無盡說是別教一乘。法藏又繼承智儼的思想，在《華嚴一乘教義分齊章》中，進一步對同、別二教作了詳細的判明和發揮。強調《華嚴經》是超越諸教而說圓融無礙義理，完全有別於三乘（聲聞、緣覺、菩薩）的獨特的思想，稱爲「別教一乘」。《法華經》的一乘，其說與三乘教教義完全相同，稱爲「同教一乘」。由此，也有兩種圓教，即華嚴宗人和天台宗人所立的不同圓教。

法藏是怎樣建立一乘論而開爲同、別二教的呢？是怎樣論證同、別二教的區別呢？

法藏用華嚴學來說明別教一乘和同教一乘的成立原由。他在《華嚴一乘教義分齊章》開頭就強調別教一乘有性海果分和緣起因分二門，由此有不可說和可說二種情況㉕。佛自證的境界是超絕思慮，不可言說的，叫做「性海果分不可說」。但佛爲化度衆生，適應衆生的不同覺悟程度，又在無相中說出萬象，在無言中說出言教，還在菩提樹下，對普賢菩薩等闡述無盡緣起的華嚴義理，這是普賢的境界，叫做「緣起因分可說」。「可說」的義理、法門、教法很多，其中，對最上等根機者說無盡圓融的法門，稱爲「別教一乘」，對中下等根機者，說會三（三乘）爲一（一乘）的法門，以便進一步引入圓教，稱爲「同教一乘」。

《華嚴一乘教義分齊章》卷1對同、別二教概念的含義作了解釋。別教的「別」有相對的和絕對的二種釋法。從相對來說，別是別異的意思，即華嚴所講的一乘和三乘教不同，這種不同是相對不同根機者說不同內容而言的。也就是說，三乘一乘相對，有本末權實之別，主張三乘教之外另有一乘教存在。從絕對來說，別是不共的意思，是絕對不共，唯一圓教，一乘之外別無三乘，一乘圓教該攝三乘教，三乘即一乘。同教的「同」含義也很多，如寄同——將一乘法寄託於三乘而說；融同——融會三乘與一乘而同一不二；交同——三乘與一乘交參互涵等。總之，同

㉕ 見《大正藏》卷 45，頁 477 上。

是三乘與一乘共同的意思。這也就是說，三乘與一乘雖有差別，但又是共同的；三乘與一乘雖有本末之分，但又是融合的。

法藏還特意運用《法華經·譬喻品》的臨門三車和通衢牛車有別的比喻來說明別教一乘和同教一乘的區別。他說：

> 別教一乘，別彼三乘，如《法華》中宅內所指門外三車，誘引諸子令得出者，是三乘教也；界外露地所授牛車是一乘教也㉖。
>
> 如露地牛車，自有教義。謂十十無盡，主伴具足，如《華嚴》說。此當別教一乘㉗。
>
> 以臨門三車為開方便教，界外別授大白牛車方為示真實義。此當同教一乘，如《法華經》說㉘。

《法華經》宣傳「會三歸一」的一乘，說佛在講《法華經》之前曾講過聲聞、緣覺、菩薩三乘的差別，到了講《法華經》時，則強調三乘只是爲了教化的方便法門，究竟地說，唯有一乘，即佛乘。此經〈譬喻品〉中還用生動比喻來說明三乘與一乘的關係：有一長者的小孩在屋裏玩，屋子着火，但孩子們不知危險，不肯出來，長者十分焦急，就在門外用羊車、鹿車、牛車來引誘他們，當孩子們從火宅出來，脫離危險後，長者並沒有給他們甚麼三車，而是都給大白牛車。上述四種車都是車，這是借以說

㉖ 《華嚴一乘教義分齊章》卷 1 <建立一乘第一>，見《大正藏》卷 45，頁 477 上。

㉗ 同上書，頁 480 上。

㉘ 同上。

明三乘與一乘相通，最後歸爲一乘。三乘與一乘所講的義理是相同的，只是程度有深淺不同而已。由此《法華經》也稱爲「同教一乘」。《華嚴經》所講的一乘，則與《法華經》不同，是三乘所沒有的，高於三乘的、獨特的義理，是純粹一乘有別三乘，故稱「別教一乘」。

同、別二教與五教也是相應的，同教、別教都是一乘，與同教一乘相通的是三乘。一乘與三乘兩類也可概括五教的差別，五教中的小、始、終、頓四教相當於三乘，圓教稱爲一乘。又前四教中的終、頓二教是同教三乘中的一乘，爲同教一乘，是《法華經》所說的義理，五教中的圓教則是別教一乘，是《華嚴經》所講的義理。

二、本、末二教

法藏在《華嚴一乘教義分齊章》卷 1〈乘教開合第五〉中還把佛說一代教法分爲本教與末教二教㉙。本教，是直說佛自證境界的法門，因直顯本法，而爲衆多法門的共同根源，故稱「本教」。又因是契合法性根本的教說，也叫「稱性本教」或「稱法本教」，即華嚴別教一乘的法門。末教是佛爲適應三乘不同根機而說的教法，是從本教流出的枝末之教，故又稱「逐機末教」。這就是說，《華嚴經》所說的是本教，其餘諸經所說的都是末教。只有《華嚴經》是佛說究竟終極義理，其他經典都是方便的教法。

㉙ 見《大正藏》卷 45，頁 482 上、中。

第五節　略　評

一、法藏判教的哲學意義

判教的直接意義是判別佛教經典、教義和佛教派別的前後優劣，而判教的內在思想原則和觀點則反映了判教者的世界觀、人生觀。法藏的判教包含了豐富的哲學理念，直接表現了他的理想境界觀、人生觀。從法藏的判教內容來看，顯露出四個鮮明的哲學思想傾向、趨勢：第一、有→空→實有。法藏把持人生和萬物爲實有的觀念，視爲外道，在他判教層次裏，通過逐步破除有的觀念，縮減有的範圍，而過渡到空，同時在法藏看來，空無一切也不是終極眞理，宇宙的最高眞實是眞如本體隨緣顯現森羅萬象，眞如本體是最高最終的存在，是實有的。這是法藏對宇宙本體論和現象論的根本觀念。第二、偏→圓。法藏強調《華嚴經》是圓教，所謂圓是圓融無礙，是說一與多，一與一切，個別與一般都是相卽相入的，而其他經典都沒有闡發這層理論，是非圓教，偏教。法藏的圓融無礙說是對宇宙總圖景及其各種關係的基本看法，極其重要。第三、漸→頓。法藏把頓教置於圓教之前，不以頓教爲最高層次的教法，但是，頓教比漸教的層次要高，接近圓教，這是法藏在佛教修持方法，卽宗教實踐方式問題上的基本看法，表明法藏也是主張快速成佛的。第四、相對→絕對，方便→究竟。法藏追求絕對、究竟，他認爲《華嚴經》以外的其他經典，都是佛針對不同層次的對象所作的說明，講的是相對於不同對象的不同道理，是一種方便法門，唯有《華嚴經》是對最高層次的學法者說的最究竟的道理。他主張通過相對達到絕對，由方便到究竟，這從哲學方法論來看，是富於辯證色彩的。

從法藏判教說的內容來看，還反映出法藏的佛教哲學思維方式的類型和特質：㈠獨立思維。這是指作爲佛教宗教創始人法藏的主體意識增強、自主性提高，能夠獨立地對印度佛教經典教義和佛教流派作出判別。這和依附、盲從、照搬、模仿是不同的，是一種新覺醒、新創造。在思想、文化方面，只有獨立思考，才能創立新說。獨立思維和創造思維密切聯繫，法藏的獨立思維爲他創立富有特色的華嚴學和華嚴宗提供了理論操作的必要前提。㈡有序思維。法藏的五教、十宗說，雖然是從佛教的教法或義理方面所作的教判，但是它們的安排大部分是和印度佛教的歷史發展相一致的，這反映出中國佛教宗派創始人的歷史意識、時間觀念，是很可寶貴的。有序思維對於研究印度哲學思想發展歷史軌跡具有重要意義。㈢融會思維。這是法藏判教學說的最大思維特徵。獨立思維和有序思維最後也是落實到融會思維。法藏通過對各教派、經典、範疇的安排、組織，使之成爲先後發展有序的系統，構成龐大的判教體系，最後攝末歸本，依本起末，落實到最高的圓教，這充分反映了法藏綜合各宗、獨立創新的思維能力。實際上，融會思維符合學術思想發展規律，是人類發展文化的內在機制。

二、法藏判教的貢獻與缺陷

從佛教自身發展史的角度來看，法藏的判教具有二重性，即既有貢獻的一面，又有缺陷的一面。法藏判教的貢獻在於相當的完備性，這種完備性主要表現在三個方面：首先是相對於以往的判教學說，尤其是著名的天台宗判教學說來說，由於歷史背景不同，天台宗創立時，法相唯識宗還沒有成立，因此天台宗四教中，不可能融攝法相唯識宗，法藏適逢各宗勃興，他不僅能採用天台四教作爲判敎藍本，還能吸取法相唯識宗的判教學說，在一定意義上，使華嚴五教十宗說能夠後勝於前。其次，如果說，天台宗的判敎是沿着印度大乘空宗的思想途徑進而融攝大乘有宗學說，並加以創造的產物，那麼，華嚴宗的判敎則是沿着大乘有宗的思想途徑進而融攝大乘空宗的學說，並加以創造的結果。天台和華嚴的判敎是中國佛教史上兩種最重要的判敎，兩者各有特色，影響深遠。第三、綜合組織佛敎經典和學說，融化創造完備的判敎體系，有敎有觀，有解有行，具有中國佛教特色，對於佛敎生命的延續具有重要的意義。

法藏判敎的缺陷主要是分判標準不統一。具體說有：一是五敎的組織問題。法藏的五敎是在天台宗的「化法」藏、通、別、圓的基礎上再加上「化儀」中的頓而組成的，五敎中的小、始、終相當於天台的藏、通、別，圓置於最後，其前加頓，這就把天台宗判敎的兩種標準合而爲一了。「化法」是就內容講的，「化儀」是就形式講的，同一判敎中用兩種標準就造成了混亂。天台宗人講的頓是佛說法的形式之一，法藏大概是爲了消除矛盾，而從內容的角度講頓敎。他在解說頓敎時引用《楞伽經》中的一個頌「初地卽八地」，說菩薩的修斷無所謂初地與八地的分別㉚。又引用《維摩詰經》中維摩以「默然」來體現不二法門的事例㉛，

㉚ 《華嚴一乘教義分齊章》卷 2 <所詮差別第九>，《大正藏》卷 45，頁 489 中。

㉛ 《華嚴一乘教義分齊章》卷 1 <分教開宗第四>，卷 2 <所詮差別第九>，《大正藏》卷 45，頁 481 中、485 中。

認爲都是指的頓教。這種從內容方面來講頓是和天台宗人從形式方面講頓不同的。二是五教的義理問題。五教實際上是依聲聞、緣覺和菩薩三乘而判分的，法藏用了兩種分法：一種是「後一一乘的三一判」，小教即小乘，始、終、頓三教同爲大乘，圓教是從大乘開出來的一乘；一種是「後三一乘的三一判」，小教即小乘，始教是大乘，終、頓、圓三教同爲一乘。這樣三乘的區分、大乘和一乘的區分就含混了。三乘的區分是依據種姓的差別，而對於種姓的看法，各教派也很不一致，法藏對這些問題沒有詳密說明，只是說隨機不同，籠統地加以會通，這就造成了五教說的義理矛盾。三是判《華嚴》爲圓教的論證問題。按照佛教傳統，《華嚴經》是佛成道後最初的說法，而該經流傳又比較在後，這種情況不利於說明華嚴是圓教。法藏雖然用三時說等作論證，但總顯得勉強。四是一乘教的分判問題。法藏在一乘上又分出同、別二教，這樣一乘作爲圓教分爲二教，就有了兩種圓教，圓教只能是一種，兩種都圓就必定是非圓，或其中之一是非圓。再是，法藏標榜教內別教，貶低華嚴以外的其他教派，這又在教內製造矛盾，其後果和其調和矛盾的初衷也就相違了。

法藏在判教上的貢獻和缺陷，成就和疏漏，是密切聯繫着的，是由其主客觀原因所造成的。法藏淵博的學識，重於融會的理論素質，和歷史所形成的種種判教學說，尤其是天台宗的「化法四教」和「化儀四教」說，都爲他構築新的判教體系，對判教作出新的貢獻提供了條件。但是有利的因素是相對的，在一定條件下有利就轉化爲不利了。法藏重於融會是一種理論上的長處，但是他的融會思維帶有無批判的調和色彩。如他對作爲龜鑒的十家立教，除最後玄奘判教說以外，其他五家都推崇《華嚴經》，法藏對此就同加肯定，不加分析，竭力調和，平等推崇，其實這九家的判教觀點是不一致的。又如五教，法藏只是從說法的對象和機遇的差異來說明，缺乏理論上的分析、評判，也反映了理論上的抽象的、籠統的調和傾向。再者，法藏得以借鑒已有的種種判教學說是一大有利條件，但是，由於受這些判教學說，尤其是天台宗的判教論影響太深，而無法擺脫和超越，結果只是因襲天台宗的二種判教，略加調整而形成自己的判教，與天台宗的判教論相比，法藏判教說的創造性和嚴謹性就不免遜色了。

第四章　法藏的宇宙生成論
——法界緣起論的原由

第一節　法界緣起論的提出

在開始論述法界緣起論前，先闡明法界和緣起的含義，以及法界緣起論的提出。

一、法　界

「法界」，梵文dhamma-dhātu，音譯爲達磨馱都。「法」，意爲軌持，即既能保持自體的本性不變，又是軌範人倫，令人產生對一定事物理解的根據。「界」，通常是種族、種類和要素、因性的意思。《阿毗達磨俱舍論》卷1爲「界」作的界說是:

> 法種族義是界義。如一山中有多銅、鐵、金、銀等族，說名多界。如是一身或一相續有十八類諸法種族，名十八界。……有說，界聲表種類義，謂十八法種類自性各別不同，名十八界❶。

---

❶ 《大正藏》卷 29，頁 5 上。

界是種族、種類，是各種分類範疇的稱呼，如眼、耳、鼻、舌、身、意六根，和相應的六境、六識，合稱爲十八界。佛教認爲，物種是自我繁衍的，各各自類相續而生，《阿毗達磨俱舍論》卷1說:「此中種族是生本義」❷，物種是個體事物得以產生的「同類因」，由此，「界」又含有事物的因性的意義。《中邊分別論》卷上說:

> 聖法因為義故，是故說法界；聖法依此境生，此中因義是界義❸。

聖法，即佛法。佛法的因是界，生佛法的因就是法界。按照界是因義，唯識宗把一切事物的種子（因）稱爲「界」。

《華嚴經》在多種意義上廣泛使用「法界」這一概念，經中經常出現「清淨法界」、「妙法界」、「諸佛法界」、「一切法界」、「三世法界」、「無量法界」等稱謂。《華嚴經》還間接地論及「法界」的特性，經中〈夜摩天宮菩薩說偈品〉在講到佛身時說:

> 此處無邊際，廣大如法界，一切無不至，湛然不遷變❹。

這就是說，法界的特性一是遍至性、遍在性、無量性，二是靜止性、不變性、永恒性。也就是說，法界的特性一是在空間上廣袤

---

❷ 同上。
❸ 《大正藏》卷 31，頁 452 下。
❹ 《大正藏》卷 9，頁 464 中。

無垠、延綿無盡；二是在時間上永遠不變，恒常存在。法界實質上是經過抽象的宇宙萬物性質的絕對化、神祕化和實體化。

據上所述可見，所謂「法界」就是宇宙萬物、自然界、人的感覺內容，又是事物的類別、性質、因由、根據的意思。由於法界具有性質、根基的意義，所以，又被作爲表述一切事物本來相狀（諸法實相）的概念，而和同樣表述諸法實相的眞如、自性清淨心、法性、平等性、不虛妄性、不變性、法住實際等相通。總之，法界的一般含義有二：一是泛指宇宙的萬事萬物，二是指決定萬事萬物的本性。

中國佛教學者，尤其是華嚴宗人也十分重視「法界」的解說和運用。如天台宗人以佛、菩薩、緣覺、聲聞、天人、阿修羅、畜生、餓鬼、地獄爲十界，稱爲「十法界」。華嚴宗創始人法藏是在甚麼意義上使用法界這一概念的呢？他在所著《華嚴經探玄記》卷18中說：

> 法界是所入法，法有三義：一是持自性義，二是軌則義，三是對意義。界亦有三義：一是因義，依生聖道故。……又《中邊論》云：聖法因為義故，是故說法界，聖法依此境生，此中因義是界義；二是性義，謂是諸法所依性故，此經上文云法界法性辯亦然故；三是分齊義，謂諸緣起相不雜故❺。

這裏，法藏把法界一詞分開，就「法」和「界」各立三義，但其

---

❺　《大正藏》卷 35，頁 440 下。

中最重要的是對「界」含義的規定。如果把上述法和界的意義合論，則法界的意義有三：一是法因，即法界是聖道、聖法賴以產生的根由；二是法性，是宇宙萬事萬物賴以存在的眞實體性；三是法相，宇宙萬物的界限、差別相、事物的外在表現、形象。這是法藏對法界的基本看法。法藏對於法界所說的三層意義，第一層次是指成佛的因，就是指佛理、眞如、眞心、一心；第二層次是指事物的本性、規定性；第三層次是指具體事物。

由於法界內涵的多義性，因此華嚴宗人又十分注重法界的分類。法藏就從意義、類別、行位等不同角度，對法界作出細緻的分類。如法藏依普賢菩薩行願而入的法界──有爲法界、無爲法界、亦有爲亦無爲法界、非有爲非無爲法界、無障礙法界，而立法法界、人法界、人法俱融法界、人法俱泯法界、無障礙法界五重法界的區別❻。法界種類固然繁多，然又可歸結爲一眞法界。所謂一眞法界就是諸佛和衆生本源的淸淨心，也稱一心法界、一眞無礙法界。後來澄觀又從本體和現象的角度，明確地把法界分爲四類，即事法界、理法界、理事無礙法界、事事無礙法界，合稱爲四法界。由於華嚴宗的教義在於闡說法界的圓融無礙，因此，又稱爲法界宗。

《華嚴經》提倡隨順法界，深入法界，以此爲覺悟成佛的途徑，並把悟入法界作爲衆生修行的最後歸宿❼。華嚴宗人受此啓迪，把法界緣起論視爲《華嚴經》的根本義理，當作一種眞正的「悟的世界」，進而把法界緣起作爲修持成佛的基本理論、方法

---

❻ 詳見《華嚴經探玄記》卷18，《大正藏》卷35，頁440中-441上。

❼ 詳見《華嚴經》的<入法界品>等。

和境界，全力闡發弘揚。

二、緣　起

「緣起」，是「因緣生起」的略稱，是佛教的基本概念。「緣」，指關係或條件。所謂緣起，就是指一切事物或一切現象，都是由相待（相對）的互存關係或條件決定生起的；離開互存的關係或條件，就不能生起任何一個事物或現象。《雜阿含經》卷12謂「此有故彼有，此起故彼起。」❽任何事物或現象都因各種關係或條件的互相依存而生起、變化和消滅，這是佛教的基本原理，是佛教的證悟之道。佛教闡發宇宙萬物生成的學說，稱爲緣起論。緣起論是佛教最基本、最重要的核心理論，是派生其他一切教義的哲學基石。

隨着佛教的發展，各學派在宇宙萬物生成的問題上形成了先後不同的種種學說。最早的是「業感緣起」說，也卽十二因緣說。此說把萬物生起的原因歸之於衆生的作業力，強調衆生由煩惱惡業招致惡果，因果相續，六道輾轉，生死輪迴。這是小乘教用以解釋人生痛苦根源的理論。大乘中觀學派主張「性空緣起」說，認爲由於一切事物的本性體空，才能生起一切事物。大乘瑜伽行派着重從主觀方面考察，認爲一切事物都由人的第八阿賴耶識所變現，宣揚「三界唯心」、「唯識無境」，是爲「賴耶緣起」說。《大乘起信論》提出「眞如緣起」，《勝鬘經》提出「如來藏緣起」，這兩種論說內容是一樣的，都主張以佛心、淨心作爲世界的本原。眞如或如來藏爲染緣淨緣所驅使，生出種種事物，

---

❽ 《大正藏》卷2，頁 84 下。

其染分顯現爲六道生死輪迴，其淨分現爲四聖（佛、菩薩、聲聞、緣覺）。這是確立實在的本體，以說明一切事物、一切現象都是眞如本體的顯現，也就是眞常學說。華嚴宗人則從本體卽現象、現象卽本體的基本理論出發，闡述緣起論。

法藏從染淨和染淨合說的角度論緣起，他說：

> 初法界緣起略有三義：一約染法緣起，二約淨法，三染淨合說❾。

這三種緣起又各分爲四門。染法緣起的四門是：「緣集一心門」、「攝本從末門」、「攝末從本門」、「本末依持門」。淨法緣起的四門是：「本有」、「修生」、「本有修生」、「修生本有」。染淨和合說的四門是：「翻染現淨門」、「以淨應染門」、「會染卽淨門」、「染盡淨泯門」❿。可是，法藏的這些說法只有標題，沒有解說。據日本華嚴學者坂本幸男博士的研究，法藏的染法緣起四門可能是根據智儼《華嚴經搜玄記》論述的⓫。具體解說如下：

染法緣起的「緣集一心門」相當於《華嚴經搜玄記》的「緣起一心門」中的「眞妄緣集門」，意指眞與妄和合一心，眞妄相依，始能生起萬物。「攝本從末門」，是從妄心的角度說，據妄攝眞，眞如隨順染緣而生起萬物。「攝末從本門」，是從眞心的角度說，就眞攝妄，強調一切事物歸根到底都是眞心的顯現。「本末依持門」和《華嚴經搜玄記》中的「依持一心門」相當，意思是

---

❾ 《華嚴經探玄記》卷 13，《大正藏》卷 35，頁 344 上、中。

❿ 《華嚴經探玄記》卷13，《大正藏》卷 35，頁 344 中。

⓫ 參<法界緣起的歷史形成>，見《華嚴思想論集》，大乘文化出版社，1978 年 11 月初版，1981 年 7 月第二版，頁 192-195。

本末相對，眞妄依持。

淨法緣起是從佛性、佛果的視角論述緣起說。「本有」意是緣起事物的本來面目，具體指衆生心中的眞如本覺。「修生」由修而生，指本來沒有，由於各種因緣，努力修持，生起信仰和智慧。「本有修生」，如來藏（眞如）本有，由修智而顯現。「修生本有」，是說衆生的眞如被煩惱覆蓋，不覺悟自己本有眞如，未能顯現眞如的作用，等於沒有眞如。現在顯現眞如的作用，卽表明眞如是有，這個有是本有，是和本來沒有後來而有不同的。

染淨合說的四門，根據上述染法緣起和淨法緣起的說法，結合《大乘起信論》的基本思想，似可作如下推論性解釋。「翻染顯淨門」，通過修持，減少以至消滅妄念惡業，增長以至圓滿功德智慧，去妄成眞，翻染顯淨，成就法身。「以淨應染門」，以淸淨智慧隨順衆生，生無量功德。「會染卽淨門」，染淨相卽，心識所現之相，是迷，是染，然迷不離覺，染不離淨。「染盡淨泯門」，妄盡眞也無，迷盡覺也無，絕言離慮，蕭然無寄，平等無別，佛果圓滿。

法藏的三種緣起的說法，染法緣起是從十二因緣所起的緣起，淨法緣起是從佛果的角度所講的緣起，染淨合說是綜合前兩種緣起，卽以染淨結合的統一角度講緣起。貫穿於這三種緣起的基本思想是因果相對、染淨相對的觀念，再是由這種相對性觀念導致出染淨轉化、染淨圓融、染淨俱泯的基本主張。了解法藏關於緣起的這些說法，對於了解華嚴宗人法界緣起論的提出是必要的。

三、法界緣起論的提出

法藏的法界緣起論是一種重要的佛教緣起論。佛教緣起論的最終目的在於求得人生的完全解脫。爲了達到這個目的，佛教着重探求人生之所以「流轉生死」是由各種因緣條件造成的，要獲得解脫，超越生死，「捨染趨淨」，也必須創造各種因緣條件才能達到。也就是說，人生和宇宙的一切，都是因緣和合而生起的。同樣，法藏的「法界緣起」論也分染、淨兩個方面，以染法緣起說明迷界的緣起，以淨法緣起說明悟界的緣起，並且通過染淨合說緣起，闡明因緣和合而起的一切事物的互相依存、互相滲透、彼此無礙，圓融無盡的關係，進而獲得煩惱卽菩提，生死卽涅槃的妙悟，消除痛苦，超越生死，求得解脫。法界緣起論是對獲得解脫的佛的境界的描繪，是對悟的世界、淨的世界的描述，而不是着眼於對客觀世界現象的分析。但是，佛的境界與客觀世界又不是絕對對立的，佛的境界旣是客觀世界的昇華、超越，又是對客觀世界的涵蓋、容攝，對佛的境界的描述中包含了對客觀世界的分析。在法藏看來，宇宙的眞實相包括了佛的境界和現實世界，法界緣起論集中反映了華嚴宗人對宇宙現象的整體看法。

法界緣起論是華嚴宗人基於《華嚴經》的義旨而創立的，並且經歷了幾代人的努力而完成的。法藏的師父智儼在所著《華嚴一乘十玄門》中劈頭就提出「法界緣起」的命題，說：

> 今且就此《華嚴》一部經宗，通明法界緣起，不過自體因之與果。所謂因者，謂方便緣修，體窮位滿，卽普賢是也。所謂果者，謂自體究竟，寂滅圓果⑫。

---

⑫　《大正藏》卷 45，頁 514 上、中。

智儼把法界緣起分爲因果二義，即有主體修行的因位和果位兩種不同情況。因位法界緣起爲普賢菩薩的境界，果位法界緣起爲佛證悟的境界。智儼在《華嚴經搜玄記》卷3下又說：

一約凡夫染法，以辨緣起；二約菩提淨分，以明緣起⓭。

這是把法界緣起分爲染法、淨法兩種，以統攝《華嚴經》中所說的各種緣起。法界緣起的染、淨二法和因、果二位是統一的，染、淨二法貫徹於因、果二位之中，由染轉淨就是由因生果。

法藏繼承智儼的思想，在《華嚴經探玄記》卷1中，強調《華嚴經》是以「因果緣起，理實法界」⓮爲宗，強調因果緣起（現象）就是無自性，無自性就是理實法界(本體)。理實法界無自性，所以成因果緣起。二者二而不二，現象與本體相卽是爲唯一無礙的自在法門。法藏還進一步在《華嚴一乘教義分齊章》和《華嚴經明法品內立三寶章》中，系統地闡發了法界緣起的理論。嗣後澄觀又發展了法界緣起論，使之更爲完備。

華嚴宗人從因果兩方面立兩種法門，以闡明宇宙萬物的眞實本相。果的方面是指《華嚴經》的「海印三昧」所描繪的境界。「海印」是一種比喩，表示佛大覺的內容。「三昧」就是禪定。法藏就海印三昧解釋說：

海印者從喻為名，如修羅四兵，列在空中，於大海內，印

⓭　《大正藏》卷35，頁62下。
⓮　《大正藏》卷35，頁120上。

現其像。菩薩定心，猶如大海，應機現異，如彼兵像⑮。言海印者，真如本覺也。妄盡心澄，萬象齊現，猶如大海因風起浪，若風止息，海水澄清，無象不現⑯。

所謂海印定是說，猶如大海風止波靜，水澄寂不動，天邊萬象無不印現在漫漫大海水面上。佛的心、佛的大覺也是如此。佛的心中，湛然澄清，至明至靜，森羅萬象，無論是過去的、現在的和未來的，從諸佛淨土到餓鬼、地獄，無不炳然印現。佛的境界原是衆生心地本來具有的，因爲衆生原來本有眞如本覺，只爲妄念所蒙蔽，如果「妄盡心澄」，就現佛境。衆生的心和佛的心本無區別，只是前者迷後者悟而有了凡聖的不同。

因的方面是指進入佛位以前的緣起因分——普賢境界。這裏所謂緣起是指法界緣起，其相狀是無盡圓融。法界緣起的展開，最後進到「清淨法界」，也就是佛境。佛境就是無限廣大又互相包容，森羅萬象又無個體區分的「無盡圓融」的大法界。衆生體悟法界緣起的道理，妄盡心淨，悟入清淨法界，也就成就爲佛了。

法界緣起，又稱無盡緣起，因宇宙森羅萬象，相待相資、相即相入，互爲主從，互爲緣起，圓融無礙，重重無盡，故名。因同樣理由，還稱法界無盡緣起，十十無盡緣起、十玄緣起。又稱性起緣起，「性起」，指體性現起，謂眞如法性，不待因緣，依自性本來具有的德用生起萬有，故名。還因華嚴宗稱《華嚴經》爲別教一乘，法界緣起思想爲《華嚴經》所具有，故又稱一乘緣

---

⑮ 《華嚴經探玄記》卷 4，頁 189 上。
⑯ 《修華嚴奧旨妄盡還源觀》，《大正藏》卷 45，頁 637 中。

起。法藏在《華嚴一乘教義分齊章》中設〈義理分齊〉專章，集中闡述別教一乘法界緣起的理論。該章一開頭就列舉了四門，說：

> 義理分齊者有四門：一、三性同異義，二、緣起因門六義法，三、十玄緣起無礙法，四、六相圓融義⑰。

法界緣起理論分四門論述，其中前兩門是論證構成法界緣起的原理，後兩門是論述法界緣起的內容⑱。即前兩門是論證為甚麼說是法界緣起，後兩門是說明法界緣起是甚麼。這兩個方面是法藏的法界緣起論的最重要、最基本的內容。此外，法藏在《華嚴經探玄記》的〈辨文義分齊〉中也列了緣起十義，即緣起的十種理論，與三性同異，因門六義同為闡述構成法界緣起的重要原理。又，法藏還在有關著作中闡發了性起思想，對法界緣起論的性質作了重要的規定和論述。據此，我們將法界緣起論設為三章敍述。本章着重論述法界緣起的原因，下章則論述法界緣起的內容，再下章是論述法界緣起的本質和特色。通過這三章以闡明法界緣起的原由、內容、原則、歸結、悟證、特色和意義等重大問題。

---

⑰　《大正藏》卷 45，頁 499 上。

⑱　參見呂澂《中國佛學源流略講》，中華書局，1979年 8 月版，頁 196。

第二節　法界緣起的原由之一——三性同異

一、三　性

三性，「性」指事的本性、相狀。三性是對一切事物的性相的有無、假實所作的三種分類⓳，也作三自性、三性相、三自相、三相。三性是印度佛教瑜伽行派和中國法相唯識宗的基本理論觀念，也爲法藏所繼承。三性具體指「遍計所執性」、「依他起性」和「圓成實性」。遍計所執性，又稱「遍計所執自性」、「普觀察性」、「分別性」、「虛妄分別相」。謂人們的迷情妄執、周遍計度（普遍觀察思量）一切法，故名「遍計」；由此虛妄分別，執有實我、實法，故名「所執性」。所謂遍計所執性就是以爲世間有實物、實體存在的觀念，實際上是指人們通常以爲一切事物都是有自性差別的客觀存在的認識。佛教認爲，宇宙萬物都是因緣和合而成，沒有實我、實法的存在，即人和其他一切事物都是沒有實體的，所以遍計所執性是一種謬誤、妄執。依他起性，又稱「依他起自性」、「他根性」、「依他性」、「因緣相」。「他」，指各種因緣。所謂依他起性就是指依多種因緣而生起的一切現象。因爲是由各種因緣和合而生，所以，第一，不是永恒不變的存在，而是虛幻不實，非有而似有；第二，又是離妄情而自存的，與遍計所執性不同。圓成實性，又作「圓成實自性」、「成就相」、「眞實相」、「第一義相」。所謂圓成實性，就是圓滿成

⓳ 三性的另一種意義是，從佛教道德立場對一切現象、行爲所作的分類，即善、惡（不善）、無記（非善非惡，中性）三性。

就的眞實性，具體說是，依他起性的實體（眞如）遍滿一切事物（圓滿）、不生不滅（成就）、體性眞實（眞實），也就是一切事物的眞實體性。它不是一個實體性的東西，而是表示一切事物眞實體性的眞理。也就是說，在依他起性上，遠離遍計所執性的謬誤，認識到一切事物都無永恒不變的實體，由此所顯示的如實本性，爲圓成實性。

佛教認爲，三性之間存在着不卽不離的關係，並常以蛇、繩、痲三物爲喩，說人們於黑夜中見到繩子，以爲是一條蛇，這是虛妄分別，妄執爲實有眞蛇，爲遍計所執性。後來再看，是像蛇的一條繩子，知道不是蛇，因繩似蛇，爲依他起的假有。再進一步看，繩由痲而織成，形態是繩，本質是痲，繩也不具有實體的意義，痲是繩的眞實體性，爲圓成實性。任何事物都有三性，如對一株花，執爲實有，是遍計所執性；從花種、土、水、陽光等因緣和合生，假現花相，是依他起性；花的實體，是圓成實相。從有無或假實的立場判斷，佛教認爲，遍計所執性是「妄有」、「實無」，依他起性是「假有」、「似有」，圓成實性是「實有」、「眞有」。

印度佛教瑜伽行派創始人無著、世親分別撰有《攝大乘論》、《攝大乘論釋》等著作，認爲，遍計所執性是指所分別的境（相），依他起性是指能分別的識，由於遍計所執性的境是無，因此依他起性也不可得，其不可得就是萬有的眞實性（性）[20]。這樣，三性通過依他起性（識）而互相聯繫並取得統一：由於境無而依他起性不可得，由於依他起性不可得而獲得眞實性，事物的相（妄所分別的境）和性（眞實體性）通過依他起性這座橋樑而聯接相

---

[20] 陳・眞諦譯《攝大乘論釋》卷5，《大正藏》卷31，頁181-190。

通。《攝大乘論・釋應知勝相品》把三性的重心放在依他起性上，並以此來解釋某些互相矛盾的經文，文中有兩段很重要的話：

《婆羅門問經》中言：「世尊，依何義說如此言：如來不見生死，不見涅槃，於依他性中，依分別性及依真實性，生死為涅槃，依無差別義。何以故？此依他性，由分別一分成生死，由真實一分成涅槃。」釋曰：依他性非生死，由此性因真實性成涅槃。此性非涅槃，何以故？此由分別分卽是生死故，是故不可定說一分。若見一分，餘分性不異，是故不見生死，亦不見涅槃。由此意故，如來答婆羅門如此㉑。

《阿毘達磨修多羅》中，佛世尊說法有三種：一、染污分，二、清淨分，三、染污清淨分。依何義說此三分？於依他性中，分別性為染污分，真實性為清淨分，依他性為染污清淨分。依如此義故說三分。釋曰：《阿毘達磨修多羅》中，說分別性以煩惱為性，真實性以清淨品為性，依他性由具兩分，以二性為性故，說法有三種：一、煩惱為分，二、清淨為分，三、二法為分。依此義故作此說㉒。

這是一個十分重要的觀點。三性中的依他起性，既具有遍計所執性——所分別的境（相），這是它染污的一面，又具有圓成實性——萬有的眞實性（性），這是它淸淨的一面，也就是包含了相對的染和淨兩個方面，同時具有兩種不同的性質。這樣，原

㉑ 陳・眞諦譯《攝大乘論釋》卷 6，《大正藏》卷31，頁193上。
㉒ 同上。

來對立的概念，如遍計所執與圓成實、相與性就通過依他起而融通無礙了；原來相反的概念，如煩惱與菩提、生死與涅槃，因共同包含在依他起中，而被視爲相卽一致，煩惱卽菩提，生死卽涅槃，這樣的不二法門也就得以成立了。這種觀點給法藏以重大啓發，也十分符合法藏統一當時各宗各派新舊異說的理論需要。法藏吸取這種觀點，並進一步加以發展，提出了三性同一，三性一際無異的說法，作爲建立法界緣起論的重要理論根據。

二、三性同異

法藏在《華嚴金師子章・約三性第三》中說：

> 師子情有，名為遍計。師子似有，名曰依他。金性不變，故號圓成㉓。

「師」通「獅」，師子卽獅子。這是法藏在爲武則天宣講華嚴義理時，舉金獅子爲喻，說明三性的涵義。意思是，對於金獅子存在迷情之見，把實際上沒有實體的金獅子執著爲實有，叫做遍計所執性。金獅子並非實有，但由因緣和合（工匠對金進行加工製造）而成的金獅子的表相是有的，這種有是似有，叫做依他起性。金獅子是似有，不是實有，但生起似有的金獅子的金的本性是不變不改的，叫做圓成實性。這是以金獅子爲喻，說明把事物看爲實有是迷情偏見，事物是各種原因、條件和合而起的似有相，只有事物的本性、本體是眞實圓滿的。這三種對事物的不同看

㉓《大正藏》卷 45，頁 664 上。

法，分別代表小乘教、大乘教和一乘教的不同主張。法藏運用金獅子的比喻，對三性說作了分層次的統一的說明。

法藏還在《華嚴一乘教義分齊章·義理分齊》中對三性作了創造性的發揮，文說：

> 三性各有二義，真中二義者：一、不變義，二、隨緣義；依他二義者：一、似有義，二、無性義；所執中二義者：一、情有義，二、理無義。由真中不變，依他無性，所執理無，由此三義故，三性一際同無異也。此則不壞末而常本也。……又約真如隨緣，依他似有，所執情有，由此三義，亦無異也。此則不動本而常末也。……是故真該妄末，妄徹真源，性相通融，無障無礙[24]。

這是運用本末範疇考察、分析、揭示三種性的每一種都具有兩重含義，圓成實性有不變和隨緣二義，依他起性有似有和無性二義，遍計所執有情有和理無二義，合成爲六義。

三性的六義是宇宙萬有的相對性、統一性的重要根據，是法藏法界緣起說的重要原理，其中包涵着豐富的哲學義蘊，具體說：圓成實性的二義，「不變」是表示世界萬物性體的常住性、永恆性，「隨緣」是表示隨着因緣條件而會變成世界萬物（包括物質的和精神的）。不變是恒常，隨緣是變化，是非常，是無常。法藏強調互相對立的不變與隨緣是「無異性」的，即是同性的，他論證說：

> 且如圓成，雖復隨緣成於染淨，而恒不失自性清淨，祇由

---

[24] 《大正藏》卷 45，頁 499 上。

> 不失自性清淨，故能隨緣成染淨也。猶如明鏡現於染淨，雖現染淨而恒不失鏡之明淨，祇由不失鏡明淨故，方能現染淨之相。以現染淨，知鏡明淨；以鏡明淨，知現染淨。是故二義唯是一性，雖現淨法不增鏡明，雖現染法，不污鏡淨。非直不污，亦乃由此反顯鏡之明淨。當知真如道理亦爾，非直不動性淨，成於染淨，亦乃由成染淨，方顯性淨；非直不壞染淨，明於性淨，亦乃由性淨故，方成染淨。是故二義，全體相收，一性無二，豈相違耶㉕？

這段話值得注意的是其中心思想，即論證相反相成的道理，眞如如果沒有隨緣義，就不能現起宇宙萬有；由於眞如不失不變之體，才能現起宇宙萬有。換句話說，眞如依隨緣義，才能表現不變之理，如果沒有隨緣義，也就沒有不變義；眞如有不變義，才能隨緣變現現象，須依不變之理，才能顯現隨緣義，如果沒有不變，也就沒有變。不變與隨緣相反相成，由相反表示相成，由相成表示相反。也就是說，絕對（不變）與相對（隨緣）的關係不是絕對的，而是相對的，絕對不能離開相對，相對由絕對而起；絕對存在於相對之中，相對體現着絕對。這其間包含着深刻的哲學思想義蘊，但闡述似不夠充分，而且所舉明鏡爲喻，謂不變與隨緣的關係，猶如明鏡之體，明淨常住，而能呈現出種種現象，雖顯萬象，明鏡仍不失其明淨不變之體。把眞如顯現萬象，即本體與現象的相即關係，視爲鏡子的映現，其局限性也是不言而喻的。

㉕《華嚴一乘教義分齊章》卷 4，《大正藏》卷 45，頁 499 上、中。

應當指出，法藏的圓成實性的隨緣不變二義，是深受《大乘起信論》一書影響的產物。法藏曾作《大乘起信論義記》，對《大乘起信論》極為推崇。此論中心是宣揚如來藏思想，闡述如來藏與世界萬物的關係。如來藏是指一切衆生本來藏有的清淨的如來法身，亦卽佛性、眞心。強調一心，卽如來藏心是宇宙萬物的本源，包攝一切世間法和出世間法㉖。一心開二門，卽心眞如門（清淨）和心生滅門（染污）。依如來藏而有生滅心，所謂不生不滅與生滅和合，非一非異名為阿賴耶識。由於依如來藏的生滅心轉，顯現宇宙萬有，因此，宇宙萬有都是如來藏的顯現㉗。

㉖ 《大乘起信論》的＜立義分＞說：「摩訶衍者，總說有兩種。云何為二？一者法，二者義。所言法者，謂衆生心，是心則攝一切世間、出世間法。依於此心，顯示摩訶衍義。何以故？是心眞如相，卽顯示摩訶衍體故。是心生滅因緣相，能示摩訶衍自體相用故。所言義者，則有三種。云何為三？一者體大，謂一切法眞如平等，不增減故。二者相大，謂如來藏具足無量性德故。三者用大，能生一切世間、出世間善因果故。」（《大正藏》卷 32，頁575下）此段系該書的中心思想、哲學綱領。文中所講「衆生心」，能涵攝宇宙一切萬物，這是衆生心的本來狀態，是宇宙的心。此宇宙心能顯示三種大「義」：一是「體大」，謂宇宙心就是宇宙的本體。二是「相大」，謂宇宙心是如來藏，能顯現宇宙間的一切現象。三是「用大」，謂宇宙間一切事物所發生的作用，都是宇宙心的作用。

㉗ 《大乘起信論》的＜立義分＞說：「依一心法，有二種門。云何為二？一者心眞如門，二者心生滅門。是二種門，皆各總攝一切法。此義云何？以是二門不相離故。心眞如者，卽是一法界大總相法門體。所謂心性不生不滅。一切諸法，唯依妄念而有差別。若離心念，則無一切境界之相。是故一切法從本以來，離言說相，離名字相，離心緣相，畢竟平等，無有變異，不可破壞，唯是一心，故名眞如，以一切言說，假名無實，但隨妄念，不可得故。言眞如者，亦無有相。謂言說之極，因言遣言。此眞如體無有可遣，以一切法悉皆眞故。亦無可立，以一切法皆同如故。當知一切法，不可說，不可念故，名為眞如。……心生滅者，依如來藏故，有生滅心。所謂不生不滅與生滅和合，非一非異，名為

這也就是「眞如緣起」說。法藏吸收了這一學說，也認爲阿賴耶識是如來藏的派生物，「如來藏者，爲無始虛僞惡習所熏，名爲識藏（卽阿賴耶識）。」（《大乘起信論義記》）㉘宣揚眞如隨緣不變二義，成爲他的宇宙觀的非常重要的觀念。

依他起性的二義，「似有」是表示無自性、無實體，是有又不是眞有、實有。「無性」，卽無自性，無實體，是無、是空。因爲是因緣和合而生，所以是似有，似有卽無自性，無自性卽無性。法藏依據大乘般若空宗的理論，認爲依他起性如果只有「有」的一面而沒有「無」的一面，它就是有自體，也就不必藉衆因緣和合而生起，而事實上萬物都是因緣和合而起，這就表明是無自體的。宇宙萬物是由無性的空以表示其依他而起的似有，又由依他而起的似有而表示其無性的空，有是空的有，空是有的空，所以，似有與無性、有與空是相反相成的。法藏在《華嚴一乘敎義分齊章》卷 4 中是這樣說的：

> 依他中雖復因緣似有顯現，然此似有，必無自性，以諸緣生，皆無自性故。若非無性，卽不藉緣，不藉緣故，故非似有。似有若成，必從衆緣，從衆緣故，必無自性。是故由無自性，得成似有；由成似有，是故無性㉙。

（續）阿賴耶識。此識有二種義，能攝一切法，生一切法」(《大正藏》卷32，頁 576 上、中）「一法界大總相門」卽指全宇宙。宇宙的本體是宇宙心的眞如門，是不生不滅、無有差別、不可破壞，不可言說的。心眞如門就是如來藏，如來藏是宇宙的本體，所以生滅心要依靠如來藏。阿賴耶識是生滅心，是依靠如來藏而有，所以是不生不滅與生滅和合，因此，阿賴耶識旣能總括宇宙一切事物，又能派生宇宙一切事物。

㉘　《大正藏》卷 44，頁 251 下。

㉙　《大正藏》卷 45，頁 499 下。

遍計所執性的二義，「情有」是指因迷情執萬物爲有，「理無」是說在道理上是無。法藏在《華嚴一乘教義分齊章》卷4中說：

所執性中雖復當情稱執現有，然於道理畢竟是無，以於無處橫計有故。……今既橫計，明知理無；由理無故，得成橫計；成橫計故，方知理無。是故無二，唯一性也[30]。

在妄情上講似乎是有，在眞理上講是無。情有就是理無，理無才成情有，迷界和悟界相反相成，不一不異。

法藏肯定三性的每一性都是相對的，因爲其中包含相反相成的二義，也就是包含了既相互對立又相互依存的、缺一則另一也不復存在的兩個方面，而不是單一的、純粹的、絕對的。同時每一性中的兩個方面又不是並列的、等量的，而是有本末之別的。六義中的不變、無性、理無稱爲「本三性」，隨緣、似有、情有稱爲「末三性」。由此本三性和末三性又形成對立統一的關係。不變、無性和理無本三性的三性同一無差別，不壞世界末有而說眞如之本，所以是三性一際，同而無異。又隨緣、似有和情有末三性，也是不動眞如之本而說世界末有，是眞如隨緣生出的現象，所以也是同一無異的。本三性是表示宇宙萬有卽眞如，末三性是表示眞如卽宇宙萬有，如此，本三性與末三性也是相卽一體的。三性、六義都是相對的、統一的。

法藏通過對三性六義的分析闡述，作出以下的結論，一是：

眞該妄末，無不稱眞；妄徹眞源，體無不寂；眞妄交徹，

---

[30] 《大正藏》卷 45，頁 499 中、下。

> 二分雙融，無礙全攝[31]。

這是根據依他起性得出的結論，是從眞妄統一的觀點來觀察一切緣起的現象，眞包括了妄，無不是眞；從妄中可以透見眞的源頭，體性無不寂淨；眞妄互相交滲，互相融通，由眞見妄，由妄見眞，無障無礙。眞妄也就是染淨、體用、本末，這些對立範疇的內在關係是相互貫通、彼此統一的。

又一結論是：

> 性相融通，無障無礙[32]。

「性」指圓成實性，「相」指遍計所執性。這是就圓成實性和遍計所執性的關係上得出的結論，認爲性相二者也是融通無礙的。實際上性相也就是眞妄、染淨、體用、本末，依他起性的眞妄統一，也就是性相融通無礙。

由上也可見，法藏的三性說是通過以下思辨途徑得出三性同一論斷的：一是從依他起性上講眞妄交徹，二是在圓成實性與遍計所執性的關係上講性相融通，三是講不變、無性與理無本三性的同一，四是講隨緣、似有與情有末三性的三性同一，五是講本三性與末三性的同一。在所有這些說法中最根本的是運用本末範疇，來貫通三性的不一不異的關係，從各個角度得出三性一際無異、三性同一的結論。也就是說，貫穿於這個結論的核心思想是一切現象都是眞如所現，由此展開爲眞妄交徹、性相圓融的各種

---

[31]　《華嚴一乘教義分齊章》卷 4，《大正藏》卷 45，頁 501 下。
[32]　《華嚴一乘教義分齊章》卷 4，《大正藏》卷 45，頁 499 上。

說法。

三、與唯識學派三性說的區別

法藏的三性同一說是吸取印度唯識學派的三性說而創立的，它和唯識學派的所說有同有異，其間的不同點體現了法藏哲學思想的某些特徵。兩者的不同點主要是：

（一）關於遍計所執性，唯識學派認爲「能遍計」的只是第六識和第七識，「所遍計」的也限於依他生起的物質現象（色）和精神現象（心），法藏則認爲「能遍計」通於諸八識，「所遍計」除依他起的色心諸法外，還包括眞如在內。

（二）關於依他起性，唯識學派所講的「他」指識，主張依識而生起萬有，法藏所講的「他」是指眞如，認爲眞如隨緣而顯現一切事物。

（三）關於圓成實性，唯識學派是以一切事物和識的眞實性爲圓成實性，法藏是以萬物本體的統一性、永恒性爲圓成實性。唯識學派認爲眞如只有不變義，沒有隨緣義，法藏則主張眞如旣有不變義，又有隨緣義，雖有隨緣義，但又不違不變義。法藏曾針對眞如惟有不變而不隨緣的觀點，作過批評，他自設問答說：

> 問：諸聖教中，並說真如為凝然常，既不隨緣，豈是過耶？答：聖說真如為凝然者，此是隨緣成染淨時，恒作染淨而不失自體，是即不異無常之常，名不思議常，非謂不作諸法，如情所謂之凝然也。若謂不作諸法而凝然者，是情所計故，即失真常。以彼真常不異無常之常，不異無常

之常出於情外，故名真常㉝。

眞如只是凝然，不隨緣生起萬物，是「失眞常」；眞如只有不變隨緣，不異無常之常，才是「眞常」。這是華嚴宗和唯識學派在世界觀上的重大分歧。

上述不同點，集中到一點，就是唯識學派是站在「性相隔別」，即事物的性質與狀態相異的立場立三性說的，強調遍計所執性和圓成實性的絕對對立，認爲只有從依他起性上才能認識一切現象的實相；而法藏則是站在「性相融通」的立場講三性的，主張遍計所執性和圓成實性也是融通的，法藏的這一立場又是奠立在宇宙萬物都是眞如的顯現這個根本理論基石上的。

四、三性同異說的哲學意義

法藏的三性同異學說具有重要的哲學意義。三性說是對一切事物的性質和狀態的三種說法，實質上涉及到宇宙生成論、本體論和認識論的內容。

三性六義說，主要是闡發三性中不變與隨緣，似有與無性，情有與理無的對立觀念，這些對立觀念概括起來就是常與無常、有與無兩對範疇。這些對立範疇是相對的、圓融無礙的。法藏在《華嚴一乘教義分齊章》卷 4 中，詳細闡述三性的有無問題和圓成實性的常無常問題。就圓成實性即眞如而言，說它是「有」，是「無」，都是不對的。在法藏看來，眞如同時具有「有」與「無」兩種規定，必須從兩方面去把握，只從一方面，離開其對立的方面，就難以把握眞如的本質。眞如是「有」與「無」的統一，也是「常」與「無常」的統一。這種強調矛盾雙方既對立又

㉝《華嚴一乘教義分齊章》卷 4，《大正藏》卷 45，頁 500 上。

統一的觀念，是相對性原理的具體表現。這種相對性原理構成爲法界緣起論的重要理論前提。

三性六義說的又一重要哲學內容就是體用統一原理。圓成實性與遍計所執性、本三性與末三性的關係，實質上是本體和現象的關係，在法藏看來，這其間的關係是相互貫通的。眞如隨緣顯現一切現象，本體是根本，是決定現象的，同時本體又在現象之中，不能離開現象而孤立地存在。從理論思維上來看，這種說法具有辯證的合理性。

法藏的三性說也是一種認識三層次說，是視認識有高下正誤的不同層次，遍計所執性是迷妄的偏見，依他起性是近似正確的認識，圓成實性是符合事物眞相的認識。但這三種認識也不是絕對對立的，眞包含了妄，從妄可以見眞，眞妄交徹。也就是說，三種認識既有差別，又是可以轉化的。

三性六義說的宗教意義，在於溝通世俗世界與佛國世界，同時，引導衆生從世俗認識中去把握眞理，從現象中去體證眞如，由染轉淨，覺悟成佛。

第三節　法界緣起的原由之二——因門六義

一、種子六義

法藏提出三性同異的理論，說明宇宙萬物的眞妄、性相是圓融無礙的，同時又開舉因門六義的理論，以闡述一切緣起事物的相互依存、相互滲透、相互包涵的關係。因門六義源於《攝大乘論・所知依分》中所說的種子六義，該分有描述種子六種特徵的

偈文:

剎那滅、俱有，恒隨轉應知，
決定、待衆緣，唯能引自果[34]。

「種子」是甚麼呢？種子，是指阿賴耶識種子。阿賴耶識，也稱藏識，是與生俱有而相續不斷的潛在功能意識。佛教瑜伽行派認爲此識是產生宇宙萬物的根源。又以植物的種子能結出相應的果，譬喩阿賴耶識中儲藏有產生宇宙萬物的內在因素、功能。這種能夠產生宇宙萬物的內在功能，稱爲種子。《攝論》認爲種子有六種特徵：一是「剎那滅」，指種子剎那生剎那滅，才生卽滅，不斷變化，迅速變化。二是「果俱有」，指種子產生結果以後，與果同時並存，並且支持着果。三是「恒隨轉」，指種子永遠和阿賴耶識共存，相隨不離。四是「性決定」，指種子的善、惡、無記三種性質永遠不變。五是「待衆緣」，指種子產生結果，要依待、具備其他條件。六是「引自果」，指種子只能引生自類卽同類的果。這六種特徵是着重從多方面揭示種子存在的狀態、性質、種子與阿賴耶識、其他條件及結果的關係。

二、因門六義

法藏採取了上述種子六義的說法，又從體性的有無（空）、作用（用、力）的勝劣（卽有力無力）、依待[35]（對其他條件的關

---

[34] 見《大正藏》卷 31，頁 135 上。
[35] 依待，指因對緣的關係。因與緣相對而言，因是指在生果中起主要的、直接作用的條件，緣是起間接的、輔助作用的條件。

係）的有無（卽待緣不待緣）三個方面加以區分，提出因緣和合事物的構成也有六種情況，從而發展爲因門六義。具體說是：

第一種情況：刹那滅——體空、有力、不待緣。由於是刹那滅，顯現爲無自性，是體空；由因滅而果得以產生，是有力；因的謝滅非由緣力，是不待緣。

第二種情況：果俱有——體空、有力、待緣。由於是果俱有才有，就表明是不有，不有就是體空；由於和果同時並存而能成就果，是有力；俱有就不是孤立無助，其中必定有其他條件的作用滲入，是待緣。

第三種情況：待衆緣——體空、無力、有待。由於是待衆緣，是無自性，爲體空；決定果生的不是因而是緣，是無力；待緣而生，是有待。

第四種情況：性決定——體有、有力、不待。由於是性決定，自類不改，不是空而是有；能夠自類不改而產生果，是有力；自類不改也不是由於緣的作用，是不待緣。

第五種情況：引自果——體有、有力、有待。由於引現自果，果體有，是體有；雖待緣才能生果，但緣對果的產生不起主要作用，是有力；根據同樣的道理，也是待緣。

第六種情況：恒隨轉——體有、無力、有待。因是隨他轉，不可無，是體有；不能違背、排斥緣的作用趨勢，是無力；根據同樣的道理，也是待緣。

法藏通過因門六義的不同作用，以闡述事物產生的四種情況[36]。由恒隨轉與待衆緣的統一，說明任何一種事物、現象都不是

---

[36] 詳見《華嚴一乘教義分齊章》卷 4〈第二緣起因門六義法〉，《大正藏》卷 45，頁 502 中、下。

自己產生自己，是由衆多條件的作用而產生的，此爲「不自生」。由刹那滅和性決定的統一，表明任何一種事物、現象的生起都是因的直接轉化和因起決定性作用的結果，緣的作用、影響是非根本的，此爲「不他生」。由果俱有與引自果的統一，說明在一定條件下，原因和結果是可以同時存在的，而從邏輯次序來說，則是因在先，果在後，因果並不同時產生，是爲「不共生」。由以上三種情況，又表明沒有無原因而產生的事物，一切事物、現象的產生都是有原因的，是爲「非無因生」。

上述因門六義，是法藏對一切事物、現象產生的原因所作的重要分析，涉及原因與結果、原因與其他條件、內部原因與外部原因、主要原因與次要原因的一系列關係問題。首先就因果實現的條件來說，法藏認爲存在着一因生果和多因生果兩類情況，因門第一義說刹那滅，因滅果生，不待緣，沒有其他條件的介入，是爲一因生果；其餘因門五義，都是因與緣和合作用而導致了果的產生，是爲多因生果。其次，就因果存在的時間來說，法藏區分出共時性與非共時性兩種情況，因門第一義謂因滅而果生，是先因後果，因果非共時。因門第二義果俱有則強調因果同時並存，是因果共時。若綜合因門第一、二義來看，則因果旣共時又非共時。再次，就因緣對果的作用來說，也有多種情形。法藏認爲，除了因門第一義外，在其他五義的多因生果的情況下，除了一個主要原因以外，還需要其他必要的條件，在這些條件的輔助、推動下，果才得以產生。在因緣合和生果的情況下，有的是緣即其他條件、外部原因對果的產生起決定作用，如因門第三義待衆緣所講有的是外因作用強大，內因只能順應而不能違反，結果向着外緣的發展趨勢而產生。法藏同時又指出，雖然外因對多因生果的果的產生是不可缺少的，有時甚至對結果的產生起決定性作用，但是，外因的作用，包括決定作用，是表現在延緩或加速結果的產生上面，導致結果產生的根本動力是內因，如因門第五義引自果所說。此外，法藏還強調因果的道德屬性始終是保持統一的，善因生善果，惡因生惡果，與外緣沒有甚麼關係，如因門第四義性決定就是如此。

法藏還進一步闡述了因與果的不同涵義和聯繫，他說：

> 果中唯有空有二義，謂從他生無體性，故是空義；酬因有〔為果〕，故是有義。若約互為因果義說，卽此一法為他因時，具斯六義；與他作果時，卽唯有二義；是故六義唯在因中㊲。

事物作爲結果來說，只有空、有二義：因爲是從他而生，沒有自性，所以是空；又因爲從他而生，是存在着，所以是有。事物作爲原因來說，則有上述六義。在法藏看來，由於果的二義和因的六義，決定了宇宙萬象是一幅無窮無盡、交錯複雜的因果聯繫網絡，其中各種事物互爲原因，互爲結果。一事物，對於因它而起的事物來說是原因；又對引起它產生的事物來說是結果。在不同的因果關係中，原因和結果的界限是確定的、絕對的，同時，原因和結果的地位又是變化的、相對的。同一事物，旣可作爲原因，又可作爲結果。但是作爲原因和結果的涵義是不同的。

那麼，爲甚麼原因具有六義，而不是七義，也不是五義呢？

㊲　《華嚴一乘教義分齊章》卷 4，《大正藏》卷 45，頁 502 中。

法藏對這個問題作了這樣的解答:

> 為正因對緣，唯有三義：一、因有力、不待緣，全體生故，不藉緣力故。二、因有力、待緣，相資發故。三、因無力、待緣，全不作故，因歸緣故。又，由上三義，因中各有二義：謂空義，有義。二門合有三義，唯有六故，不增減也[38]。

因門之所以是六義是由因和緣的相互關係決定的。就因對緣的關係來說，有三種情況：一是因對果的產生起決定作用、全部作用，有了因，果就能產生，不需要其他任何緣的作用，這是「因有力、不待緣」；二是起決定作用的原因，但還不足以構成果得以產生的充分條件，還需要緣的輔助，要在緣的催化下，這種因才能導致果的產生，這是「因有力、待緣」；三是對果的形成不發生決定作用的原因，這種因雖然對果保持着因果關係，但是必須完全憑靠緣的作用，才能使因果關係由潛在變爲現實，這是「因無力、待緣」。至於「無力不待緣」的情況是不存在的，因爲這種情況不可能產生另一現象，壓根不存在這樣的因。同時，因又有空、有二義，空有二義與上述三種情況結合，共成六義。因唯有六義，既不會增到七義，也不會減爲五義。

因門六義，一定意義上說是奠立在因和緣的相互關係基礎上的，那麼，所待的是甚麼緣呢？因有六義，緣是否也有六義呢？

---

[38] 《華嚴一乘教義分齊章》卷 4，《大正藏》卷 45，頁 502 上。

法藏認爲待緣的緣是指增上緣、等無間緣和所緣緣三種緣[39]。增上緣是指因緣、等無間緣和所緣緣以外，其他各種有助於或無礙於現象產生的條件。等無間緣，只在精神現象中存在，指已滅的前念能爲後念開路，使思維活動得以發生，也即思維產生的知識儲備。所緣緣，泛指認識的一切對象。關於緣是否具有六義，法藏認爲應從緣與所生的果有無直接關係來確定。以經常起作用的增上緣爲例，如由於增上緣的作用而生的果——增上果，增上緣就具有六義，因爲實際上這裏增上緣和增上果的關係，是一種直接的因與果的關係。這裏，因與緣的區別也是相對的，是可以相互轉化的。因與緣和合而產生的果也是多種多樣的[40]。在複雜的因果關係中，引起果產生的原因必有主要原因（親因、因），也有次要原因（疏緣、緣），結果也不是一個，通常也有主要結果（士用果）和次要結果（增上果）之別。因緣的地位的轉化，其依據就在於對果的關係是直接的還是間接的，這自然又和在複雜的因果關係中確定哪一種果爲主要的，哪一種果爲次要的有關。如果確定此果爲主，那麼直接決定此果產生的條件就是主要原因，而對彼果來說，該條件只起輔助作用，是次要原因。增上緣對增上果來說，是直接的因，具有六義，但對士用果

[39] 佛教通常用四緣概括一切因緣，四緣即一切有生滅的現象借以生起的四類條件，具體指此處所講的三種緣，另再加「因緣」。這裏所講的因緣是說因即是緣，是指直接產生自果的內在原因，也即起主要作用的因。

[40] 佛教通常認爲有五類果：一、異熟果，指衆生前世善惡行爲所招致的果報。二、等流果，指與引生起果的因在性質上相似的果。三、士用果，「士」指人，「用」，作用、造作。人們使用各種工具所造作的各類事物，所得的結果。四、增上果，由具有影響力或不起阻礙作用的條件所生的果。五、離繫果。「繫」，煩惱的繫縛。離繫果，指通過佛教修持，斷絕一切煩惱，超脫生死輪廻，獲得解脫。

來說則是緣，不具六義。由此，在因果關係中，只有對某果來說是因的原因，才具有六義，其他的緣都不具六義。對此，法藏說得十分明白：

> 增上緣望自增上果，得有六義，以還是親因攝故；望他果，成疏緣，故不具六〔義〕，親因望他亦爾[41]。

三、因門六義的融攝

法藏在闡述因門六義的意義之後，又論及因門六義的融攝問題，他用六相來融攝因門六義，又從因門六義的意義和作用，來說明一切事物之間的圓融關係。他說：

> 融攝者，然此六義，以六相融攝取之。謂融六義為一因是總相，開一因為六義是別相；六義齊名因是同相，六義各不相知是異相；由此六義因等得成是成相，六義各住自位義是壞相[42]。

這是用六相，即事物的六種相狀來融攝因門六義，也就是因門六義重新區分組合為六種相狀，如把六義融合為一因是總和相，反之，把一因分為六義是區別相；六義一齊名因是相同相，六義各不相知是相異相；由六義得以成就事物是成合相，六義各自獨立，不成就事物是分開相。法藏以六相融攝因門六義，把六義與

---

[41] 《華嚴一乘教義分齊率》卷 4，《大正藏》卷 45，頁 502 中。
[42] 《華嚴一乘教義分齊章》卷 4，《大正藏》卷 45，頁 502 下-503 上。

六相溝通，是爲其六相圓融說提供理論基礎。

前面提到，法藏曾簡要地概括過因門六義的意義和作用，他認爲，因門的意義有二，一是「無自性」，謂之空；二是「緣起現前」，謂之有。就作用來說有三，「有力不待緣」，即全有力；「有力待緣」，是也有力也無力；「無力待緣」，是全無力。法藏又以此二義三用，說明一切緣起事物的不同關係，他說：

> 由空有義故，有相卽門也；由有力無力故，有相入門也；由有待緣不待緣義故，有同體異體門也。由有此等義門，故得毛孔容刹海事也㊸。

「相卽」，是不離、同一的意思。「相入」，是包含的意思。由於緣起事物的原因旣是空又有，因此形成了事物之間的同一關係。由於因旣有力又待緣，卽也有力也無力，因此形成事物之間的包含關係。因待緣，構成了事物的異體關係，因不待緣，則構成了事物的同體關係。又由於以上各種義門，構成了一小毛孔能容納刹海的圓融景象。

四、因門六義說的哲學意義

因門六義闡述法界緣起的動力、動因，涉及因果律的問題，是對佛敎因果學說的發展，富有鮮明的哲學意義。第一，因門六義說肯定了事物間因果聯繫的普遍性，認爲宇宙間不存在無原因的事物，事物的產生都是有原因的。在複雜的因果關係中，一定

㊸ 《華嚴一乘教義分齊章》卷 4，《大正藏》卷 45，頁 503 上。

的原因產生一定的結果，並表現爲一因生果、多因生果和多因多果等多種形態。第二，提出因果的相對性原理，認爲整個世界是一個因果聯繫的整體，一事物在此一因果關係中爲因，在彼一因果關係中就轉化爲果，宇宙間森羅萬象，互爲因果，互相交錯，互相包含，重重無盡。第三，強調事物的產生由因和緣兩個方面構成，也即說明了因中的主次之分，內外之分，主要原因、內部原因是果得以產生的根本原因，次要原因、外部原因是事物得以產生的輔助條件，事物通常都是主要原因和次要原因共同作用的結果。第四，旣指出親因和疏緣的區別，又強調因緣的相對性觀念，認爲主要原因和次要原因的區分也是非絕對的，在一定條件下，二者可以互相轉換位置。第五，指出引起事物產生的親因在導致果的產生過程中，其地位和作用是複雜的，有的可以獨自直接引發果的產生，有的則需要一定的疏緣的輔助、推動，這是肯定次要條件對事物產生的重要作用。至於法藏說的單因無緣或只是緣無因也能產生事物，似乎很難找到例證。

法藏的三性同一說是屬於眞如緣起論，因門六義說則是進一步論述現象間互爲因果的緣起論。由此，法藏關於因的規定就有兩重性質：從三性同一說來看，因是眞如、性、理，從因門六義說來看，因則是事物、現象本身。

法藏用三性同一說，着重從理事關係的角度貫通了事物的眞妄關係，他又用因門六義說，着重從事事關係的角度說明事物之間的相卽相入的關係。在《華嚴一乘教義分齊章》一書中，這兩個方面構成了法界緣起論的重要理論根據。

第四節 法界緣起的原由之三——緣起十義

法藏在《華嚴經探玄記》的〈第九顯義理分齊〉中，着重闡述華嚴學的十玄緣起道理，文中也回答了爲甚麼宇宙萬物是圓融無礙的問題，舉出法界緣起的十種理由，闡明了法界緣起的原因。

《華嚴經探玄記》卷1載：

> 問：有何因緣令此諸法得有如是混融無礙？答：因緣無量，難可具陳，略提十類，釋此無礙㊹。

法界緣起、圓融無礙的原因有十類，即十種：第一，「緣起相由故」，事物是相對而起，是相對的。第二，「法性融通故」，萬物一體，千差萬別的事物的體性是一致的，融通的。第三，「各唯心現故」，緣起萬物都是不離開心的，是心的顯現。第四，「如幻不實故」，緣起萬物都無自性、無實體，是虛幻的。第五，「大小無定故」，緣起萬物的大小是相對而言，是無固定性的。第六，「無限因生故」，萬物產生的原因是相對的，原因前還有原因，萬物是由無盡的原因所產生的。第七，「果德圓極故」，佛教性果至圓，具有圓融無礙的性質、功能。第八，「勝通自在故」，佛教徒經過修持，具有絕對自由的神通力。第九，「三昧大用故」㊺，「三昧」，即禪定，禪定有巨大的作用。第十，「難

㊹ 見《大正藏》卷 35，頁 124 上。
㊺ 以上引文均見《大正藏》卷 35，頁 124 上。

思解脫故」，法界緣起是不可思議的悟境所現。

這是通過種種見地而闡明法界緣起、圓融無礙的理由。在十種理由中大體上分爲兩類，前五種着重事象和體用關係方面，後五種則着重於修持和得果方面，即從兩個方面闡述理由。法藏在闡述十種理由時，應用了對應性的原理和方法，如第一、第二是相性相對，第三、第四是體用相對，第五則是前四種相性體用的綜合，第六、第七是因位果位的相對，第八、第九是神通禪定相對，第十則是前四種因果通定的綜合。

法藏認爲，上述十種理由中，最爲重要的是第一種緣起理由，他將第一「緣起相由故」再分爲十義，強調「諸緣起法，要具此十義，方緣起故，闕卽不成」[46]。

> 一諸緣各異義。謂大緣起中，諸緣相望，要須體用各別，不相和雜，方成緣起。若不爾者，諸緣雜亂，失本緣法，緣起不成。此卽諸緣各各守自一也[47]。

事物緣起的各種緣應當是體用不同的，不相混雜的，也就是各種緣都要各守位，不失去自身特有的體用，才能構成緣起萬物。這是強調事物的體用各不相同，卽肯定事物的差別性。

> 二互遍相資義。謂此諸緣要互相遍應，方成緣起。且如一緣遍應多緣，各與彼多全為一故，此一卽具多個一也。若此一緣不具多一，卽資應不遍，不成緣起。此卽一一各具

[46] 《華嚴經探玄記》卷 1，《大正藏》卷 35，頁 124 上。
[47] 同上。

一切一也㊽。

這是說，各種緣雖然要保持自己特有的體性，但是也不應是孤立的。各種緣應當彼此相互依待，互相應和，才能生起事物，若果此緣不和其他緣互遍，相資相應，就不能生起事物。只有一緣遍應多緣，一具多，才能成無盡緣起。

三俱存無礙義。謂凡是一緣要具前二方成緣起，以要住自一方能遍應，遍應多緣方是一故。是故唯一多一自在無礙㊾。

上面第一條講的是差別性，第二條講的是依存性，這裏第三條是綜合前二條，講因緣的差別性和依存性兩者俱存，互不相礙，才能生起事物，而且鎔融無礙。

四異門相入義。謂諸緣力用互相依持，互形奪故，各有全力全無力義，緣起方成㊿。

因緣的作用有有力和無力兩種情況，由此而互相依存、互相奪取，構成一多相容、無礙自在的法界緣起。若果雙方都有力或都無力，就不能成立緣起。

五異體相卽義。謂諸緣相望，全體形奪，有有體無體義，

㊽ 同上。
㊾ 同上。
㊿ 《華嚴經探玄記》卷 1，《大正藏》卷 35，頁 124 中。

緣起方成[51]。

因緣的體性有有體和無體兩種情況，所謂有體是指「能起」，無體是指「所起」。由有有體和無體兩義，而能或融攝他物同於自身，或隱廢自身同於他物，相卽無礙。若果雙方都是有體，或都是無體，則無可相卽，都不能成立緣起。

六體用雙融義。謂諸緣起法，要力用交涉全體融合，方成緣起[52]。

上面第四條是講用，第五條是講體，這裏第六條是綜合前二條，講體用雙融，才成緣起。體和用的關係是離體無用，離用無體，體用不二，相融無礙。舉體全用就諸緣相入，舉用全體就諸緣相卽，同成緣起。

七同體相入義。謂前一緣所具多一與彼一緣體無別故，名為同體。……謂一緣有力能持多一，多一無力，依彼一緣，是故一能攝多，多便入一。一入多攝，反上應知[53]。

「能起」一緣和「所起」多一體無分別，是爲同體。同體內部有有力和無力的分別。如一有力，多無力，一攝多，多入一；反之，多有力，一無力，多攝一，一入多，同是相入無礙。

[51] 《華嚴經探玄記》卷 1，《大正藏》卷 35，頁 124 中。
[52] 《華嚴經探玄記》卷 1，《大正藏》卷 35，頁 124 下。
[53] 同上。

八同體相卽義。謂前一緣所具多一，亦有有體無體義，故亦相卽[54]。

在同體中，如一有體，多無體，一成多，一多相卽；反之，多有體，一無體，多攝一，多一相卽。一多同一，無毫釐間髮。

九俱融無礙義。謂亦同前體用雙融，卽入無礙[55]。

上面第七條講用，第八條講體，這是綜合前二條講同體的體用圓融一體。

十同異圓滿義。謂以前九門總合為一大緣起故，致令多種義門同時具足也[56]。

第十是綜合前十義爲一大緣起，宇宙萬物雖然千差萬別，但又是同體的，萬物是不壞差別相而相資相成，同體又不失個體的差別性，同異無礙，圓滿具足，成爲法界緣起。若果沒有同體，沒有異體，沒有同體異體的互相結合，也就沒有法界緣起。

法藏的緣起十義，分爲三組，前三義是從總體上論述緣起，確立緣起的根本法則，第四至第六義是就異體事物講緣起[57]，第

[54] 同上。
[55] 同上。
[56] 同上。
[57] 法藏曾就異體門作了界說：「初緣起互異門者，謂於無盡大緣起中，諸緣相望，體用各別，不相參雜，故云異也。」（《法界緣起章》，見《大正藏》卷 45，頁 620 上。）

七至第九義是就同體事物講緣起[58]。每組的三義中，最後一義都是綜合前二義的，最後第十義則是綜合前九義的。法藏視整個世界爲緣起的存在，緣起也不是單向的而是互向的過程。這裏反映出法藏的正反合和分析綜合的運思特徵。

綜上所述，可以得出以下幾點結論:

一、上述法藏的三性同異義，其思想重心是強調性相融通，一切現象都是眞如所現，這是一種宇宙本體論哲學，也有宇宙生成論意義，而且還是一種認識論。法藏的因門六義和緣起十義則是着重對緣起原因的分析，着重論述宇宙萬物的生起原因，是一種宇宙生成論哲學。

二、法藏用三性同異、因門六義和緣起十義來論述法界緣起的原由，其中貫穿全部論述的根本原則是相對性原理。法藏通過一系列對應範疇——染淨、眞妄、本末、因果、因緣、同異、體用、一多等，揭示其間的雙向作用，互相對立、互相依存、互相滲透、互相同一、互相轉化，由此說明法界緣起，無礙容持，圓融自在。萬物的相對性原理構成法藏法界緣起的方法論和認識論的基礎。

三、法藏上述理論的論證目的在於通過染淨（眞妄）緣起關係的論述，強調由染轉淨，由妄轉眞，由煩惱轉菩提，由生死轉涅槃，超越塵世，以達到華嚴世界，獲得最終的解脫。

---

[58] 法藏曾就同體所作了界說:「諸緣互應門者，謂衆緣之中，以於一緣應多緣故，各與彼多全爲其一，是故此一具多個一。然此多一，雖由本一，應多緣故，有此多一。然與本一體無差別，是故名爲同體門也。」（《法界緣起章》，見《大正藏》卷 45，頁 620。）

第五章　法藏的宇宙圓融論
——法界緣起論的內容

法藏通過闡述三性同異、因門六義和緣起十義以揭示法界緣起的原由之後，又着重闡發了法界緣起的內容，這是說明整個宇宙是以怎樣的形式存在的，其內部各種關係的狀態如何的問題，卽世界是怎樣的問題。法藏通過「六相圓融」說和「十玄無礙」說來闡明這些問題。六相圓融說是以具體現象爲對象，就整體與部分、部分與部分之間的複雜關係，論述現象世界的圓融不相礙的相狀。十玄無礙說是以整個宇宙爲對象，着重從現象與現象相互關係的角度，描述整個宇宙的大緣起情景——互相涉入、重重無盡。六相圓融說和十玄無礙說是法藏和華嚴宗人區別於佛教其他教派的獨特教義，是華嚴學中最具重要意義的學說。在華嚴學裡，這兩種學說的性質，屬於對世界的觀法，卽如何看待宇宙及其現象，也就是關於現象學和認識論的學說。華嚴宗人的十玄無礙說是在六相圓融說的基礎上提出的，按照這種理論發展次序，下面先講六相圓融說，再講十玄緣起論。

第一節　法界緣起的中心內容之一——六相圓融

一、六相說的提出

六相是指萬物具有六種相狀，六相圓融是說六相互相圓融而不相礙。法藏的六相說源於地論師的說法。印度瑜伽行派奠基人之一世親在研究《華嚴經》時，發現該經在表述形式上的一個特點，就是經文的十句式，一切都採用十句來說明。所謂十句式是，每一種十句在內容上各有所不同，分別構成相對獨立的成份；在形式上則採用相同的結構：第一句是對十句內容的總體表述，其餘九句則是對該內容的條分縷析，從不同角度闡發內容的某一方面。也就是第一句涵蓋後面九句的共同旨趣，後九句的內容則各有不同的重點。世親受此啓發，在爲闡釋《華嚴經》的中心部分〈十地品〉而作的《十地經論》中，一開始解釋初地時，就對經文的十句式提出了一個凡例，即用「六相」作爲一種模式來說明經文每種十句的關係，並用以理解每種十句的內容。六相分「總別、同異、成壞」三對，由此在理解十句的內容上也有三種情況：(1) 第一句是總相，其餘九句是從第一句分化出來的別相；(2) 第一句因爲是總相，所以也是同相，其餘九句是異相；(3) 第一句爲成相（略相或合相），其餘九句是壞相（廣相或開相）。由此類推，經文的所有十句式，都可以作如此理解❶。

智儼從世親《十地經論》所作的凡例中，受到啓發，十分重視六相，史載：

> （智儼）後志欲弘通，偶遇異僧來謂曰：「汝欲解《華嚴》一乘法界宗者，其〈十地〉中六相之義是也。愼勿輕

---

❶ 見呂澂《中國佛學源流略講》，中華書局，1979 年 8 月版，頁 197。

> 怠。可一二月間靜攝思之，當自知耳。」言訖，忽然不見。因即淘研，不盈累朔，豁爾貫通❷。

這段神祕其事的敍述，透露了六相說與地論學說的關係，也表明華嚴宗人視六相說爲自宗的重要的獨特教義。智儼在所著《華嚴經搜玄記》和《華嚴五十要問答》兩書中對六相作了解說:

> 所謂〔一〕總，總成因果也。二別，義別成總故。三同，自同成總故。四異，諸義自異顯同故。五成，因果理事成故。六壞，諸義各住自法不移本性故❸。

智儼對六相的解說十分簡略。嗣後法藏繼承地論師、智儼一系的思想，對六相作了詳盡的解釋。六相原來是用以說明《華嚴經》文每一種十句的關係和理解每一種十句內容的格式，智儼和法藏加以引伸發揮，用來描述華嚴境界，也就是把這種格式推衍到理論上，並進一步推衍到宇宙萬物和不同事物之間的關係上，認爲也都是同樣有六相三對，把不同事物之間的關係，整體與部分的關係，一與多的關係，都納入六相的範圍。這樣，六相就從解說經文文字的格式，發揮爲義理上的新論，進而推論說明事物的緣起、事物與事物的關係，強調從六相上就可見出錯綜複雜、圓融無礙的緣起關係。換句話說，法界緣起的相狀不外乎總、別、同、異、成、壞六個方面，從六相就可解釋一切緣起的現

---

❷ 續法《法界宗五祖略記・二祖智儼和尚》，《續藏經》第二編乙，第七套，第三册，頁 272上、下。

❸ 《華嚴五十要問答》卷下，《大正藏》卷 45，頁 531 下。

象。華嚴宗人認為，衆生若果能夠證悟這種理境，就能斷除一切惑障，成就一切行德，顯現一切理性，進而達到華嚴境界。

二、六相的含義

關於六相的含義，法藏主要是採用金獅子和屋舍兩個著名的比喻來說明的。他在《華嚴金師子章》的〈括六相第八〉中說：

> 師子是總相，五根差別是別相；共從一緣起是同相，眼、耳等不相濫是異相；諸根合會有師子是成相，諸根各住自位是壞相❹。

金獅子是一個整體，稱為總相。金獅子的眼、耳、鼻、舌、身五根各有差別，是製成金獅子整體的不同組成部分，稱為別相。眼、耳等五根共同緣起而具有共同性，這是同相。眼、耳等五根互不相混，各具自身的差異性，是異相。眼、耳等各根共同構成獅子，是成相。眼、耳等各根各只停留在各自本位上，不組成為整體，是壞相。這是以金獅子為比喻，說明現象世界的每一事物，就事物的全體講是總相，就事物的各部分講是別相。事物由各種因緣和合而成是同相，各部分又各不相同是異相。各種因緣和合構成一個事物是成相，各種因緣保持原來的分離狀態是壞相。

如果說，法藏對於金獅子比喻的解說是比較簡略的話，那麼，《華嚴一乘教義分齊章》的〈義理分齊第十〉中所作的屋舍

---

❹ 見《大正藏》卷 45，頁 666 中。

比喻，就是相當詳盡的了，文中採用自設問答的方式，解答疑問，闡明六相的含義。因文字簡明，義蘊難解，故引文以敍述之。

(一)總相　是指事物的總體存在。法藏說：

> 問：何者是總相？答：舍是。問：此但椽等諸緣，何者是舍耶？答：椽卽是舍。何以故？為椽全自獨能作舍故。若離於椽，舍卽不成；若得椽時，卽得舍矣❺。

屋舍是總相，屋舍由椽等條件構造而成，離開椽就沒有舍，由此也可說「椽卽是舍」。這是從整體與部分交互決定的意義上說的。椽之由木料而稱爲椽，必是某舍的椽；木料成爲椽時必定有舍。從這種意義上講，椽獨自能作舍。但這似和佛教通常所說的衆因緣和合而生成事物的說法不同，故又設問答：

> 問：若椽全自獨作舍者，未有瓦等亦應作舍？答：未有瓦等時，不是椽，故不作，非謂是椽而不能作❻。

屋舍必須由瓦、椽等衆因緣和合而成，在屋舍沒有瓦等條件而不成爲屋舍時，則木料也並沒有成爲椽，不是椽。「椽是因緣；由未成舍時，無因緣故，非是緣也。」❼椽是因，舍是果。椽和

---

❺ 《華嚴一乘教義分齊章》卷 4，《大正藏》卷 45，頁 507 下。
❻ 《華嚴一乘教義分齊章》卷 4，《大正藏》卷 45，頁 507下-508 上。
❼ 《華嚴一乘教義分齊章》卷 4，《大正藏》卷 45，頁 508 上。

舍是因果關係，因果是互爲條件，相對而言的，無因不能生果，果未生時也無所謂因。屋舍沒造成時，椽不是緣，一旦屋舍造成，木料卽成爲椽，而且椽卽是舍，舍卽是椽。但是，這裏又有一個問題：說屋舍卽是椽，那椽外的板、瓦，怎麼能說是椽呢？法藏說：

問：舍既卽是椽者，餘板、瓦等應卽是椽耶？答：總並是椽。何以故？去却椽卽無舍故。所以然者，若無椽卽舍壞，舍壞故不名板、瓦等，是故板、瓦等卽是椽也。若不卽椽者，舍卽不成，椽、瓦等並皆不成。今既並成，故知相卽耳❽。

板、瓦等之所以也是椽，是因爲失去椽就沒有屋舍，沒有屋舍也就不稱爲板、瓦等，既稱爲板、瓦，也就是椽。板、瓦和椽是相卽不離的，都是構造屋舍的因緣，就同爲因緣來說，它們是相同的，從這個意義上說，是可以互稱的。根據以上椽和屋舍的關係，法藏就椽和瓦、板的關係作出如下結論：

是故一切緣起法，不成則已，成則相卽鎔融，無礙自在❾。

宇宙間一切緣起現象，其整體與部分、部分與部分之間都是相卽無礙的，這就是一切現象的總相。

(二)別相　是指事物的部分存在，是構成整體事物的、互

❽ 同上。

❾ 《華嚴一乘敎義分齊章》卷 4，《大正藏》卷 45，頁 508 上。

有差別的條件、要素。法藏說：

> 別相者，椽等諸緣，別於總故。若不別者，總義不成，由無別時，卽無總故。此義云何？本以別成總，由無別故，總不成也。是故別者，卽以總成別也⑩。

別相是指構成緣起的各部分，是與緣起事物的整體有區別的。總相和別相的關係，實際上就是整體與部分的關係。法藏認爲，總相與別相、整體與部分的關係有兩個方面，一是兩者是有區別的、對立的。總相不是別相，別相不是總相。二是兩者是有聯繫的、互依的。別成總，沒有別相，也就沒有總相。總成別，總相也成就別相，沒有總相，也無所謂別相。總之，整體與部分是旣對立的又統一的，整體不是部分，部分不是整體；同時，沒有部份就沒有整體，沒有整體也就沒有部分，從這個意義上講，部分就是整體，整體就是部分。

（三）同相　指事物諸要素的共同作用，同一性。法藏說：

> 椽等諸緣和同作舍，不相違故，皆名舍緣；非作餘物，故名同相也⑪。

這是說，共同緣起事物的各種因緣條件，就其都是因緣條件來說，彼此是相同的，同是因緣條件，是同相。這裏的「同」，實指在緣起成就某一現象方面的因緣關係而言，凡共爲緣起的諸

---

⑩ 同上。

⑪ 《華嚴一乘教義分齊章》卷 4，《大正藏》卷 45，頁 508 中。

因緣條件，就是同相。

同相和總相是不同的，總相是指緣起事物的整體而言，如屋舍，是總相。同相是就屋舍的因緣條件而言的，各種因緣條件雖然體性不同，但共同和合緣起事物，如椽、瓦、板等共同和合成屋舍，椽、瓦、板等同爲屋舍的因緣，稱爲同相。

(四)異相　　指事物諸要素的互不相同，差異性。法藏說：

> 異相者，椽等諸緣，隨自形類相望差別故⑫。

異相是就同一緣起事物的各種因緣條件，迭互相望，相互比較而言，顯現互有差別，故稱。異相和別相不同，異相是指如構成屋舍的椽、瓦、板等諸因緣條件的彼此差異，別相則是就椽、瓦、板等諸因緣條件共同有別於屋舍而言。異相和別相所指對象、範圍是不同的。

異相和同相是甚麼關係呢？法藏說：

> 問：若異者，應不同耶？答：祇由異故，所以同耳。若不異者，椽旣丈二，瓦亦應爾；壞本緣法故，失前齊同成舍義也。今旣舍成，同名緣者，當知異也⑬。

正是由諸緣的異相，纔有諸緣的同相。椽、板、瓦等構造屋舍的條件各各不同，具有相異的形相、功用，纔能成爲構造屋舍的共同條件；如果它們之間沒有差異，就不和合共同構造屋舍。

---

⑫ 同上。
⑬ 同上。

今以椽、瓦、板等構成屋舍的條件，就表明這些條件的異相。這是說，同異這對範疇，是互相涵攝的，事物的差別性和同一性是互相依存的，缺少其中的一面，另一面也就不復存在。

（五）成相　　是指總相和別相的構成。法藏說：

> 成相者，由此諸緣，舍義成故；由成舍故，椽等名緣。若不爾者，二俱不成。今現得成，故知成相互成之耳⓮。

所謂成相，一是指由椽等諸緣和合成屋舍，一是指因構成屋舍，椽等也成爲屋舍的因緣。由椽、板、瓦等和合作用，屋舍得以構成；又因爲屋舍的構成，椽、板、瓦等纔叫作屋舍的條件。事物整體和事物要素是相互依存的，總相之形成和別相作爲因緣的構成，這兩方面是互成的，是一時俱成的。這裏，法藏的說法包含了這樣的思想：任何東西作爲一種獨立的事物各有自己的存在形式，處在與其他事物的不同聯繫中，會表現出不同的質的規定性。例如，木料在成爲屋舍的構成條件時，卽以不同於板、瓦等的形態、功用而又與板、瓦等確立聯繫時，纔稱爲椽。也正因爲木料轉化成了椽而和板、瓦等共同與屋舍構成了現實的因果聯繫。

（六）壞相　　是指事物諸要素的穩定性、獨立性。法藏說：

> 壞相者，椽等諸緣，各住自法，本不作故⓯。

⓮ 同上。

⓯ 《華嚴一乘教義分齊章》卷 4，《大正藏》卷 45，頁 508 下。

所謂壞相是指各種因緣條件保持獨自的性質(「自法」),沒有變成由之緣起的事物。如椽等有自身的特定性質,沒有變作爲屋舍。但這裏易生疑問,法藏又自作問答云:

> 問:現見椽等諸緣作舍成就,何故乃說本不作耶?答:祇由不作,故舍法得成;若作舍去,不住自法,有舍義即不成。何以故?作去失法,舍不成故⑯。

明明是由椽等因緣條件和合而作成屋舍,爲甚麼又說「不作」呢?這是祇有椽等不作,纔能作成屋舍。所謂「不作」,是指椽等不變作爲屋舍,始終保持自身的特有性質。椽等作爲屋舍的因緣,旣保持自身的性質,又是屋舍的條件。就椽等自身的性質而言,椽等並沒有變成舍,從這方面說,是沒有作舍。這是說,事物在作爲緣起事物的因緣條件時,仍保持自身的個性、獨立性、穩定性。

關於成相和壞相的關係,法藏表述這樣的理念:事物具有變動性,可以轉化成爲另一種性質事物的組成部分、要素,同時又保持自身的特殊性、穩定性。

在《華嚴一乘教義分齊章》的結尾,法藏還就六相作了總結:

> 又,總卽一舍,別卽諸緣,同卽互不相違,異卽諸緣各別,成卽諸緣辦果,壞卽各住自法。別爲頌曰:一卽具多

⑯《華嚴一乘教義分齊章》卷4,《大正藏》卷45,頁508下。

名總相，多卽非一是別相；多類自同成於總，各體別異現於同；一多緣起理妙成，壞住自法常不作。唯智境界非事識，以此方便會一乘⑰。

六相的每一範疇都有其特定的意義，是在某一限定意義上成立，且又在某一意義上依於其他範疇的。六相的範疇也可歸結爲一多範疇。一是表示無差別，多是表示差別。一與多相異相別，一與多又相依相成。法藏闡述六相說的目的是顯示「一乘敎義」，反過來說，一乘敎義的特色是六相圓融。法藏認爲證悟六相圓融義理，是一種很高的智慧境界，是「非事識」卽非經驗認知所能達到的。

三、六相圓融說的哲學意義

六相圓融說通過總、別、成、壞、同、異三對六個範疇，闡述法界緣起的相貌，包含有豐富的哲學意義。其中最爲重要的是：揭示了事物的三組矛盾，突出肯定事物的相對性原理。

(一)揭示事物的三組矛盾

法藏的六相圓融說，共分爲三組，每組觀察角度不同，其間又存在邏輯聯繫。總相與別相是從同一事物的兩個角度分析，揭示事物的整體性與局部性的關係；同相與異相是進一步從事物的部分、要素的角度分析，揭示事物要素之間的同一性與差異性的關係；成相與壞相是再進一步從事物構成要素的差異性的角度分析，揭示每一個要素的變動性與穩定性的關係。這樣從事物的總

⑰ 《華嚴一乘敎義分齊章》卷4，《大正藏》卷45，頁508下-509上。

貌、要素之間的關係，每一要素的發展趨勢，依次進行觀察、分析，其間體現了認識由靜態到動態、由表層到裏層的深化過程，反映了法藏玄思的內在邏輯性。

在六相的三組範疇中，總相與別相最爲重要：第一，總別二相體現了緣起事物的根本原則，卽一切事物都由衆因緣和合而成，眾多因緣產生結果，若干部分構成爲一個整體，這也是佛教對宇宙萬物生成的基本看法。第二，總別二相是後四相得以展開的出發點，所謂同異二相是就構成事物的衆緣卽要素的相互關係而言的，所謂成壞二相是就每一要素的兩種基本屬性而言的。沒有總別，就沒有同異，就沒有成壞。第三，總別二相的相互關係原則，也是同相與異相、成相與壞相之間相互關係的原則，總相與別相旣互相區別又互相依存的原則，成爲分析同相與異相、成相與壞相之間相互關係的方法論基礎。

六相圓融說涉及事物與要素、要素之間、要素的性質三個問題，由此展示爲事物的整體性與局部性、同一性與差異性、變動性與穩定性三對矛盾，這是對事物的構成、關係、性質三個方面的基本分析，具有重要的理論意義。法藏強調每組矛盾的兩方都是旣對立又統一的關係，認爲相互對立的兩個方面是互相依存、互相交滲的，並突出對立雙方的互依性、統一性，強調宇宙一切現象大調和、大同一，成爲其思想體系的重要特徵。

(二)突出相對性的原理

六相圓融說的中心論旨，是強調說明六相每一範疇的意義，都是以與其相對應範疇互爲條件的，也就是說，範疇的意義祇在一種相應關係中成立，是有條件的、相對的。對立範疇的相對性原理是貫穿於六相圓融說的一條主線。

關於總相與別相的關係，法藏認爲兩者是互相區別、互相對立的，同時又是互相依存、互爲存在的。沒有總相，就不存在別相，就不會有總體和部分的關係；沒有別相，也不能形成總相。總相和別相是一致的。法藏的「椽卽是舍」的說法，近乎違背常說，卻是總相與別相的相對性原理的典型表述。在法藏看來，椽這一概念的形成，本身就依賴於與瓦、板等概念的和合，共同建造屋舍。椽之所以稱爲椽，就在於它能建造屋舍，如果不能建造屋舍，就不能稱爲椽，祇能稱爲木料。椽和屋舍是屋舍這一實體從不同角度觀察的結果，椽是屋舍的一部分，沒有這一部分就沒有整體的房屋，從這種相對意義上說，椽就是舍。這也就是說，總相與別相是相反相成，不可分離的：由別成總，總含於別，離別無總，離總無別，總別互攝，相卽自在，圓融無礙。

關於同相與異相的關係，實際上就是同一性與差異性的關係。法藏指出事物內部諸要素存在兩種屬性：一是共同作爲構成事物的原因、條件而表現出的同一性；一是諸要素的形相、功能各有自身的獨特性而表現出的差異性。同一性以差異性的存在爲前提，不能離開差異性而存在；差異是同一體內部的差異，差異也不能離開同一性而存在。這也就是說，同與異也是相對的，同中有異，異中有同，互相滲透，互相融入。

成相與壞相的關係，也就是變動性與穩定性的關係。事物都有自身的特殊性、個性、獨立性，也都有在一定條件下轉化爲構成其他新事物的可塑性、變動性、相對性。事物在轉化爲其他新事物的構成要素時，仍不喪失自身的特殊性，也卽在變動性中表現出穩定性。這也就是說，成與壞也是相對而言的，成不礙壞，壞不礙成，成壞同時俱有，相輔相成。

在六相中，總、同、成三相表現爲無差別性，別、異、壞表現爲差別性。任何事物都有差別性與無差別性，而差別與無差別，又是相依不離，互爲存在的。也就是說，差別中有無差別，無差別中有差別，兩者相依不離，互爲存在。或者說，差別中有無差別，無差別中有差別，兩不相礙，圓融自在。

總之，一切事物、各種概念、對立範疇，都是有條件的，相對的，由此構成了相卽相攝的圓融關係。

四、六相圓融說與一般系統論

令人感興趣的是，法藏的六相圓融說和一般系統論頗有相近之處。一般系統論的基本思想，是在本世紀二十年代由奧地利生物學家貝塔朗菲（Lndwigvon Bertalanffy）提出的，並日益成爲一股自然科學和哲學的思潮。一般系統論認爲，系統是由互相作用、互相依存的若干要素結合成的具有特定功能的有機整體。要素是構成系統的必不可少的組成部分。由於諸要素在形態、功能上各不相同，而有自己獨特的表現形式和作用（差異性），同時又有着共同的作用與結果（同一性），使系統得以成立。在一個相對獨立的系統中，整體性是其最突出的特徵；系統和要素是互相聯繫、互相制約着的，又表現出系統的有機關聯性特徵；系統內部的有機關聯性不是靜態的，而是動態的，同時又表現爲相對的穩態。

以現代系統論爲參照系，來看六相圓融說，其總相概念與系統概念相近，別相概念則與要素概念相似，至於六相之間的關係，也與系統特徵多有相通之處。六相圓融說蘊涵着一般系統論的若干樸素的觀念：

第一、六相說包含了系統和要素相統一的觀念。用系統論的語言來解釋六相說，系統是由諸要素結合成的「一」，要素是結合成系統的「多」。系統統攝要素，「一卽具多」；要素不是系統，「多卽非一」。要素和系統是互爲存在的原因，又是互爲存在的結果，二者在時間上無先後之分。沒有要素，就沒有系統；沒有系統，也無所謂要素。雖然，作爲獨立單元的要素是先於系統存在的，但是，確立某一系統與要素間的關聯，則是兩者同時作用的結果。要素和系統互相對待，同時成立，這就是法藏所謂「一多緣起理妙成」的義蘊。

第二、六相說包含了系統的整體性觀念。總相作爲一種系統，由各種要素組成，這些要素之間存在着同一性與差異性，變動性和穩定性的關係。由於各種要素的相互作用，形成了與各種要素不同的整體結構，屋舍不同於椽、瓦、板等各種條件，具有新的特質與功能。

第三、六相說包含了系統的有機關聯性觀念。一般系統論強調系統內部諸要素之間的有機聯繫。各要素，在系統中不僅是各自獨立的子系統，而且是構成母系統的有機成員。法藏以屋舍爲比喻，認爲構造屋舍的椽、瓦、板等諸要素在形態、功能上互有差別，而它們的共同作用使屋舍得以建成。其中少了一種條件，屋舍就不能建成，而且其他條件也就失去作爲屋舍因緣的意義。「若椽等諸緣，各出少力共作，不全作者」，「不成一全舍」⑱。也就是說，由於各要素的有機關聯而使系統得以成立；缺少一個要素及其作用，各要素之間缺乏有機關聯，其餘要素也就失去作

⑱《華嚴一乘敎義分齊章》卷4，《大正藏》卷45，頁508上。

爲該系統要素的意義，該系統也隨之而瓦解。

第四、六相說還包含了系統的層次性觀念。如上所述，法藏首先論述了總相與別相，即系統與要素、整體與部分的關係，然後考察別相（要素）的同與異的關係，最後又考察異相的合力共作與「各住自法」、動態性與穩態性的關係，這種逐層分析，表現出了樸素的層次性觀念。

一般系統論是奠基於現代科學成就上的，六相圓融說則基本上是古代佛教學者直觀思維的產物，兩者在嚴密性、科學性上雖不可同日而語，但六相圓融說所蘊含着的一般系統論的某些觀念萌芽，是應當肯定的，這也足以表明，法藏這位古代思想家的確擁有高度的抽象思維能力和深邃的理論素養。

五、六相圓融說的宗教意義

法藏的六相圓融說是融哲學意義於宗教意義之中，它並不是着意於對世界客觀事物的分析，不是純理論、純哲學的探索，而是重在對華嚴義海，即佛境的描繪。法藏敍述立六相圓融義的意圖時說：

此教為顯一乘圓教，法界緣起，無盡圓融，自在相即，無礙鎔融，乃至因陀羅無窮理事等。此義現前，一切惑障，一斷一切斷，得九世十世惑滅；行德即一成一切成，理性即一顯一切顯，並普別具足，始終皆齊，初發心時便成正覺。良由如是法界緣起，六相鎔融，因果同時，相即自在，具足逆順。因即普賢解行，及以證入，果即十佛境界，所顯無窮⑲。

宇宙萬物都具有六相，六相是一種緣起的系統，是相卽相入，圓融無礙的。修持者如果能夠悟證這種理境，那就一切惑障都可以斷除，一切行德都得以成就，一切理性都獲得顯現，「初發心時便成正覺」，也就達到成佛的果位境界。由此可見，在法藏看來，六相圓融是修持者應當努力爭取證悟的思想和精神的理想境界。

第二節　法界緣起的中心內容之二——十玄無礙

一、十玄說的提出

十玄，全稱爲十玄緣起無礙法門，或作十玄緣起、華嚴一乘十玄門、一乘十玄門、十玄門、無盡緣起法門。它着重闡述佛教的各法門，是彼此互相依存、互相滲透而又週遍圓融的。十玄表示一切現象之間圓融無礙的相狀，是華嚴觀法的基本內容。通曉十玄的玄妙不可思議義理，卽可入華嚴大海的玄海，進幽玄莫測的華嚴法界，故稱十玄門或十無礙；又此十門相互爲緣而起，卽可總攝一切緣起法，故又名十玄緣起。簡言之，設立十門，以表示緣起的複雜無盡關係和無礙相狀，稱爲十玄。十玄和六相，是華嚴宗法界緣起說的中心內容。然六相的名義源出《華嚴經》和《十地經論》，十玄則在經、論裏均未見明文。中國華嚴宗人的眞正理論創造和着力充分闡發的是十玄說，此說爲華嚴宗的最重

---

⑲　《華嚴一乘教義分齊章》卷 4，《大正藏》卷 45，頁 507 下。

要的教義，其重要性在六相說之上。

十玄說是在六相說的基礎上提出的，是華嚴宗人法界緣起說的必然要求。六相說是就每一事物現象來說，都可以而且應該被看成是一個由若干不同要素共同作用而構成的整體，是作爲一個系統而存在。每一事物現象是這樣，整個世界又是怎樣呢？千差萬別而又互相聯繫的事物現象之間，是彼此隔絕、互不關聯呢？還是此中有彼，彼中有此，彼此相互含融，互爲因果而構成爲因果之網呢？衆生生活在世界上，是應該着重去分別彼此，執着彼此，還是應當排斥彼此的對立，泯絕非此即彼的認識方法，從而在或彼或此中證悟彼此圓融的宇宙全體的究極？回答這些問題，是六相說的內在思想邏輯進一步發展的需求，也是關係到華嚴能否會通和包容其他教派的學說、華嚴宗能否成立的根本理論問題。智儼和法藏正是適應這種創立宗派的理論需要提出了十玄說。

十玄在《華嚴經》裏未見明文，但十玄說又是智儼和法藏在六相說的啓發之下，進一步從《華嚴經》裏面尋繹緣起事物相狀而發明的。《華嚴經》對智儼和法藏創立十玄說的影響有兩個方面：一是在思想內容方面，《華嚴經·賢首品》裏通過講普賢菩薩的「華嚴三昧」和佛的「海印三昧」，來說明佛教的最高境界。在這種境界裏，一切緣起事物都是同時具足，而又主伴圓明的，所有事物之間不論在質和量上有種種差異，都含有相卽相入的關係，以致一微塵中就有無量世界，每一個世界又含有染淨、廣狹、大小等種種不同的情景。如此複雜無盡的關係，猶如因陀羅網[20]一樣。〈賢首品〉的這一說法，對華嚴宗人產生了深刻的影

[20] 因陀羅網，也稱天帝網，帝網，是古印度的神話，謂天神帝釋天宮殿裏裝飾的珠網，網上珠光交映，彼此透視，珠影映現，重叠無窮。

響。法藏就曾把十面鏡子放在十方，中間點燭，燭光在鏡子裏互相映現，重重無盡，以此說明上面兩種三昧所顯示的景象。《華嚴經・賢首品》實是十玄說的主要典據。二是在表述形式方面，《華嚴經》對數量詞「十」有特殊的興趣，喜好分十個方面來敍述義理。經中就出現「十住」、「十行」、「十無盡藏」、「十迴向」、「十地」、「十明」、「十忍」等品名，而且除〈入法界品〉外，其他各品都作十的分類來敷演內容。全經到處講「十對」——教義、理事、境智、行位、因果、依正、體用、人法、逆順、感應，並強調這十對之間相卽相入、互相包含，圓融無礙，形成無窮無盡的關係。「十」象徵圓滿與和諧，《華嚴經》用「十」表示世界萬物雖然千差萬別，又是統一和諧的。華嚴宗人正是受此啓發而提出十玄說的。法藏就說：「所以說十者，欲應圓數，顯無盡故」㉑。「十」是圓數，以顯示無盡的玄妙之義。法藏的一些重要著作，如《華嚴一乘教義分齊章》、《華嚴經旨歸》、《華嚴金師子章》、《華嚴義海百門》等，也都將全文分為十門，有的每一門又開出十義，意在結構和表述上也力圖表現出形式和內容的圓滿無盡。

智儼最先提出了十玄門說，他撰寫《華嚴一乘十玄門》一文，敷陳義旨。文說：

> 以下明約法以會理者，凡十門：一者同時具足相應門，二者因陀羅網境界門，三者秘密隱顯俱成門，四者微細相容安立門，五者十世隔法異成門，六者諸藏純雜具德門，七

㉑　《華嚴一乘教義分齊章》卷 4，《大正藏》卷45，頁 503 中。

者一多相容不同門，八者諸法相卽自在門，九者唯心迴轉善成門，十者託事顯法生解門㉒。

後來，法藏繼承師說，在《華嚴經文義綱目》中列舉十玄的名稱和次第，與智儼所說完全相同。嗣後又在《華嚴一乘教義分齊章》中發揮十玄說，所列十玄名稱與智儼所說相同，但次第大異。《華嚴金師子章》所述十玄門的名目與《華嚴一乘教義分齊章》相同，次序有異。法藏在較後期的著作《華嚴經探玄記》、《華嚴經旨歸》中，又不僅進一步改變了十玄的次第，而且改訂了幾個名稱，內容也有所發展。佛教史一般稱智儼所立的十玄門爲「古十玄」，法藏所說的爲「新十玄」。實際上，法藏的十玄說思想發展也經歷了兩個階段：先是繼承智儼的古十玄說，後是闡發自己的新十玄說。

二、古十玄與新十玄

新十玄和古十玄有甚麼區別呢？我們先把新古十玄列表加以對照，然後再作分析。表中古十玄據智儼的《華嚴一乘十玄門》，新十玄據法藏的《華嚴經探玄記》㉓。表如下：

㉒ 見《大正藏》卷 45，頁 515 中。
㉓ 見《大正藏》卷 35，頁 123 上、中。

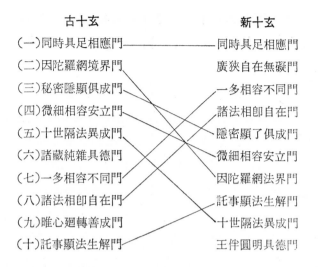

古十玄	新十玄
(一)同時具足相應門	同時具足相應門
(二)因陀羅網境界門	廣狹自在無礙門
(三)秘密隱顯俱成門	一多相容不同門
(四)微細相容安立門	諸法相卽自在門
(五)十世隔法異成門	隱密顯了俱成門
(六)諸藏純雜具德門	微細相容安立門
(七)一多相容不同門	因陀羅網法界門
(八)諸法相卽自在門	託事顯法生解門
(九)唯心廻轉善成門	十世隔法異成門
(十)託事顯法生解門	主件圓明具德門

從列表可知，新古十玄的區別有二：一是次序，二是名稱。新十玄除第一句外，其他都改變了古十玄的次序，改變後的次序是分別約總、空、用、體、緣、相、喻、智、時、境排列的，在法藏看來，這樣更符合華嚴玄思的邏輯。名稱上的改訂有四門：因陀羅網境界門改爲因陀羅網法界門，「境界」改用「法界」，更符合法界緣起說，不過主要還是名稱的文字變動而已。秘密隱顯俱成門改爲隱密顯了俱成門，改動後文字更確切，內容是一樣的。最重要的是把諸藏純雜具德門改爲廣狹自在無礙門，唯心迴轉善成門改爲主件圓明具德門，名稱連同內容都改變了。

關於法藏爲甚麼要把諸藏純雜具德門改成爲廣狹自在無礙門，澄觀在《大方廣佛華嚴經隨疏演義鈔》卷 10 中解釋說：

此門賢首新立，以替至相㉔十玄諸藏具德門。意云一行為

㉔ 至相，指智儼，因智儼曾住終南山至相寺弘法，故稱。

純，萬行爲雜等，即事事無礙義；若一理爲純，萬行爲雜，即事理無礙。恐濫事理無礙，所以改之㉕。

至相寺智儼是用理事（即體用或性相）並舉無礙來貫通十玄說的，諸藏純雜具德的「純雜」，純指理，雜指事，是理事交涉，而不是事事交涉。法藏爲了把十玄歸結到事事無礙方面，擺脫理事交涉的痕跡，避免與理事無礙相混淆，所以改變了名稱。法藏對此門名稱的改動很費斟酌，經歷了不斷改變的過程。智儼的諸藏純雜具德門，是顯示一切事物互相攝藏（「諸藏」）而純雜不相混淆，同時具足無礙的義理。諸藏有廣義狹義兩種解釋，智儼用的是狹義解釋，認爲諸藏就是諸行。所謂諸藏純雜具德門是說，一一行中攝藏一切諸行，如以布施一行爲例，布施攝藏一切諸行，或者說一切諸行都成爲布施。一行是純，布施一行即具足一切諸行是雜，然而純雜互不相礙。後來法藏在《華嚴經文義綱目》中改用廣義解釋，說諸藏就是諸法，即一切事物。所謂諸藏純雜具德門是說一切事物互相攝藏，一攝藏多時，一爲純，多爲雜；一切事物都成爲某一事物是純，一事物即具足一切事物是雜，然而純雜互不相礙。此後，法藏又在《華嚴一乘教義分齊章》中兼取廣狹兩義，認爲諸藏具有諸行和諸法兩種意義。最後，法藏爲了貫徹事事無礙的根本原則，在《華嚴經探玄記》中廢止了此門名稱而改爲廣狹自在無礙門。

再者，唯心迴轉善成門是說一切諸法無論是善是惡，都是如來藏自性清淨心的變顯，離此如來藏一心無別自性。因此門是闡

㉕ 見《大正藏》卷 36，頁 75 中。

明事事無礙的原因，而不是顯示事事無礙的相狀，爲避免泛泛講唯心，顯出一切事物自性本具，乃以主伴圓明具德門取代之。

三、十玄的含義

以下按照《華嚴經探玄記》所確定的十玄名稱，結合《華嚴一乘教義分齊章》、《華嚴金師子章》等有關解釋，敍述十玄的含義。

(一)同時具足相應門

「同時」是無前後之分，「具足」是無所遺漏，「相應」是不相違背。同時具足相應門是說因緣和合而起的一切事物，一時圓滿具足而且又彼此互相照應。這是對事事無礙法界相狀的總體描述，是十玄的總說，以後九門都是此門的別義、發揮。

法藏把現象界分爲十對，卽以十對概括一切事法。在《華嚴一乘教義分齊章》卷4中[26]，用教義、理事、解行、因果、人法、分齊境位、師弟法智、主伴依正、隨其根欲示現、逆順體用自在十門囊括一切現象，並以此概括《華嚴經》的義理來組織十玄。後來法藏又在《華嚴經探玄記》卷1中[27]，改爲教義、理事、境智、行位、因果、依正[28]、體用、人法[29]、逆順、應感[30]十對，比原來的十對淸晰明快。這是從佛教的角度，對衆生修持的一系列重大問題和主客體的基本矛盾所作的概括，以代表各類

[26] 見《大正藏》卷 45，頁 505 上。
[27] 見《大正藏》卷 35，頁 123 中。
[28] 依正，依，依報，指衆生所依處的國土；正，正報，指依住正報國土的佛、菩薩和一切生類。
[29] 人法，人，指能知的主體，法，指所知的客體。
[30] 應感，應，指隨機根的不同而顯的種種應化，感，指感得應現的當機衆生。

現象。法藏認爲，以上十義，也就是十方三世一切事物同時相應成一大緣起，沒有前後始終的差別，同時具足圓滿，無欠無闕，互相照應，順逆無礙，參而不雜。也就是說，從時間上看，三世的一切事物相依相資，互攝互收，現有的事物既不離開過去的事物，也不離開未來的事物而獨存。現在具足過去未來，同樣，過去具足現在未來，未來具足過去現在，三世一時，萬物同時顯現。從空間上看，十方的一切事物雖有差別，然相卽相入，互融互含，無礙自在。由此，宇宙萬物各具時空的脈絡，而融成爲一體的緣起關係，具足相應，無礙無盡。

法藏在《華嚴金師子章》中以金獅子爲比喻，來說明十玄門的義理。關於第一門，他說：

金與師子，同時成立，圓滿具足，名同時具足相應門㉛。

金體與獅子形相相互聯繫，相互對應，同時具足，同成一緣起，顯現爲金獅子。澄觀在《華嚴經隨疏演義鈔》中，也以十種比喻來說明新十玄，形象簡明，有助於把握十玄的要點。第一門，澄觀以海水作比喻，說猶如一滴水便含有百川的滋味㉜。法藏認爲，依照華嚴宗的禪定境界——海印三昧，就能炳然同時顯現整個宇宙的全貌。這是一個完整的、統一的、無時空差異的一體世界，也是佛教的最高境界。

(二)廣狹自在無礙門

「廣」，廣大；「狹」，狹小。此門是說廣大、狹小，自在無

㉛ 見《大正藏》卷 45，頁 665 上。

㉜ 「如海一滴，具百川味。」見《大正藏》卷 36，頁 10 上。

礙。就世俗世界來說，物體之間存在種種障礙，廣大的物體不能置於狹小的物體中，狹小的物體不能容納廣大的物體，但在事事無礙境界裏，大小相容，廣可入狹，狹可容廣，廣不礙狹，狹不妨廣，廣狹相卽，自在無礙。這裏，廣是一切遍於一而沒有界限，狹是一能遍於一切而不失其本位，也就是無限卽有限，有限卽無限。澄觀以鏡爲喻，謂如「徑尺之鏡，見千里之影。」㉝好像一尺鏡子裏見到千里的景致。鏡是狹，千里是廣，狹鏡裏面能見廣大的外境。這一門是從空間的範圍認識事物之間的關係，從空間看，萬事萬物，無論事物有廣狹、大小，乃至輕重、疏密、軟硬等的不同，都是相通相入，圓融無礙的。這是事事無礙特相的顯現。

（三）一多相容不同門

「一」，指宇宙的本體一眞法界（眞心、理），「多」，指千差萬別的種種現象、事物；「一」也指總相，全體，「多」也指別相，個體。法藏主要是就後一層意義，卽現象與現象的關係上講一多的。此門是講一與多互爲緣起，力用交徹，遞相涉入，若一遍於多時，則多能容一，多遍於一時，則一能容多，一多相互容受；又一多歷然有別，互不相同。這是從作用方面講本體與現象、個體與全體的無盡緣起關係。

法藏十分重視一與多（或一與十，一與一切）的關係問題，這是一個極富思辨的問題，他通過宣揚「一中多」，「多中一」，和「一卽多」，「多卽一」，來說明十玄緣起無礙法門。在《華嚴一乘教義分齊章》卷 4 等文中，法藏着重從兩個方面論述一與多

㉝　《大華嚴經略策》，《大正藏》卷 36，頁 707 中。

的相入、相即關係：一是就事物的「異體」㉞關係來論證，如一與十㉟，一作爲十的基數，包含有十的因素，能使十容納於內，爲「一中十」，進而無一就無十，「一卽十，何以故？若無一卽無十故。」㊱同樣，一是相對於十存在的，屬於十的因素，所以是「十中一」，進而無十就無一，由此又說：「十卽一，何以故？若無十卽無一故。」㊲二是就事物的「同體」㊳關係來論證，十由十個一組成，由此說「十中一」。每個一的「自體」都是性空，是相同的，由此「十卽是一」。同樣，以十作爲「自體」看，一的本身卽含有十的「自體」在內，所以說，「一中十」。一是構成十的因素，而一和十的「自體」都是性空，所以說「一卽是十」。在法藏看來，「一全是多，方名爲一；又多全是一，方名爲多。」㊴「一塵中顯現一切，而遠近彼此宛然。十方入一塵中，遠而恆近；塵遍十方，近而恆遠。」㊵一與多，一與十，一與一切是相卽相入的。

法藏在《華嚴金師子章》中形象地說：

> 金與師子，相容相立，一多無礙；於中理事各各不同，或一或多，各住自位，名一多相容不同門㊶。

㉞ 異體，指因和緣的共同作用，由不同因緣而產生結果。

㉟ 十，雖是數量詞，但華嚴宗人以十表示圓滿之數，顯示無窮無盡。

㊱ 《華嚴一乘教義分齊章》卷 4，《大正藏》卷 45，頁 503 下。

㊲ 《華嚴一乘教義分齊章》卷 4，《大正藏》卷 45，頁 504 上。

㊳ 同體，因不待緣而生果，卽引起結果出現的原因是一種事物的自身。

㊴ 《華嚴經義海百門》，《大正藏》卷 45，頁 630 下。

㊵ 同上。

㊶ 見《大正藏》卷 45，頁 665 中。

這裏是從理與事的關係說的，理（本體）是一，事（現象）是多。一方面，每一現象都是本體理的體現，所以，多就是一，一就是多，一與多相容無礙。另一方面，一仍是一，多仍是多；本體是本體，現象是現象。金是理，獅子是事；金是一，獅子是多，兩者又「各住自位」，各有其相應的地位而互不相同。這就是本體與現象既互相鎔融，又互不相同的關係。如上所述，法藏在《華嚴一乘教義分齊章》中以「數十錢法」爲喻，論述了一與十，一與多的關係，是着重數量關係，卽現象之間關係而言。後來，澄觀說此門是好像一間房子裏面千盞燈光，彼此交涉，光光互攝，而無所障礙㊷。這更顯然是就現象與現象之間的關係而言的。

（四）諸法相卽自在門

「諸法」，一切事物。此門是說諸法不僅就用說相容無礙，就體說也是空有相卽，又是各自存在的。

事物有兩種情況，一是廢己同他，己體就全是他物；二是一物攝他，他物就是己體。這樣，一物卽一切物，一切物卽一物，彼此二體和融一如，相卽自在。如此一物攝一切物，或一切物攝一物，舉體相卽，不相捨離，是同體相卽。法藏作比喻說：

> 師子諸根，一一毛頭，皆以金收師子盡。一一徹遍師子眼，眼卽耳，耳卽鼻，鼻卽舌，舌卽身。自在成立，無障無礙，名諸法相卽自在門㊸。

㊷ 《華嚴經隨疏演義鈔》卷 2：「如一室內千燈並照，……光光涉入。」《大正藏》卷 36，頁 10 中。

㊸ 見《金師子章雲間類解》，《大正藏》卷 45，頁 665 中。

這是說，金獅子的眼、耳、鼻等各個根和每一根毛，由於都是金做成的，因而各各都能包容收盡整個金獅子。由此每一個根也都遍布整個獅子。同樣，金獅子的眼也就是金獅子的耳，金獅子的耳就是金獅子的鼻，金獅子的鼻就是金獅子的舌，金獅子的舌就是金獅子的身。金與獅子諸根，各根之間，乃至毛頭之間相卽無礙，自在成立。也就是說，金獅子的眼、耳、鼻等，乃至每一根毛，都是金做成的，從本質上看，眼、耳、鼻等，完全相同，毫無分別，是「相卽」的。從現象上看，眼、耳、鼻等形態不同，有所差別，是「自在」的。澄觀就此門比喻爲，猶如金黃的顏色離不開金子[44]。金色與金，舉體相卽，互不分離。

再者，異體相卽是指己體與他體並存。如一月當空，萬川印影，就月來說是一，就影來說是多，月非影，影非月，然月影不離，一多相卽，自在無礙。

(五)隱密顯了俱成門

這是就因緣來說，一切事物都有表裏兩面，相對於某一因緣來說是表，相對於另一因緣來說是裏。由於事物有表有裏，也就有隱密顯了之別。表裏關係是表不離裏，裏不離表，由此也是顯不離隱，隱不離顯。此門是說宇宙一切事物，互相容攝，無障無礙。若此物全攝彼物，那就此物顯而彼物隱；彼物全攝此物，那就是彼物顯而此物隱。若一物攝一切物，就一物顯而一切物隱；一切物攝一物，就一切物顯而一物隱。顯與顯不同時，隱與隱不相並，然而隱顯互異，俱時成立，並存無礙，圓融自在。

《華嚴金師子章》以金獅子爲喻說：

---

[44] 《大華嚴經略策》：「諸法相卽自在門，如金與金色二不相離。」《大正藏》卷 36，頁 707 中。

> 若看師子，唯師子無金，卽師子顯金隱。若看金，唯金無師子，卽金顯師子隱。若兩處看，俱隱俱顯。隱則秘密，顯則顯著，名秘密隱顯俱成門㊺。

這裏，玄門的名稱表述上略有不同，含意則是完全一致的。意思是說，若果專注於看獅子，那麼，獅子顯現出來，而金隱沒了；若果專注於看金，那麼，金顯現出來，而獅子隱沒了。若果旣注意看獅子，又注意看金，那麼，獅子和金都有隱沒和顯現。隱現俱時，圓融無礙。也就是說，一個金獅子，從本質上看，是一塊黃金；從形態來看，是一隻獅子。事實上，金獅子的黃金和獅子形象都存在，表裏隱顯，同時俱成。澄觀就此門舉比喻說，好像片月點綴天空，有明也有暗㊻。明暗卽隱現，明暗體無前後，隱顯俱時成立。

（六）微細相容安立門

「微細」，指細如微塵，不能再分解的事物。這一門是從相的角度立說，認爲一切事物相卽相入，重重無盡，同時又各住自位，各不壞相。也就是在任何一事物中，都能容攝包含其他事物，卽使是極微細的事物，也能容納極大的事物，相容安立，圓融無礙。

法藏在《華嚴金師子章》中說：

> 金與師子，或隱或顯，或一或多，定純定雜，有力無力，

㊺《大正藏》卷 45，頁 665 中、下。

㊻《華嚴經隨疏演義鈔》卷 2：「隱顯俱成似秋空之片月者。」《大正藏》卷 36，頁 10 中。

卽此卽彼，主伴交輝，理事齊現，皆悉相容，不礙安立，微細成辦，名微細相容安立門㊼。

這是以金獅子的金和獅子爲喻，說明兩者一齊顯現，互相融入，互不妨礙。「微細成辦」，是說極爲微細的事物都能包容其他一切事物。又如法藏講的「於佛一毛孔中，卽有一切佛，一切處，一切時，乃至一切益。」㊽「小時正大，芥子納於須彌；大時正小，海水納於毛孔。」㊾都是說小中現大，大中現小，互不相礙的道理。澄觀也舉喩說：「如瑠璃瓶，盛多芥子。」㊿好像瑠璃瓶子透露出所盛的芥子，隔瓶可見，不壞不雜，歷歷分明。

（七）因陀羅網法界門

這一法門是以因陀羅網爲喩來說明森羅萬象萬事萬物之間相卽相入、重重無盡的關係，是對無盡緣起說的最形象最貼切的說明。一切事物相依相融，體相自在，隱現互現，重重無盡。如帝釋天宮的因陀羅網，懸掛無數明珠，彼此互相映照，了了分明。在一一珠中各現其他一切珠影，在一重珠影中，又各現其他一切珠影，如此在影現中互相影現，二重、三重乃至重重影現，珠珠交輝，影影重疊，無盡無窮。一切事物也是如此，互涵交參，重重無盡。澄觀以好像兩面鏡子對照，重重影現[51]，來比喩此法

㊼ 《大正藏》卷 45，頁 665 下。
㊽ 《華嚴經旨歸・示經圓第十》，《大正藏》卷 45，頁 596 下。
㊾ 《華嚴策林》，《大正藏》卷 45，頁 597 下。
㊿ 《華嚴經隨疏演義鈔》卷 2，《大正藏》卷 36，頁 10 上。
[51] 《華嚴經隨疏演義鈔》卷 2：「亦如兩鏡互照，重重涉入。」《大正藏》卷 36，頁 10 上。

門。

法藏在《華嚴金師子章》中對此門是這樣解說的:

> 師子眼耳支節，一一毛處，各有金師子；一一毛處師子，同時頓入一毛中。一一毛中，皆有無邊師子；又復一一毛，帶此無邊師子，還入一毛中。如是重重無盡，猶天帝網珠，名因陀羅網境界門[52]。

金獅子的眼、耳和四肢關節，每一根細小毛都各包含有金獅子的全體；無數根毛中的獅子，同時包容於一根毛中。這樣，每一根毛中又都有無數的獅子；再是，每一根毛又帶着其他毛中所攝有的無數獅子還歸於一根毛中。如此，每一事物中都有無數事物，無數事物中又有無數事物，交互涉入，重重無盡，猶如天帝網珠，珠光交映，層層叠叠，無窮無盡。按照法藏這裏所舉的比喩，是說現象世界中每一個事物都是本體的完整體現，本體包含一切事物，這樣又可說每一事物都包含一切事物。不僅如此，更進一層，一事物，不但包含一切事物，還包含了其他事物中所包含的一切事物。同樣，其他任何一個事物中所包含的一切事物，也各各包含一切事物。這是在理事無礙說的基礎上，對於事事無礙說的描述。

這一門與上一微細相容安立門不同，上一門所反映的是事物之間的一層關係，此門則是說明事物之間的關係是層層涉入、重重無盡的。

---

[52] 《大正藏》卷 45，頁 665 下。

(八)託事顯法生解門

「顯法」，顯現一切事法。「生解」，指產生悟解事事無礙境地。這一法門是講，隨託舉一事，便顯一切事物互爲緣起的道理，能生事事無礙的勝解，能見一切無盡法界。一枝一葉，一花一果，都是甚深微妙法門。深奥的道理，從平凡的事物中就顯現出來，並不是在所見的事物之外另顯事事無礙之理。澄觀以「立像竪臂，觸目皆道」[53]爲喻，謂好像造像塑臂處處見得合式，觸目都是佛道。

法藏的《華嚴一乘教義分齊章》和《華嚴金師子章》論述此門，都着重強調事相顯現道理。如說：

> 說此師子，以表無明；語其金體，具彰真性；理事合論，況阿賴識，令生正解，名託事顯法生解門[54]。

這是說，以金獅子爲比喻，有生滅的獅子（事、現象）是虛幻的，這是表示無明；說金獅子有眞金的實體（理、本體），這是彰明本體的無生滅的眞性。把理事這兩方面合起來講，就如生滅與不生滅、不覺與覺和合的阿賴耶識一樣，可以通過生滅把握無生滅，由不覺轉爲覺。這是通過現象以顯示本體，通過事相以彰明眞理，使人產生眞正悟解的法門，是一種高級的智慧。

(九)十世隔法異成門

「十世」，指時間上有過去、現在和未來三世，在這三世中又有過去、現在、未來三世，合稱九世。又九世相卽相入，都不

---

[53] 《大華嚴經略策》，《大正藏》卷 36，頁 707 中。
[54] 《金師子章雲間類解》，《大正藏》卷 45，頁 666 上。

出當前一念，卽爲一念所攝。如此，一念爲總相，九世爲別相，總別相合爲十世。「隔法」，指十世一切事物的前後相隔不同。前面自第二門至第八門的七門中是就空間的角度，卽橫向說明一切事物相卽相入、圓融無礙的道理，這一門是就時間的角度，卽縱向說明一切事物遍在十世中，前後相隔而又交滲互涵，不失前後長短等差別而又相卽相入，故各異成，渾融一體。也就是說，時間有前後的不同，同時又是融通的，九世不出於一念，於一念中一切皆現，成就緣起。法藏以獅子爲喻說:

> 師子是有為之法，念念生滅。刹那之間，分為三際，謂過去、現在、未來。此三際各有過、現、未來；總有三三之位，以立九世，卽束為一段法門。雖則九世各各有隔，相由成立，融通無礙，同為一念，名十世隔法異成門(55)。

法藏的比喻淸楚明白，其後澄觀擧喩更爲形象貼切，他喩此門「如一夕之夢，翺翔百年。」(56)猶如一夜之間的夢，便彷彿自由自在地經過了百年。這確是一個絕妙的比喩。

（十）主伴圓明具德門

這一法門是就事事關係的妙境而言，謂一切事物相卽相入，互成一大緣起，由此隨擧一種事物爲主，其連帶所緣而起者便爲伴，也就是說，無論以任何一種事物爲主，其他事物都隨伴於此，形成了錯綜複雜的主件關係。如此，主伴重重，擧一全收，而事物雖有主伴的區別，但不壞差別的相狀，相依相成，圓融無

(55)《金師子章雲間類解》，《大正藏》卷 45，頁 666 上。
(56)《大華嚴經略策》，《大正藏》卷 36，頁 707 中。

礙。世界上萬事萬物，沒有一種事物是孤立而起的，都是互相交徹，貫徹時空，橫豎成一大緣起。若能圓明了知，則凡觀察一種事物，都具足無盡緣起的性質和相狀。澄觀以「北辰所居，衆星同拱」[57]，喻此法門，好像北極星的所在，被衆星圍繞，在無盡緣起系統裏，事物都非孤起的，事物緣起是主伴交輝，一多相攝，圓融無礙。

以上所述，爲十玄門的含義。法藏認爲，一切事物，都具足此十玄，也卽任舉一事物，都是事事無礙。事物之間相卽相入，圓融無礙，而差別相狀，依然存在；雖歷然差別，而無障無礙，重重無盡，成一大緣起。這就是十玄緣起無礙法門，也稱爲無盡緣起法門。

十玄門講十個法門，是從十個角度、方面表述事事無礙的內容。第一、二、三門和第九門，是着重就時間、空間、數量方面，指出一切緣起事物的「相入」關係。第四、五、六門則是着重從不同形態說明一切緣起事物的「相卽」關係。第七門是比喻一切緣起事物的相卽相入關係。第八門是講悟解無盡緣起的途徑。第十門和第一門一起概括全部十玄的內容，強調萬有森羅，同時具足，然主伴分明，相應無礙。

如上所說，十玄所講的十項是相對而言，是表示圓滿、無盡。法藏還就十玄門與前述教義、理事、境智等十義的關係、十玄門之間的關係以及十玄門與六相的關係說：

> 然此十對同時相應為一緣起，隨一各具餘一切義，如初門

---

[57] 《大華嚴經略策》，《大正藏》卷 36，頁 707 中。

既爾，餘廣狹等九門皆各具前十對，但隨門異耳。是故一一門中各有十百千等[58]。

然此十門，隨一門中卽攝餘門，無不皆盡，應以六相方便而會通之……[59]。

「初門」，卽同時具足相應門。不只是同時具足相應門具有教義、理事等十義內容，而是其餘九門也都同樣具有，只是具體情況有所不同。十門之間，任何一門又都容攝其餘九門。每門也都具有六相，卽六相遍於每一門。由此每一門又都各有百門、千門等。總之，以上十門、十義、六相，悉皆同時會融，無礙自在，重重無盡，成爲一大緣起，是爲宇宙的眞實圖景，悟此卽達到成佛的境界。

四、十玄無礙說的哲學意義

六相圓融說和十玄無礙說的哲學意義是相近的，但十玄無礙說是着重闡發事物和事物的相互關係，由此又有其自身的哲學意義，其中重要的是，關於宇宙萬物的一體性原理、普遍聯繫原理、由現象到本質的認識原理等，豐富了古代哲學思想。

(一)強調宇宙圓融一體

十玄說對宇宙圖景的總的描繪是，一切萬物「同時具足相應」，萬物同時互相作用，互爲緣起，互相照應。宇宙是萬物互爲因果、互爲緣起、重重無盡的大系統。在這一互相緣起的大系

---

[58] 《華嚴經探玄記》卷 1，《大正藏》卷 35，頁 123 中。
[59] 《華嚴一乘教義分齊章》卷 4，《大正藏》卷 45，頁 507 上、中。

統中，不論廣狹、大小、一多、隱顯、前後都相卽相入，和合無礙，融爲一體。任何一事一物都是其他事物得以緣起存在的條件，任舉一事一物，都具足一切，一切也都入於一事一物中，一與一切互不相離，互相容入，一卽一切，一切卽一，宇宙是一不可分割的整體，萬物是互相融會一體的。

(二)闡發普遍聯繫形式

十玄說把宇宙描繪爲一個統一的體系，強調一切緣起事物之間的關係是相依相存，相關相聯的，也就是肯定宇宙萬物是普遍聯繫的。十玄說把事物間的普遍聯繫歸結爲兩種形式：相卽和相入。相卽：卽，是不離的意思，相卽就是密切不可分離，也就是同一。相入：入，指事物之間的相互作用、影響，也作相容，也就是包含。法藏從體和用兩方面來論述相卽和相入，在十玄中，諸法相卽自在門和一多相容不同門集中表述了相卽和相入的觀念。

相卽，法藏是就一切現象的本體講的，本體分空和有兩種情況，相卽雙方必是一方爲有，另一方爲空，同時都是有或同時都是空是沒有的。法藏認爲，由於一方是空一方是有，才能融合無礙，成爲一體。如以一爲有，一切爲空，一構成一切，是「一卽一切」，從一切（空）方面來說，就是一切與一融爲一體；從一（有）方面來說，是一切盡攝於一，是「一切卽一」，也就是一與一切融爲一體。反之，如以一爲空，一切爲有，也同樣是「一卽一切」和「一切卽一」，也是互融爲一體。凡是具有如此關係的，稱爲「相卽」。相卽，是從本體的空有必然形成的普遍聯繫形式。

相入，是從緣的作用（用）立說的。一切事物的作用，在相互聯繫中，必然有一方爲有力，在另一方爲無力，雙方同時都有力或無力是不存在的。在一方有力另一方無力的情況下，雙方互相作用，互相容入，自在無礙。如一爲有力能容多，多爲無力潛入於一，一中容多，是「一中多」。如多爲有力，一爲無力，則多容一，一入多，多中攝一，是「多中一」。這裏一多關係的一，可指本體，也可指現象，多是指現象。若一爲本體，卽本體與現象相容相入，互融無礙。若一指現象，卽現象與現象相容相入，互融無礙。具此等關係的，稱爲「相入」。法藏認爲，宇宙萬有都是相容無礙的，相入是萬物普遍聯繫的又一基本形式。

在宇宙萬物的普遍聯繫中，一切現象都含有一個對立的規定：相卽與相入。法藏總結性地說：

> 此有兩種：一、約用，有有力無力，相持相依，故有相入；二、約體，全體有空，能作所作，全體相是，故有相卽60。

又，體有異體、同體之分，用是體的作用，沒有不作用的體，由此又分異體相卽、同體相卽、異體相入和同體相入四種形式。這些都是古代佛教對於宇宙萬物普遍聯繫形式的極爲細密的論述。

(三)由顯到隱和由個別到一般的認識原理

十玄門中的隱密顯了俱成門和託事顯法生解門直接涉及認識論問題。隱密顯了俱成門包含了現象與本質的區別與聯繫的深刻思想，由於本質的隱密性，主體在接觸、觀察事物時，只能認識

---

60 《華嚴經旨歸》，《大正藏》卷 45，頁 595 中。

現象層面，然後才能深入認識事物的本質內容。這就是說，主體認識活動是由表面到裏面，由有限到無限的不斷深化的過程。再者，宇宙森羅萬象，認識對象無限多樣，但託事顯法生解門昭示人們，認識主體可以一種事物作爲突破口，以把握所有事物的特徵，洞察宇宙的眞理。當然這是就萬物圓融無盡的角度說的，實踐上是很難達到的，但這裏所透露的從個別到一般的認識程序是有一般的認識論意義的。

五、十玄無礙說與宇宙全息統一論

宇宙全息統一論是當代學者提出的宇宙大統一理論[61]，引人注意的是，此論與法藏的十玄無礙說有某些驚人的相似之處。

全息，是指部分與部分、部分與整體之間包含着相同的信息[62]。宇宙全息統一論認爲，宇宙是一個有機的統一整體，其中各個部分都包含着整個宇宙的全部信息。也就是說，宇宙是一個無比巨大、結構縝密、不可分割的全息同構體，它的任何一個組成部分也都是包含着無限信息和信息結構的全息同構體。

宇宙全息統一論描繪宇宙全息圖景是：宇宙的一切事物、一切系統都是互相聯繫、互相包涵、互相轉化的網絡，大宇宙包含着無數的小宇宙，大系統包含着無數小系統，整個宇宙是互相滲透的巨網，每一小宇宙、小系統都是大宇宙、大系統的縮影。

法藏用因陀羅網來比喻宇宙萬物相卽相入、無窮聯繫、重重無盡的景象，這和宇宙全息統一論對宇宙的看法是相當一致的。

[61] 詳見王存臻、嚴春友《宇宙全息統一論》，山東人民出版社，1988 年 3 月版。

[62] 信息，是物質、能量和精神的屬性或存在模式。

因陀羅網的明珠互映，交互涉入，重重影視，也可以說是整個宇宙相互反映信息的象徵。

十玄門說的同時具足相應、廣狹自在無礙、一多相容、諸法相卽、隱密顯了[63]、微細相容、託事顯法生解、十世隔法異成、主伴圓明具德，這些義理和宇宙全息統一論也是息息相通的，正如因陀羅網的比喻和宇宙全息統一論關於宇宙萬物相互關係的描述相似，是一樣的道理。

六、十玄無礙說的宗教意義

十玄無礙說和六相圓融說一樣，都是爲宗教實踐提供法門的，是爲宗教實踐服務的。法藏在論述十玄門時，首先立十義以顯無盡，這十義幾乎概括了全部宗教義理，十玄門實際上就是從多種角度闡述宗教義理，以指導人們的宗教修持。

十玄無礙說的宗教意義有其特色，這就是強調衆多的教派、法門都是相卽相容的，衆生要調動主觀的能動作用，運用直覺思維，通過個別法門，知一卽能知多，得一卽能得一切，於一念中圓滿悟解宇宙萬物的究極實相。也就是在修持中斷滅惑障是一斷一切斷，成就功德是一成一切成，做到初發心時，便成正覺。

[63] 宇宙全息統一論認爲宇宙有兩種形態：顯序宇宙和隱序宇宙。

第六章　法藏的宇宙本體論
——法界緣起論的本質

上兩章，我們論述了三性同異、因門六義、緣起十義和六相圓融、十玄無礙的學說，分析了法界緣起的原由和內容，是着重介紹法藏的宇宙生成論和宇宙現象論學說。在法藏的著作裏，他還把宇宙萬有和圓融境界的生成歸結於一心——最高主體性，強調萬有互爲緣起、重重無盡的最終根源是一心，一切現象都是一心的展現。法藏在後期曾意識到唯心說法過於寬泛，而在《華嚴經探玄記》中改唯心迴轉善成門爲主伴圓明具德門，但是，法藏因深受《大乘起信論》和《華嚴經》的影響，最終仍然是從「心」上立論成佛的根據和宇宙的本原，從而涉及了宇宙本體論問題。在前述三性同異義中也包含有宇宙本體論的觀念，不過集中而典型地闡發宇宙本體論的是下面即將論述的眞心說，這是反映法藏對法界緣起論本質看法的重要學說。

第一節　心造萬法說

一、一心的兩種含義

《大乘起信論》把一心分爲二門❶，法藏繼承這一思想說：

謂一心法界具含二門：一心真如門，二心生滅門。雖此二門，皆各總攝一切諸法，然其二位恒不相雜。其猶攝水之波非靜，攝波之水非動❷。

「一心」，也作「一心法界」，實指衆生心。《大乘起信論》和法藏認爲一心是宇宙萬物的本體，是衆生和佛普遍具有的。但一心有覺性、淸淨與不覺性、染汚之分，由此分爲眞如門和生滅門，心具有兩種不同的意義。所謂心眞如門，是指一心的本來狀態，具有不生、不滅、不增、不減，恒常不變的性質，和絕無差別的相狀。所謂心生滅門，是指一心的活動狀態，具有生、滅、增、減，不斷變化的性質，和衆多差別的相狀。前者是宇宙本體的覺性、淸淨性，後者是宇宙現象的不覺性、染汚性。

一心的兩種含義，也就是心的體和用兩個方面的意義。就心的體的意義來說，心是永恒不變、平等無差別的，是普遍存在的，也就是宇宙的心。就心的用的意義說，心是不斷變化的，千差萬別的，也就是個體的心。法藏認爲，心眞如門的心遍存於宇宙萬有，能夠產生整個世界，是宇宙萬物的本質、根源。心生滅門的心，時時在接觸、攀援外界事物，執外境爲實有，虛妄計度，產生種種幻相，此心是不同衆生的認識主體和活動。大體上可以這樣說，前者是本體論意義的心，後者是認識論意義的心。

心眞如門和心生滅門、宇宙的心和個體的心、本體意義的心

---

❶ 詳見《大正藏》卷 32，頁 576 上。

❷ 《華嚴經探玄記》卷18，《大正藏》卷 35，頁 440 下。

和認識意義的心是有區別的，又是統一的，兩者無礙互存。心眞如始終保持清淨的覺性，不受心生滅的任何影響，但心眞如又和心生滅互不分離，兩者統一於一心法界之中。如海水與波浪，海水因風吹而起波浪，水與波不相分離，然而海水本性不動不變，波浪則動而非靜，兩者不一不二。

二、心塵和合，生起幻相

法藏站在佛教的立場，認爲一切事物都是因緣和合而生，因緣離散而滅，本無實體，是幻而無實體的假相。他還進一步提出，心作爲認識主體和認識客體相結合而產生幻相的觀點：

> 達無生者，謂塵是心緣，心是塵因，因緣和合，幻相方生。由從緣生，必無自性，何以故？今塵不自緣，必待於心，心不自心，亦待於緣❸。

「無生」，也稱「無生法」，指一切事物的眞實本相，是無生無滅的，現象界的生滅變化，都是衆生虛妄分別的產物。修得無生，即是涅槃。「塵」，物質現象，認識對象。「心」，認識主體。這是講如何達到對無生的認識，也就是從認識論的角度講幻相是怎樣產生的問題。法藏認爲認識主體和認識客體兩方面相結合才生起幻相。在認識範疇裏，心是客觀對象的基礎（因），塵是主觀認識的條件（緣）。認識主體被視爲認識客體的主導因素，認識客體被視作認識主體的次要條件，由此兩者的相互作用而產生

---

❸ 《華嚴經義海百門·緣生會寂門第一》，《大正藏》卷 45，頁 627 中。

幻相。

爲甚麼說「塵是心緣，心是塵因」呢？法藏解釋說：

> 明緣起者，如見塵時，此塵是自心現。由自心現，即與自心為緣。由緣現前，心法方起，故名塵為緣起法也❹。

如衆生認識客觀對象，這是認識主體發揮認識作用的結果，「由自心現」，所以「心是塵因」。但沒有認識對象這個條件，主體認識的作用也不能發揮，「心法」不能生起，所以「塵是心緣」。

總之，在法藏看來，認識客體是認識主體發生認識作用的體現，而認識主體又只有和認識客體相結合纔能形成種種幻相。這是對心的意義和功能的一種重要解說。顯然，這裏所講的心，是指心的生滅門而言，也就是指個體的心而言。

三、三界所有法，唯是一心造

在法藏著作裏，認識論和本體論是密切聯繫着的。法藏在從認識論角度闡述幻相的產生時，強調「心爲塵因」，誇大心的作用而帶有唯心本體論的色彩，他沿着這種思路前進，進一步宣揚萬物都是一心所造的觀念。法藏說：

> 謂三界所有法，唯是一心造，心外更無一法可得，故曰歸心。謂一切分別，但由自心，曾無心外境，能與心為緣。何以故，由心不起，外境本空❺。

❹ 《華嚴經義海百門·緣生會寂門第一》，《大正藏》卷 45，頁 627 中。

❺ 《修華嚴奧旨妄盡還源觀》，《大正藏》卷 45，頁 640 上。

離心之外，更無一法，縱見內外，但是自心所現，無別內外❻。

知諸法唯心，便捨外塵相，由此息分別，悟平等真如❼。

這幾段話有三層重要的意思：(1) 世俗世界萬事萬物，唯是一心所造；(2) 心外無法，心外無境，自心不起，外境本空；(3) 知萬事萬物唯心，不作分別，捨去幻相，即悟眞如，此心與眞如義同。十分明顯，法藏這裏所講的心是宇宙萬物的本原、本體。這個心就是心眞如，也就是宇宙的心。這個心遍存於衆生心中。

萬法爲心所造，就是唯心所現，也就是自心所現。法藏說：

一切法皆唯心現，無別自體，是故大小隨心迴轉❽。

且如見高廣之時，是自心現作大，非別有大；今見塵圓小之時，亦是自心現作小，非別有小❾。

這是把客觀事物的千差萬別的差異性歸結爲自心的不同作用。這裏的自心是指眞心。在法藏看來，現象中每一事物都是眞心全體之所現。法藏在《華嚴金師子章》中講唯心迴轉時說：

金與師子，或隱或顯，或一或多，各無自性，由心迴轉。

---

❻ 《華嚴經義海百門·體用顯露門第五》，《大正藏》卷 45，頁 631 下。

❼ 《修華嚴奧旨妄盡還源觀》，《大正藏》卷 45，頁 640 上。

❽ 《華嚴經旨歸》，《大正藏》卷 45，頁 595 上。

❾ 《華嚴經義海百門·鎔融任運門第四》，《大正藏》卷 45，頁 630 中。

說事說理，有成有立，名唯心迴轉善成門⑩。

這個心就是指眞心，他在《華嚴一乘教義分齊章》卷 4 中說:

唯心迴轉善成門，此上諸義，唯是一如來藏為自性清淨心轉也⑪。

如來藏就是自性清淨心，就是心眞如、眞心。法藏認爲，金（理、體）與獅子（事、用），或隱或顯，或一或多，都是眞心的變現。

法藏認爲，眞心能現一切，是海印三昧威神力的表現。他說:

言海印者，真如本覺也。……是心（指一心）卽攝一切世間出世間法，卽是一法界大總相法門體，唯依妄念而有差別，若離妄念，唯一真如，故言海印三昧也⑫。

海印，就是眞如本覺，就是一心。一心能攝一切世間和出世間的所有事物，眞心實體能開發宇宙萬物，平等無差別的眞如變現出差別的萬物，也就是說，宇宙不出一心，一心卽是全宇宙，宇宙卽是一心。這也就是法界緣起的總貌。

應當說，法藏對於心、眞如心，不是界定得非常清楚的，但

---

⑩ 《金師子章雲間類解》，《大正藏》卷 45，頁 666 上、中。
⑪ 《大正藏》卷 45，頁 507 上。
⑫ 《修華嚴奥旨妄盡還源觀》，《大正藏》卷 45，頁 637 中。

以眞心爲宇宙萬物的本原還是明確而一貫的。在法藏的理念和範疇體系中，一心、一心法界、一眞法界、眞心、自性清淨心、淨心、眞如、眞常、理體、性、法性、如來藏，都是指唯心的本體，是宇宙的終極本原，也是成佛的根本依據。法藏的後繼者澄觀也大力宣揚一心爲宇宙萬物的本原，強調宇宙萬物就是一心。這種心是靈知之心，是先驗的智慧，衆生只要在方法上加以掌握，就能一成一切成。澄觀宣揚由心融萬物而成四種法界——事法界、理法界、理事無礙法界、事事無礙法界，也就是把四種法界最終歸結爲一心。澄觀弟子宗密，把理法界歸於本心，「理法界也，原其實體，但是本心。」⑬他也強調眞心是本來覺悟的，是一切衆生都具有的，「一切有情（衆生）皆有本覺眞心，無始以來，常住清淨，昭昭不昧，了了常知，亦名佛性，亦名如來藏。……但以妄想執着而不證得，若離妄想，一切智、自然智、無礙智卽得現前。」⑭衆生的心是靈知之心，是妙心，是佛性。一心就是萬有的本體，衆生的本原，成佛的根據。華嚴宗人是佛教眞常唯心論系統的重要代表，是佛教客觀唯心主義的重要闡發者。

法藏講一心緣起，是爲了給衆生指明方向，在佛教修持中，努力去掉惑情妄念，遠離對事物的種種區別，把一切歸於一心，還原於本心，顯現本覺眞心，以成就佛果。

第二節　性起與緣起、性起與性具

法藏的法界緣起或一心緣起，也稱性起。性起不僅與印度佛

---

⑬ 《注華嚴法界觀門》，《大正藏》卷 45，頁 684 下。
⑭ 《原人論》，《大正藏》卷 45，頁 710 上。

教的緣起說不同，也與中國佛教天台宗的性具說不同。性起和性具構成中國佛教兩大頗富特色的緣起說。闡述性起說及其與其他緣起說，尤其是性具說的異同，對於深入了解法界緣起論有着重要的意義。

一、性起與緣起

(一)性起

「性」與「相」相對，是指事物本來具有的不變的性質、事物的實體。也稱法性、眞如、理、體。「性起」是不等待其他因緣，從性而起，一切事物隨順其眞實本性而顯現，也卽從佛果的境界來說事物的現起。

法藏的法界緣起說，認爲宇宙間森羅萬象，都互爲因果。此一事物爲因，則其他一切事物都爲果；其他一切事物爲因，則此一事物爲果。自他互爲緣起，相依相成，圓融無礙，而成一大緣起。法藏爲了區別於其他敎派的緣起論，依智儼「一乘法界，緣起之際，本來究竟，離於修造」[15]的義旨，稱之爲「性起」。

「性起」一詞，見於六十卷《華嚴經》的〈寶王如來性起品〉[16]，據此品所說，性起屬果，是盧舍那佛的法門；據同經的〈普賢菩薩行願品〉所說，緣起屬因，爲普賢菩薩的法門。智儼，尤其是法藏把原來本指「如來性」出現的「性起」，加以改造，借以指佛境的緣起出自「法性」，法性就是法界、一心。智儼說:

---

[15] 《華嚴經內章門等雜孔目章》卷 4 <性起品明性起章>，《大正藏》卷 45，頁 580 下。

[16] 唐譯八十卷《華嚴經》譯作<如來出現品>。

> 如來者，如實道來成正覺。性者體，起者現在心地耳。此即會其起相入實也⓱。

「如」，指佛教的絕對眞理，循此眞理達到覺悟爲如來。「性」，就是體，卽衆生心中的本覺。由此本覺所闡發的心地，以直接把握眞理爲性起。可以說，「如」就是「性」，「來」就是「起」，「性起」就是「如來」。宇宙萬物都是佛陀心海的展相，也都是性起的顯現，或者說都是菩提心的自然現起。智儼以性爲體，也受隋慧遠《大乘義章》的影響，該書卷 1 中講到佛性，認爲性具有種子因本義、體義、不改義與性別義四種含義⓲。智儼受此啓發，認爲性卽體義，此體指眞識心、佛性及一切事物的本體。所謂性起就是體性生起。

法藏繼承和發展智儼的性起思想，其特點是從不變義來解釋性起，卽以佛性來發揮性起的意義。他說:

> 從自性住來至得果，故名如來；不改名性，顯用稱起，卽如來之性起。又真理名如名性，顯用名起名來，卽如來為性起⓳。

「不改」是指因果自體不改，一切萬有的體不改。不改的性就是佛性。性起就是佛性之起。不變的佛的本性顯現敎化作用，爲「如來之性起」。眞理本身生起作用，是「如來爲性起」。這是從

⓱ 《華嚴經搜玄記》卷 4 下，《大正藏》卷 35，頁 79 中、下。
⓲ 詳見《大正藏》卷 44，頁 472 上、中。
⓳ 《華嚴經探玄記》卷16，《大正藏》卷 35，頁 405 上。

人和法兩方面解釋性起。法藏着重強調佛性本覺都成佛說，雖然現起於衆生心中，也無異於如來的性起。所以又說：

> 若圓教中佛性及性起皆通依正，……是故成佛具三世間，國土身等皆是佛身，是故局唯佛果，通遍非情⑳。

衆生心中原有佛性的顯現就是性起。法藏還強調不變的性在衆生中名爲佛性，在非衆生中則名爲法性：

> 法性者，明此真體普遍義，謂非直與前佛寶為體，亦乃通與一切法為性。即顯真如遍於染淨，通情非情深廣之義㉑。

法性是一切現象的共性。佛性與法性是相通的，都是眞如。

法藏又把性起分爲三種：(1) 理性起，理性，即萬有本來具有的眞實本性，依智而顯現。(2) 行性起，行性，聞教而起，成就佛果。(3) 果性起，果性爲理、行兼具，修生至果位時所得，此性起爲完成佛果而起敎化的作用。這三種性起的關係是，理、行爲性起的起用，果爲性起的果體，果體也就是宇宙萬有。性起雖有三種，但法藏主要是講果性起。就是在如來果上，眞如法性不必依恃其他因緣條件，順從自性全體起爲宇宙萬有，性外別無一物。宇宙萬有雖森然差別，而又渾然一體，橫盡十方，豎窮三

---

⑳ 《華嚴經探玄記》卷 16，《大正藏》卷 35，頁 405 下－406 上。

㉑ 《大乘起信論義記》卷上，《大正藏》卷 44，頁 247 下。

際，相即相入，圓融無礙。所謂性海無風，金波自湧，就是對性起景象的生動描述。

法藏認爲，普賢菩薩境界是因位，如來佛境界是果位，前爲能證，後爲所證，因爲果而現起，果不離因而存在，因果相即，所以，普賢所知的「法界緣起」與如來所知的「果海性起」並無二體。這也就是說，如來佛境界是不可思議，言亡慮絕的，然果位上的佛智，應機化用，從性上說性起，從相上說緣起。性相不離，性起與法界緣起不一不二。

法藏宣揚性起說，其目的有三：(1) 通過闡述人人心中本來具足一切功德，不假修成（性），隨緣顯現（起），強調其所描述的緣起是「佛境」出於「法性」，是最究竟的，又是「稱性」，即同法性相順的，也是「清淨」的。由此，如來所說的敎義是稱性之談，華嚴宗的敎義，也稱「性起法門」。(2) 闡明衆生心中，本來具足理性，即在因位中，本有性德，一切現成。衆生成佛，只是同法性相順，即稱性而現。衆生與佛的區別，只在迷悟不同。所以，佛與衆生交徹，淨土與穢土融通，兩者是相即相入，無礙鎔融的。(3) 彰顯無盡法界緣起，闡發衆生心中本有的性起功德，以啓發衆生依此修學，顯現自性功德，「此亦有二種：一以言說顯示，令知有故；二敎其修行得顯現故。」[22] 衆生由應行理性的因位境界，轉爲果位境界，也就是佛。

(二)性起與緣起

關於性起和緣起的關係，主要有兩個問題：一是華嚴宗自立的性起說與原始佛敎緣起說的關係，二是性起說與其他敎派緣起

---

[22]《華嚴經探玄記》卷 1，《大正藏》卷 35，頁 108 下。

說的關係。

上面已提到，華嚴宗人把從「因分」談宇宙萬有的生起，稱爲緣起，把從「果位」上講宇宙萬有的現起，稱爲性起。緣起是因，性起是果。因果相卽，性起與緣起不二。爲甚麼這樣說呢？智儼說：

> 因緣生內有二種義：一無自生義故空；二因緣有力故生得果法㉓。

緣生是無性，而因緣有力則生，可見緣起是離自性生，是不起之起。又說：

> 由是緣起性故，說為起，起則不起，不起者是性起㉔。

一切事物均無自性，所以起卽不起。然本爲不起的果法，依緣起的起而有性起。起而不起，是爲緣起；不起而起，是爲性起。二者相反相成。法藏也說：

> 其性起者，卽其法性，卽其無起以為性故，卽其以不起為起。……言起者，卽其法性離分別，菩提心中現前在故云為起，是卽以不起為起，如其法本性故名起耳，非有起相之起。……雖待無分別心方起，與本不起非別相，起與不起同無異故，無增減故㉕。

㉓　《華嚴經搜玄記》卷 3 下，《大正藏》卷 35，頁 66 下。
㉔　《華嚴經內章門等雜孔目章》卷 4，《大正藏》卷45，頁580下。
㉕　《華嚴經問答》卷下，《大正藏》卷 45，頁 610 中。

性起與緣起不同，但又相卽，二者不一不二。在華嚴宗人看來，雖說性起，實仍是由因緣生起，但旣已生起，也就違因緣而順應本性，所以把因緣略去而只稱性起。

華嚴宗人認爲其他敎派所講的緣起，是就事物間的相互依存立論，從因上說的。這種緣起論主張一切現象的存在，依因緣而生起，因緣和合就有，因緣離散就無。也就是說，事物都無固有本性，隨緣而起。與之相對的華嚴宗性起說，是就如來境界上所觀照的宇宙相狀立論，從果上說的。性起說認爲因緣和合實是非有，因緣的離散也非無。性起是以眞如平等之理性，卽無自性空之理爲因，以力、無力爲緣的重重無盡的緣起。這裏的「無自性」，就是事物本來具足的眞實本性，就是法性，它並不是隨緣而有所增損，而是恒常地顯現自在的作用。法性緣起，並不藉他緣。如小乘佛敎的業感緣起，強調衆生由惑而作業，再由業感而受生老病死的苦果。又如法相唯識宗的阿賴耶識種子遇緣而緣起萬物說，這樣的緣起論，在華嚴宗人看來，都是從因上說的，要依藉他緣的，而性起是全體卽用，現爲宇宙萬法。法相唯識宗人則不贊成性起說，認爲眞如凝然，不作萬物，沒有性起。

二、性起與性具

(一)性具

性具說，創始於隋代天台宗奠基人智顗，後經湛然（公元711-782年）、知禮（公元960-1020年）等人的發揮，成爲天台宗的重要學說。性具的性，也指法界性、法性、眞如，或稱本、理、體。具是具有、具足的意思。性具就是衆生本來完滿具足法界性，也稱本具、理具、體具。具體說法有性具善惡、性具十界、性具三千之別，也有會合以上三義的。

性具善惡是說各種現象世界都具有善與惡，彼此完全具足，彼此也互不混淆。性具十界，十界指六凡四聖十種法界，六凡爲地獄、餓鬼、畜生、阿修羅、人、天，四聖指聲聞、緣覺、菩薩和佛，是天台宗人從人本觀點出發，以迷悟爲尺度，對一切有情識生物所作高下層次的區分。性具十界，就是衆生本來具有十界，只因作業不同，而有高下之別。性具三千是說，十界的每一界有「十如是」,「如是」爲是這樣的意思，指每一法界的眞相。十如是具體指相、性、體、力、作、因、緣、果、報和本末究竟十個方面。每一界又各有「五蘊世間」、「有情世間」和「器世間」三種世間。十界是互相蘊涵、互相轉化的，每一界都包含其他九界在內，十界性融互具成爲百界。如此百界、三世間和十如相配合，成爲「三千如」，簡稱「三千」。三千是形容整個宇宙的名詞，不能拘泥於具體數量，三千就是指宇宙萬有，一切現象。如此三千，現前一念之心本來具足，稱爲性具三千。天台宗在修持上以心觀心爲主，由此也特別強調心具三千的義旨。

(二)性起與性具

性起說與性具說，是華嚴宗和天台宗在思想上的根本對壘，這兩大法門的區別是，首先，華嚴宗是站在佛的果智上講緣起，認爲宇宙萬有都是毗盧舍那如來果滿的本性所起，也就是從佛陀的立場來看衆生，是從果向因的法門。天台宗是從衆生的因心上講本具，認爲在迷因位的凡心本來具足善惡、十界、三千，也就是從衆生的立場來看佛，是從因向果的法門。其次，與上相聯繫，性起說認爲，佛境是淨心，性起是順性而起，只限於淨法的範圍。也就是說，講眞如理性隨緣而成千差萬別的事物，不隨緣時則是平等無差別的。性具說則認爲眞如理性本來具足迷悟善惡各種差別現象，也就是說，在佛心中，迷悟、善惡、淨染等無所不具。再次，華嚴宗的性起說，主張法性爲唯一的理性，以性起說萬有的緣起，是爲了將九界之迷導向佛界。天台宗的性具說則認爲一切現象本來具足三千，佛界之悟與九界之迷相卽相同，佛與衆生無根本差異。

華嚴宗四祖澄觀受天台宗學說的影響，吸取性具說，並用來解釋性起，認爲性起不只有淨，也有染。宋代天台宗人知禮曾評論華嚴宗的性起說， 只講性起變現宇宙萬有， 不談性具全具而變，是違背體用相卽的原理；而且只講眞心變現，理論上有從心生起萬有之過。但是平心而論，天台宗的性具說又何嘗沒有從心生起萬有之過？心具萬有與心生萬有又有甚麼本質區別？由此又可以看到，性起與性具雖有區別，但也有相同之處，卽都重視心對宇宙萬物的作用，也都講法界圓融的義理。這兩個共同點的意義實際上遠比它們的差異更爲重要。

第三節　法界緣起論的哲學思維特色

思維方式是一種相對穩定的思維定勢、思維貫性、思維結構模式，是觀察、分析問題的一貫的方法、方式。法藏在印度佛教文化和中國傳統文化深刻影響以及唐代社會大統一歷史背景的作用下，形成了一種極富特色的思維方式。從法藏的法界緣起論來看， 其區別於其他緣起學說的內容主要有二點： 一是宇宙萬物互爲主伴， 互爲能緣起所緣起， 互爲因緣， 互爲因果， 此物爲因，其他物爲果， 其他物爲因， 此物爲果， 相卽相入， 相資相待，互攝互容，一卽一切，一切卽一，事事無礙，重重無際。二是宇宙萬物的生起是法性緣起，不藉他緣，但依萬物自體本具的性德生起。也就是全體卽用，眞如法性一旦起動卽現爲作用，變現爲宇宙萬物。從法界緣起論的這些獨特內容來看，其哲學思維方式大約有如下幾種：整體思維、相待思維、體用思維和圓融思維。

一、整體思維

整體思維，也可稱爲一體思維、全體思維，是從整體或一體、全體的視角去認識、把握世界和事物，把世界看成爲一個整體，也把每一個個體看成爲一個整體。這種思維方式在認定世界和事物是由各個互不相同的部分、要素共同構成時，着重強調整體，強調各部分、要素間的互相聯繫、互相依存，認爲部分、要素只有在整體中，在普遍聯繫中才有意義。如法藏的六相圓融說，就宣揚每一事物乃至整個世界都是由六種相狀構成的統一整體，事物和世界都是一種系統。沒有別相，就沒有總相；沒有總相，也就沒有別相。又如十玄無礙說，強調世界一切事物，超越時間和空間，都互爲因果，成爲一體的緣起關聯。由此任舉一物，卽具萬物之性，過去、現在、未來三世一切事物，畢竟是相依相資、相卽相入，同時同處，具足相應，一卽一切，一切卽一。世界和任何一事物都具有整體性。如大海一滴之水，都含有百川之味。

二、相待思維

法藏哲學思維結構中的一個重要方面，是強調一切事物的相待性。相待性也就是相依性、相對性。他和唯識學派不同，不是把事物的性（圓成實性）和相（遍計所執性）絕對對立起來，而是強調兩者的融通，這就是三性同一說的思想實質。法藏的因門六義說，是從事物的空和有的相對角度，強調事物之間的相卽關係；從事物的有力和無力的相對角度，強調事物之間的相入關係，由於事物的相對性，每一事物都是處在全部事物的相互依存、互爲因果的鏈條中，從而構成緣起事物的渾然圓融的關係。六相圓融和十玄無礙說也都是奠基於相待性原理上的。總與別、同與異、成與壞六相，各各都是相待的，無此卽無彼，無彼卽無此，彼此相依相成，相卽相容。十玄無礙說的每一門都是相待的，如廣與狹、一與多、隱與顯、主與伴等，相待而互存，圓融而自在。法藏的種種相待思維，歸結起來，最根本的就是因果相待思維。各種對立範疇的相待性是因果範疇相待性的具體體現，因果的相待性是其他一切相待性的基礎，也就是說，正是萬物互爲因果的思想，奠定了法界緣起論的哲學基礎。

三、體用思維

與相待思維、因果思維密切相聯繫着的，是法藏的體用思維方式。體，體性，是不變的、無分別（平等）的眞理實相，與性、理相通。用，作用，是千差萬別現象的具體表現，與相、事相通。法藏的法界緣起是主張眞如實體開發宇宙萬物，卽由不變的、平等的眞如變現出千差萬別的事物，也就是說事物的生起是事物本身的體性的自然顯現，不是事物之外其他條件作用的結果。實體顯現爲現象，由此，又可以說，千差萬別的緣起事物都爲實體，現象之外沒有實體，實體之外沒有現象。全體起用，體用圓融，是爲萬物的實相。法藏的《華嚴金師子章》是運用體用思維的典型，全書以金獅子爲喻，金獅子是用、相、事，金是體、性、理，金獅子由金塑成，是金的體現，金獅子除了金以外，沒有任何其他東西。金也存在於金獅子中，金和金獅子融爲一體。金獅子可以塑造，也可以毀壞，而金體本身沒有增減。金獅子的形相是虛空的，金體是眞實不虛的、不變的。但金與金獅子相容成立，無障無礙。至於十玄無礙說，是在體用學說基礎上闡發用與用，即現象與現象之間的關係。現象之間的相即關係，歸根到底決定於體用之間的無礙關係，決定於用從體起，體生起用。這也正如諸法相卽自在門所揭示的，一切事物的相卽有同體相卽和異體相卽兩類，而無論是同體還是異體，都是體的相卽，或者說是在體的基礎上的相卽。還値得注意的是，體也與如來藏淸淨心、眞心相通，由此體用關係就成爲心物關係，體用思維也成爲心物思維，而法藏的心造萬有的唯心論正是這種運思的必然歸宿。

四、圓融思維

圓融，謂圓滿融通，無障無礙，卽一切事物旣保持自存性，圓滿無缺，又交融互攝，毫無矛盾，而成完整的一體。宇宙萬物是對立統一關係，統一並不消除對立，圓融並不泯滅差別，但對立歸於統一，差別歸於圓融。法藏的圓融思維，主要包括兩個方面：圓融內容和圓融形式。在圓融內容方面，一是體與用、性與相、理與事的圓融，如三性六義說強調不變與隨緣、無性與似有，理無與情有是相卽一體的，也就是本體和現象雖有差別，又是相融的。二是事與事，現象與現象的圓融，卽萬物雖各有別，又都是相融的。這是兩重不同層次的圓融，前者是深層的圓融，後者是表層的圓融。這兩重圓融都具有超時間和超空間的特點，在時間上雖有前後、長短之別，但同時融於一念；在空間上雖有大小、廣狹等不同，但小能容大，廣狹無礙。在圓融形式方面，表現爲相卽和相入兩類。相卽側重從體上看，事物互依互存；相入側重從用上看，事物相滲相容。一切事物的相卽相入，不只是一重，而是二重三重多重乃至重重無盡的。

上述四種哲學思維方式是互相聯繫的，並組成法藏哲學思維方式的基本結構。整體思維是法藏哲學思維的基點，卽把世界和每一個具體事物都看成是一個整體，任何事物都具有整體性。相待思維是闡明世界萬事萬物之所以具有整體性思維的理由，是整體思維的展開。相待思維表現爲多種多樣的形式，而體用思維是其核心，卽相待思維中體用相待具有最重要意義，體用相待決定了現象間的相待，整體思維、相待思維和體用思維，最終歸結爲圓融思維，在圓融思維中包含前面三種思維，由相待到超越一切相待，達到絕對——圓融境界，從而也最突出、最鮮明地表現出法藏哲學思維方式的總特徵。

第七章　法藏的人生理想論——行果論

法藏信奉佛教，闡揚華嚴義理，歸根到底是爲了引導人們修行，追求人生的最高理想境界，成就佛果，證入涅槃。這就需要回答這些問題：衆生成佛的根據是甚麼？如何修持成佛？修持的途徑、步驟怎樣？甚麼是成佛的境界？這些問題涉及佛性論，佛教實踐哲學和理想境界論。法藏對這些問題的闡述，體現了他的哲學思想的又一側面。

第一節　成就人生理想的根據——佛性論

衆生有沒有覺悟的可能，成佛的可能，卽有沒有佛性，這一關於衆生的根機問題，是學佛、成佛的前提，素爲佛教所重視。印度佛教與中國佛教各教派都對這一問題闡述了各自的看法，可謂衆說紛紜，莫衷一是。法藏一方面結合判教學說，會通了五教的佛性說，一方面又在性起緣起說的基礎上，闡發了獨具特色的佛性論。

一、五教種性（姓）的差別與融通

法藏在《華嚴一乘教義分齊章》卷2中，有一節集中闡明五教的佛種性差別的問題，關於小乘教，他說：

> 此教中除佛一人，餘一切衆生皆不說有大菩提性❶。

小乘教認爲，只有佛一人具有佛性，其他一切衆生都沒有佛性，不能成佛。而且這種佛性是修行而有的，是無常的，不是如來藏常住的佛性，因而也不能發揮無礙的大用。又說：

> 約始教，即就有為無常法中立種性故，即不能遍一切有情，故五種性中即有一分無性衆生❷。

這是指法相唯識宗，此宗以無漏種子爲種性，無漏種子是一種能產生菩提之因的精神作用，是屬於因緣和合所造作的，處於生滅變化中的東西，不能爲所有衆生普遍具有。由此提出有情衆生自本有以來就是有聲聞種性、緣覺種性、如來種性、不定種性和無性有情五種不同的類型，各有所別，且不可轉變改易。其中無性有情不具無漏種子，永遠不能成佛。關於終教，法藏說：

> 約終教，即就真如性中立種姓故，則遍一切衆生皆悉有性故❸。

這是指《楞伽》、《勝鬘》等經和《起信》、《寶性》等論，

❶ 《大正藏》卷 45，頁 485 下。
❷ 同上。
❸ 《大正藏》卷 45，頁 486 中。

主張以眞如爲佛種性，眞如恒常遍在，所以一切有情衆生都有佛性，並強調一切有情衆生都當成佛，方盡大乘至極之說。又說：

> 約頓教明者，唯一真如，離言說相，名為種性，而亦不分性習之異，以一切法由無二相故❹。

頓教，如《維摩經》所說，強調眞如種性是離言掃相的，不作性本有與性習成的區別，法也無二相，離言離相，頓顯頓成，衆生一念不生，卽成就佛果。關於圓教，法藏說：

> 約一乘有二說：一、攝前諸教所明種性，並皆具足，主伴成宗，以同教故，攝方便故；二、據別教種性甚深，因果無二，通依及正，盡三世間，該收一切理、事、解、行等諸法門，本來滿足已成就訖❺。

同教一乘是統攝前四教所說的種性，從衆生機性差別的角度給以融通說明。別教一乘的種性說與前四教所說不同，強調因果不二，不僅是成佛的因種具足，而且果德也具足，又融通依（國土世間）正（衆生世間），窮盡三世間（國土世間、衆生世間和三身十佛的智正覺世間），該收一切法門，圓滿具足。

這裏有一個問題，爲甚麼各教派對種性有不同的說法呢？一分無性說與衆生有性說又如何圓融呢？法藏解釋說，始教立一分無性說，是就初入大乘機者而說的，這說法沒有錯誤，但是非究

---

❹ 《大正藏》卷 45，頁 487 下。
❺ 《大正藏》卷 45，頁 487 下-488 上。

極的。種性是緣起無礙的，五教是針對五種根機，隨機敎化，各設方便法門，其道理並不相違背，是可以融通的。

二、法藏佛性說的內涵與特點

法藏認為，有情衆生具足成佛的可能性是爲佛性，衆生的佛性圓滿具足一切因果性相，無情之物具有的眞如理體稱爲法性，成佛僅限於有情。那麼衆生具足的佛性內涵如何，有何特點呢？我們先簡要地摘引法藏有關佛性的重要論述：

> 《涅槃經》云：「佛性者，名第一義空，第一義空，名為智慧。」此等並就本覺性智說為性種❻。
>
> 顯一體者，謂自性清淨圓明體。然此即是如來藏中法性之體，從本已來，性自滿足❼。
>
> 離佛心外無所化衆生，況所説敎？是故唯是佛心所現。此義云何？謂諸衆生無別自體，攬如來藏以成衆生。然此如來藏即是佛智證為自體，是故衆生擧體總在佛智心中❽。

這裏，佛性、本覺性智、自性清淨圓明體、如來藏、佛心、佛智心，都是相通的概念。從法藏關於佛性的表述來看，其內涵爲：⑴自性，佛性是衆生本來具有的自我本性；⑵智慧，覺性，這種智慧能眞正觀察到宇宙萬有的眞空；⑶清淨，佛性是處染不垢，

❻ 《華嚴一乘教義分齊章》卷 2，《大正藏》卷45，頁 487 下。
❼ 《修華嚴奧旨妄盡還源觀》，《大正藏》卷 45，頁 637 中。
❽ 《華嚴經探玄記》卷 1，《大正藏》卷 35，頁 118 下。

修治不淨的，是本來清淨的、善的；(4)圓明，佛性的體性遍照一切，無不光明。可以說，這是衆生一種非常神秘的內在本性、本體，它具有內在性、覺悟性、淸淨性和遍在性的特徵。

佛性爲衆生所本來圓滿具足，由此法藏又推論出衆生卽佛，佛卽衆生的生佛相卽論。他說：

> 總在衆生心中，以離衆生心無別佛德故。此義云何？佛證衆生心中真如成佛，亦以始覺同本覺故，是故總在衆生心中。從體起用，應化身時卽是衆生心中真如用大，更無別佛❾。

佛的功德都在衆生心中，衆生心中的眞如發揮作用，成就爲佛的應化身，佛是證衆生心的眞如而成。衆生和佛本來一體，衆生和佛區別的關鍵是是否存在妄念：

> 唯依妄念而有差別，若離妄念，唯一真如❿。

衆生是因有妄念，佛則無妄念，只要捨離妄念，衆生本來就是眞如佛。

這裏有一個問題：若果衆生與佛爲一體，只是迷悟的不同，那麼，佛與衆生相卽相通，就會出現「諸佛合迷」和「衆生合悟」的情況。對此，法藏解釋說：

---

❾　《華嚴經探玄記》卷 1，《大正藏》卷 35，頁 118 下。
❿　《修華嚴奧旨妄盡還源觀》，《大正藏》卷 45，頁 637 中。

恒以非衆生為衆生，亦非諸佛為諸佛，不礙約存而恒奪，不妨壞而常成。隨緣具立衆生之名，豈有衆生可得？約體權施法身之號，寧有諸佛可求？莫不妄徹真源，居一相而恒有；真該妄末，入五道而常空。情該則二界難說，智通乃一如易說，然後雙非雙立互成，見諸佛於衆生身，觀衆生於佛體⓫。

這是說，衆生是隨緣具立的假名，諸佛是約體權施的名號，其實衆生是非衆生，諸佛是非諸佛。由於世俗常情而有衆生與諸佛二界的差別，難以融通，若就佛教智慧來看，衆生與諸佛是爲一如。眞與妄相徹相融，生與佛雙非雙立，所以，要觀衆生，當從佛體觀之，要觀佛，則於衆生身觀之，衆生卽佛，佛卽衆生。

華嚴宗與天台宗都說心、佛與衆生三者無有差別，但兩宗的解釋並不相同。一講互具，一講相卽。天台宗認爲三者是同格互具，卽一具有其他二者：心具衆生與佛，佛具心與衆生，衆生具心與佛。華嚴宗則是講三位一體，同爲自性清淨圓明體，本無差別。此外，兩宗所講的心的內涵也不同，天台宗所講的心，不僅是指眞心，也指妄心，卽心具眞妄兩種性質。華嚴宗所指的心是指眞心、淸淨心、本覺眞心。天台宗倡性惡，華嚴宗主性善，這是兩宗心性說的重大區別。由此兩宗在修持途徑上也有不同：天台宗因認爲無明本具，所以主張修善開悟，以轉凡成聖；華嚴宗因持衆生自性淸淨說，所以強調離妄還源，只要離開妄情，還歸本源眞心，自然也就成爲佛了。

⓫ 《華嚴策林》，《大正藏》卷 45，頁 597 下。

法藏的佛性說是與其性起說密切聯繫着的，是性起說的組成部分，更嚴密地說，是性起說的基礎部分。所謂性起，就有情世間而言，是指一切衆生無不具足佛性，只要稱性而起，便成爲佛；或者說，佛性（自性清淨心、如來性）待緣而起，爲六凡四聖諸界，而衆生離開妄念則覺悟成佛。離開佛性，性起說也就無從談起了。

法藏的佛性說，是一種心性論的特殊形態，從一定意義上講，也就是一種人性論。法藏的理論，爲人性學說史增添了新的一頁，也爲中國哲學史增添了新的內容。

第二節　實現人生理想的途徑——行位論

衆生具足佛性，衆生與諸佛相卽，這是從體性上講的，就現實來講，眾生不就等於是佛。從衆生到成爲佛，實現人生的最高理想境界，有一個轉化的過程，要有相應的修行步驟，逐步達到成佛的果位，這就是行位論。法藏在所著《華嚴經旨歸》中，將一部《華嚴經》教法的「事法界」歸納爲相對的十種義門，用以統收。十門中有「行位一對」，「行」，指實踐修行；「位」，指依行所得的進趣階位。法藏對於宗教實踐是注意的。但是，由於法藏主張衆生自性清淨，離開妄念，還歸本性，卽可成佛，因此，又比較偏重觀法，比較重視主觀意識的改造、轉變，也就是偏於理論形態而比較忽視實踐修行，從而又和天台宗人的止觀並重的風格形成鮮明的對照。

法藏行位論的重要內容是講修行的階段，此外還有相關的修行的時間、修行的所依身和斷惑的次第等問題。

一、修行的階段

法藏在《華嚴一乘教義分齊章》卷2中指出，華嚴宗的行位論有二種意義：一是包攝小乘、始、終、頓四教所說的行位，作爲本宗的方便法門；一是別教一乘所講的行位，其中又有三層含義：「約寄位顯」、「約報明位」、「約行明位」。下面簡要地論述後三層含義。

(一)約寄位顯

這是通過寄托十信⑫、三賢⑬等位次，以顯示圓教的行位。其中又分二門：次第行布門和圓融相攝門。

次第行布門：行，行列；布，分布。這門是講菩薩進趣至佛果的修行階位，漸次修行，階位歷然。具體指大乘菩薩的五十二種階位——十信、十住、十迴向、十地⑭、等覺、妙覺，從淺到

---

⑫ 十信，謂菩薩五十二階位中，最初十位應修的十種心。這十種心在信位，能助成信行，也稱十信心。具體如指信心、念心、精進心、定心、慧心，戒心、迴向心、護法心、捨心、願心。法藏以十信配菩薩的位次。

⑬ 三賢，有大小乘之分，大乘三賢位，又作三十心，是指十地以前菩薩的階位，有三階十心的區別：一、十住，住，指會理之心安住不動，具體爲發心住、治地住、修行住、生貴住、具足方便住、正心住、不退住、童眞住、法王子住、灌頂住。二、十行，此指能進趣於果的行，具體爲歡喜行、饒益行、無違逆行、無屈撓行、無痴亂行、善現行、無著行、難得行、善法行、眞實行。三、十迴向，迴因向果，稱爲迴向，具體爲救諸衆生離衆生相迴向、不壞迴向、等一切諸佛迴向，至一切處迴向、無盡功德藏迴向、入一切平等善根迴向、等隨順一切衆生迴向，眞如相迴向、無縛無著解脫迴向、入法界無量迴向。

⑭ 十地，指十種地位，地是生成義，即於其位持法、生果。具體如指歡喜地、離垢地、明地、炎地、難勝地、現前地、遠行地、不動地、善慧地、法雲地。

深，從微至著，次第分明。這是強調菩薩必須經歷十信、十住等由因向果的漸次進修，纔能進入佛地，成就等覺上士和妙覺無上士，最終證得覺行圓滿的究竟佛地。這也就爲凡夫堅持修行、順序漸進至佛果位，指明了方向和步驟。

圓融相攝門：圓，圓遍、圓攝；融，通融、以性融相。圓融，就是初後相卽，性相融通。法藏說：

> 約寄位顯，謂始從十信，乃至佛地，六位⓯不同，隨得一位得一切位。……以諸位及佛地等相卽等故，卽因果無二，始終無礙，於一一位上卽是菩薩，卽是佛者⓰。

由於因果無二，始終無礙，因此一位之中具一切位，隨得一位卽得前後的一切位。如得十信滿心一位，卽得以後諸位乃至佛果諸位，得初住位，也就得最終位（佛果位），位位相卽相入，圓融無礙。

法藏和華嚴宗人宣揚，三乘諸教是行布門，而華嚴的圓教是圓融門。行布門是爲施設種種差別相所說的方便法門，圓融門則是從理性的德用的立場所講的眞實法門。這兩門是性與相的關係，雖有差別，但又是互爲一體，毫無矛盾的。因爲修行所得的階位，每一位都是理性的德用，理性是平等的，德用是無量的，把理性的德行依階位加以劃分，只是施設敎化的方便，便於修行而已，其實，任修一行，任一階位，理性就能完全顯現，所以，行布不礙圓融，圓融不礙行布，互爲融通，涉入重重。由此法藏

⓯ 位，指十信、十住、十行、十迴向、十地和等覺、妙覺（佛地）。

⓰ 《華嚴一乘敎義分齊章》卷2，《大正藏》卷45，頁489中、下。

和華嚴宗人還強調信滿成佛，十信滿位，當成佛果。

(二)約報明位

這是就果報明行位，也就是於次第行布中將修行證入的次第分爲見聞、解行和證入三生：見聞生是過去觀見或聽聞華嚴別教一乘法門，熏成金剛種子的位次，相當於宿世善根。解行生是此生開一乘圓解、修習圓行，具足十信，直至十地等妙行，即修一切的圓滿功德行的位次。證入生，法藏又稱證果海位，是由前面的見聞、解行而當來世證得佛果的位次。這也就是所謂分三世立三生成佛說。

(三)約行明位

這是就行相明行位，有二分：自分和勝進分。自分是依據其當位，勝進分是趣向於後位。一切行位都具有這二分，既在當位又趣向後位，由此一行卽一切行，一位卽一切位，融通無礙。「若約信滿得位已去，所起行用皆遍法界。」⑰法藏認爲，十信滿心既攝一切位，一時成佛，自證滿足，化他行用也都遍於整個法界。

二、修行的時間

法藏在《華嚴一乘教義分齊章》卷２中，設「修行時分」一節，論述五教的修行時間問題。

(一)小乘教　此教認爲，聲聞人，最快的是三生而得羅漢果，最慢的必須經六十小劫⑱而得羅漢果。獨覺人，最快的是經

⑰《華嚴一乘教義分齊章》卷２，《大正藏》卷45，頁489下。

⑱劫，表示極長久的時間。古印度傳說世界經歷若干萬年毀滅一次，重新再開始，這樣一周期叫做一劫。劫的時間長短，佛典各有不同說法。劫通常還分小劫、中劫、大劫等。

四生而得羅漢果，最慢的是須經一百大劫而得羅漢果。至於釋迦牟尼，更是在滿三阿僧祇劫纔成就佛果的。阿僧祇是無量數的意思。法藏說：「此中劫數，取水火等一劫爲一數，十個合一爲第二數，如是輾轉至第六十，爲一阿僧祇。」[19]總之，釋迦牟尼是經歷極其漫長的歲月，纔成爲佛的。

(二)始教　此教認爲，菩薩也須經三阿僧祇劫纔能成就佛果，但劫數與小乘教所說不同。這是以「十大數」中第一數的三倍爲阿僧祇劫。「十大數」是以一阿僧祇爲單位，依次轉倍，一直到「不可說不可說」等十種大數。菩薩修持於第一阿僧祇劫至十迴向位，第二阿僧祇劫至第七地，第三阿僧祇劫證得佛果。

(三)終教　此教也主張菩薩必須修三僧祇劫纔能成佛，但修三僧祇劫又分兩種情況：一種是定數的三僧祇，一種是不定的三僧祇，如此說也是爲勸三乘人歸向一乘。

(四)頓教　此教認爲「一切時分皆不可說，但一念不生，即是佛故。一念者，即無念也；時者，即無時也。」[20]頓教主張一念不生即是佛，所以不說修行的時分。

(五)圓教　法藏說：「若依圓教，一切時分，悉皆不定。何以故？謂諸劫相入故，相即故，該通一切因陀羅等諸世界故。仍各隨處，或一念或無量劫等，不違時法也。」[21]圓教認爲諸劫相入相即，諸劫與一念相入相即，一念即無量劫，無量劫即一念，念劫相即，長短相入，所以成佛的時節是不一定的。

---

[19] 《華嚴一乘教義分齊章》卷2，《大正藏》卷45，頁490中。

[20] 《華嚴一乘教義分齊章》卷2，《大正藏》卷45，頁491上。

[21] 同上。

三、修行的所依身

如上所述，在一些教派看來，修行是一個極爲漫長的過程，凡夫要經歷不斷的生生死死 。要由凡轉聖 ，在長期的修行過程中，修行的主體、實體情況如何，這是一個修行所依身的問題，這個問題是和修行的階段密切聯繫着的。

依身就是指衆生的肉體，因肉身爲心及心的作用所依靠的處所，故稱爲依身。依身也就是生死之身。依身有二種：一是分段身，即分段生死身。這是凡夫在六道輪迴中所受的各種不同果報之身，是壽命有長短、形體有大小等區別的有限之身。二是與分段身對稱的變易身，即變易生死身。這是阿羅漢、辟支佛和大力菩薩等三乘聖者於界外淨土所受的正報，是由於無漏悲願力而改變三界六道的分段生死的粗身，獲得細妙無有壽命、色形等定限的身。

法藏在《華嚴一乘教義分齊章》卷2中，也設「修行所依身」一節，指出小乘教是依分段身而修，就是佛陀也是如此。始教有二種說法，一是就寄位來說，在七地以前依分段身修行，八地以上則依變易身修行。一是就實報來說，在十地金剛無間道以前都是依分段身修行。終教認爲在十地前依分段身而修，初地以上依變易身而修。頓教認爲一切行位不可說，所以也不說二種生死之依身。法藏說：「定分齊者，若三乘中菩薩，地前必是分段之身，地上方有變易身。」[22]圓教不分生死粗細之相，所以不講變易身，只說依分段身至十地。

---

[22] 《華嚴經探玄記》卷6，《大正藏》卷 35，頁 229 中。

四、斷惑的次第

佛教的修行是由迷惑轉爲覺悟的過程，惑，指迷而不解，即身心惱亂的狀態，起妨礙覺悟的作用，斷惑爲修行的重要環節。法藏在《華嚴一乘教義分齊章》卷2中，設「斷惑分齊」一節，比較集中地論述了斷惑的次第。

(一)小乘教　此教主張先斷欲界的惑障，再全斷色界、無色界的修惑而得羅漢果。

(二)始教　此教把惑障分爲煩惱和所知二障，煩惱障是指以我執爲根本而生的煩惱，即心理上的障礙；所知障是以法執爲根本而生的惑障，即認識上的障礙。煩惱障和所知障又各有分別起與俱生起二類。分別與俱生又合而再分爲種子、現行、習氣三類：種子，是指阿賴耶識中能生萬法的功能；現行，是指由種子產生物質的、精神的一切現象；習氣，是現行熏習的氣分，也具有產生思想、行爲及其他一切有爲法的能力。始教認爲，修道人在見道之初，斷盡分別起的煩惱障，然後在修道中全斷俱生起的煩惱障，再繼續修行，直至於第十金剛無間道斷盡煩惱障與所知障的種子，達到究極的最高悟境，成就佛果。

(三)終教　此教認爲，聲聞人只能伏煩惱障而不能斷煩惱障，也不能伏和不能斷所知障。對於二障，終教不作分別與俱生的區分。終教菩薩在十住之初已不退位，不墮二乘地，能夠自在斷煩惱障，但爲方便普渡衆生，而殘留一點煩惱種子，不作斷盡。終教的斷惑階段，通常是在十地前三賢位伏現行，在初地入心位頓斷煩惱障的種子和所知障的粗種子，在初地住心以後，地地漸斷煩惱障的習氣和所知障的細種子與習氣，最後，於第十地滿心斷盡二障的習氣，覺悟成佛。

（四）頓教　法藏說：「若依頓教，一切煩惱本來自離，不可說斷及與不斷，如法界體性。」㉓此教是離言絕相的法門，不分斷惑與不斷惑，強調妄見除盡卽是菩提。

（五）圓教　此教認為，一切惑障，相卽相入，圓融無礙，所以不分煩惱與所知二障，不作分別與俱生，也不作現行、種子、習氣的區別。法藏說：「一障一切障，一斷一切斷」㉔，惑障是一得一切得，斷惑也是一斷一切斷，無所局限。

法藏的行位論，在修行階段上主張階段性與終極性的統一，在修行時間上強調前後始終長短的圓融，在斷惑次第上力主一斷一切斷，這都是圓融哲學思想的具體運用與體現。

第三節　人生最高理想境界——佛身佛土論

衆生修持的最終目的，是要達到最高理想境界，也就是要成為佛，進入佛國世界，這就涉及佛的身形和佛所住的佛土，卽佛身論和佛土論。法藏繼承師說，對佛身和佛土也都作了闡述。

一、佛身論

佛身，指佛的身。所謂佛身論，是對佛陀生身和實身所作的種種考察和說明。在佛陀滅後不久，佛教內部就生起對佛身的論議，以為釋迦牟尼非同常人，具有三十二相和八十種好，清淨圓滿，還具有殊勝的能力。後來，大衆部提出佛身無漏說，佛身的

㉓《華嚴一乘教義分齊章》卷3，《大正藏》卷 45，頁 495 下。
㉔《華嚴一乘教義分齊章》卷3，《大正藏》卷 45，頁 496 上。

壽量和威力都是無限的，上座部則持反對的態度。至大乘佛教興起，更盛行菩薩成佛之說，大乘經典相繼闡發影響深遠的佛陀觀，以眞如理體爲法身，以生身爲應身，在法身與應身之間別立報身，即著名的佛三身說。

華嚴宗人以毘盧遮那法身爲理想的佛身，並奉爲教主。這個法身佛，六十卷《華嚴》略稱爲「盧舍那」，八十卷《華嚴》稱之爲「毘盧遮那」。盧舍那意譯爲「光明遍照」，毘盧遮那意譯爲「遍一切處」。盧舍那或毘盧遮那也就是釋迦牟尼，是同一佛體的異名。華嚴宗和三乘對於佛的變化身及受用身說法不同，依法界無盡緣起法門，說毘盧遮那佛融三世間而具足十身。《華嚴經》中舉佛有不同的十身，而智儼最早把十身具足的法身佛分爲二種，提出解境十佛和行境十佛的分說㉕。所謂解境十佛，解境，解悟照了的境界。此是說華嚴圓教的菩薩以眞實智解照見法界時，不論有情無情，森羅萬象，都視爲佛身。依十表無盡的深意，說爲十身。所謂行境十佛，行境，解絕修證的境界。此是說華嚴圓教的菩薩完成修行時，所證得無礙圓滿的佛身，即如來所得的十身。智儼爲了強調修因感果的關係，重在行境十佛。法藏「立十佛以顯無盡」㉖，爲了顯示法界無盡緣起的奧義，則以解境十佛爲主，兼及行境十佛。

解境十佛　具體說是：第一，衆生身，即有情衆生世間。第二，國土身，指衆生的居處，山河大地，即國土世間。第三，業報身，指生上面二身的業、煩惱。第四，聲聞身，謂觀四諦，

㉕ 《華嚴經內章門等雜孔目章》卷 2，《大正藏》卷 45，頁 559 下、560 上。

㉖ 《華嚴一乘教義分齊章》卷 3，《大正藏》卷 45，頁 499 上。

求涅槃所證身，即聲聞的果位。第五，緣覺身，謂觀十二因緣，求涅槃所證身，即緣覺的果位。第六，菩薩身，謂修六度[27]求菩提所證身，即求佛果者。第七，如來身，謂因圓果滿的完成佛果者。第八，智身，謂能證的智慧。第九，法身，謂所證的眞理。第十，虛空身，指以上諸身的所依皆爲空，顯無礙自在，即毘盧遮那如來身相。第一至第三爲染分身，第四至第九爲淨分身，第十是染淨不二分身。又十身中，第二爲器世間，第一和第三至第六爲有情世間，第七至第十爲正覺世間。即此十身融攝三世間，或融此三世間爲一佛身（毘盧遮那正覺之體）。又以十身及自身遞相互作，圓融無礙，所以也稱融三世間十身。總之，山河大地，有情衆生，悟界三身，一切現象，都是佛體，束爲修身，此爲解境之佛。

行境十佛　是菩薩修行成就而將解境十身中如來身開爲十身，即：第一，菩提身，謂於菩提樹下，朗然大悟，成正覺佛。第二，願身，願生於兜率天的佛身。第三，化身，普應羣機，隨類化現的佛身。第四，住持身，謂眞身及於舍利，住持世間，永久不壞。第五，相好莊嚴身，指無邊相好莊嚴的實報之身。第六，勢力身，威德廣大，攝伏一切的佛身。第七，如意身，謂隨自他意，處處受生，廣度衆生。第八，福德身，謂福德具足，如海遍圓。第九，智身，謂妙智圓明，通達無礙。第十，法身，謂法性眞常，淸淨圓明，周遍世界。以上十身即佛十德，十德不離一身，另無他佛。

法藏和華嚴宗人所說的佛身——毘盧遮那法身，是遍於全宇

---

[27] 六度，大乘佛教菩薩欲修成佛道的六種德目，即布施、持戒、忍辱、精進、禪定、智慧。

宙的人格神，是眞理和德行的光輝體現，最高智慧和最大功德的化身。毘盧遮那法身能開能合，是融卽三身，廣攝三世間，具足十身，周遍法界，圓融無礙的一大法界。佛的體用與法界相同，萬化卽眞，萬有卽佛體，世間卽佛身，宇宙就是佛，佛就是宇宙，無障無礙。這鮮明地表現出泛神論色彩。

二、佛土論

佛土，又作佛國、佛國土、佛界、佛剎。指佛所居住的地方，又指佛敎化的國土。也就是說，不僅是淨土，就是凡夫居住的現實世界卽穢土，因是佛敎化的國土，也稱佛土。有佛身就有佛土，佛土的差別是和佛身的差別緊密聯繫着的，佛身的分類很多，佛土的分類也因之而異。

法藏指出，小乘敎以釋迦佛陀誕生的娑婆世界爲佛報土，此外別無淨土。大乘始敎以佛自受用報身所居土爲佛土，是爲理想界的淨土，又以眞如爲法身佛的淨土。大乘終敎在三界之外建立「無勝莊嚴世界」，爲釋迦佛陀實報身的淨土。頓敎不說有形的國土，唯有無相離念的「法身土」。圓教認爲，淨土卽穢土，穢土卽淨土，現實世界卽是佛土，悟之卽爲淨土，迷之卽是穢土[28]。別敎一乘不滿足於淨穢不二的說明，而建立獨特的佛土論。

《華嚴經》把佛土分爲國土海和世界海兩種[29]，法藏據此在《華嚴經探玄記》卷3、4和《華嚴一乘敎義分齊章》卷3中對國土海和世界海作了系統的闡發。

---

[28] 詳見《華嚴經探玄記》卷3，《大正藏》卷35，頁150下、158上、162下-165中。

[29] 六十卷《大方廣佛華嚴經》卷4，《大正藏》卷9，頁414-420。

法藏說:

若別教一乘，此釋迦牟尼身，非但三身，亦即是十身，以顯無盡。然彼十佛境界所依有二：一、國土海，圓融自在，當不可說。……二、世界海，有三類：一、蓮華藏莊嚴世界海，具足主伴，通因陀羅等，當是十佛等境界。二、於三千界外，有十重世界海：一、世界性，二、世界海，三、世界輪，四、世界圓滿，五、世界分別，六、世界旋，七、世界轉，八、世界蓮華，九、世界須彌，十、世界相。此等當是萬子已上輪王境界。三、無量雜類世界，皆遍法界，如一類須彌樓山世界，數量邊畔，即盡空虛遍法界；又如一類樹形世界，乃至一切衆生形等，悉亦如是，皆遍法界，互不相礙[80]。

法藏站在別教一乘的立場，強調國土海是悟證佛果的眞如世界，是佛果自體所居的依據，因系佛內心所悟證的境界，僅爲佛所了解，是超越衆生的感知的，是不可說，不可思議的。衆生既無法窺知，也無法用語言表達，即使勉強表達，也只能以否定性言詞表達之。法藏又從華嚴的相待差別的原理出發，順應衆生能知的機緣，以佛可教化的世界爲世界海。世界海也就是佛所教化的世界，此又分爲三類:

(一)蓮華藏世界　也稱華藏莊嚴世界海，簡稱華藏界。藏是含藏義。因具清淨功德，故曰莊嚴。世界無邊，深廣不測，名爲海。蓮華藏世界即自蓮花生出的功德無量、廣大莊嚴的世界。這

---

[80]《華嚴一乘教義分齊章》卷 3，《大正藏》卷 45，頁 498 中。

是證入位者所居，即是十身具足的毘盧遮那佛所居土。本是證悟佛果不可說的境界，但因是三生中最後生之依所，所以又是可說的世界海。蓮華藏世界不是淨穢不二的淨土，而是主伴具足，如同帝釋天宮殿的天網一般的重重無盡的境界。具體一點說，此華藏世界海，有須彌山微塵數風輪所持，最下面的風輪能持上面一切寶燄，最上面的風輪能持普光摩尼莊嚴香水海。在此香水海中，有大蓮華，名種種光明蘂香幢。華藏莊嚴世界海就在其中，此世界大地清淨堅固，四周有金剛輪山圍繞。華藏莊嚴世界海的大地中又有微塵數香水海，海中各有大蓮華。一一蓮華中，各有世界種㉛在裏面安住。在每一世界種裏又有不可說微塵數的世界。蓮花藏世界中央的香水海中出大蓮華，上面爲普照十方的世界種。其中有二十重不可說微塵數的世界，次第布列於其間。娑婆世界爲第十三重。以中央世界種爲中心，又有其他衆多世界種，羅列成如網的圍罥，構成世界網。一一世界種中衆寶莊嚴，佛在其中，衆生也充滿其間㉜。華嚴世界是功德清淨、妙好莊嚴、重重無盡、廣大無邊的世界。這是毘盧遮那於過去發願修菩薩行所成就的清淨莊嚴世界，也是有關十佛敎化的境界。

(二)十重世界　也稱十重世界海，是在娑婆三千世界之外，又有十重世界，次第廣大無邊，爲解行位人所居。具體說：一是

㉛ 世界種，指積衆多世界，共在一處。法藏說：「如《大智論》中以三千大千世界爲一數，數至恒河沙爲一世界性，又數此至恒河沙爲一世界海，數此又至無量恒河沙爲一世界種，數此又至無量十方恒河沙爲一佛世界所化分齊也。」（《華嚴一乘敎義分齊章》卷3，《大正藏》卷45，頁498上。）

㉜ 詳見八十卷《大方廣佛華嚴經》卷8，〈華藏世界品〉，《大正藏》卷10，頁39-44；又《華嚴經探玄記》卷3，《大正藏》卷35，頁162下-164中。

世界性，同類義。二是世界海，衆類多義，又深廣義。三是世界輪，齊用義。四是世界圓滿，具德義。五是世界分別，不雜義。六是世界旋，正旋義。七是世界轉，側轉義。八是世界蓮華，敷發義。九是世界須彌，勝好義。十是世界相，形貌義。

(三)雜類世界　也稱無量雜類世界海，是說盡虛空遍法界，有無量形相不同的世界，這是見聞位人所居。具體指蓮華藏世界中諸世界種，這些世界種，作須彌山形、河形、轉形、旋流形、輪形、樹林形、樓觀形、雲形直至衆生形，形相不同，遍滿於一一法界，無量無邊，無窮無盡，無障無礙。

法藏還就三類世界的關係說：

> 此上三位，並是一盧舍那十身攝化之處。仍此三位，本末圓融，相收無礙。何以故？隨一世界，卽約粗細有此三故㉝。

以上三類是依證入生、解行生和見聞生的感見不同而分的三類世界，其中蓮華藏世界是本，是中心，是主，其他二世界是末，是枝末，是伴。三類世界體同而粗細有別，相互融合而不相妨礙，實則唯是一大法界，圓滿自在，而爲毘盧遮那佛敎化的世界。

華嚴世界的境界，主客一體，生佛一如，是一切無礙的整體世界。衆生若能修持圓行，悟解華嚴眞理，就能體悟華藏世界的境界。

㉝　《華嚴一乘敎義分齊章》卷3，《大正藏》卷 45，頁 498 中。

第八章　法藏的認識論——法界觀、唯識觀和還源觀

教觀不可偏廢，法藏的法界緣起或性起緣起的理論是與相應的觀法密切聯繫着的。衆生面對宇宙萬有，森羅萬象，千差萬別，在主觀上如何達到相卽相入、圓融無礙的最高境界呢？這就要通過宗教的「觀法」方式去實現。也就是說，只有通過觀法才能眞正對法界緣起或性起緣起有所理解、把握、證悟。所謂觀法，就是在宗教修持實踐中樹立的一種意境、想像、理想，並運用直觀智慧專心觀想所樹立的特定對象，如此不斷思索、追求，以求一旦達到大徹大悟的目的。這是佛教的一種特殊的認識論。上述六相圓融和十玄無礙也是屬於觀法，此外，法藏還提出若干觀法，其中最爲重要的是法界觀、十重唯識觀和妄盡還源觀。

第一節　法界觀

法界觀的所謂法界是觀的境、相；觀是觀能的觀、智。法界觀是指悟入法界眞理的觀法。這是華嚴宗人最爲重視的中心觀法，其餘的觀法都是環繞着它而展開的。按照澄觀、宗密以來華嚴宗人的傳統說法，初祖杜順（法順），最先提出了華嚴法界觀門，隨後二祖智儼闡而發之，三祖法藏繼續發展，四祖澄觀進一

步明確提出理法界、事法界、理事無礙法界和事事無礙法界的四法界觀❶。但是，如前所述，據以確定杜順最早提出法界觀的《華嚴法界觀門》一書，本文夾雜在法藏所撰的《華嚴發菩提心章》中，是由澄觀把它提出單行，並把作者題爲「終南山釋法順俗姓杜氏」，澄觀還撰寫《華嚴法界玄鏡》加以闡明，其弟子宗密也作《註華嚴法界觀門》，進一步加以解釋。因此，有人疑爲不是杜順的著作，傾向於《華嚴法界觀門》爲《華嚴發菩提心章》的一部份。我們逕直作爲法藏《華嚴發菩提心章》的內容加以引用和論述。

法藏的法界觀，主要是《華嚴發菩提心章》中所闡述的眞空觀、理事無礙觀和周遍含容觀。這三觀和四法界中的後三界相應，相當於理法界、理事無礙法界和事事無礙法界。這三重觀法爲澄觀所明確肯定❷，對於爲甚麼省略事法界觀的問題，宗密在《註華嚴法界觀門》中說：「事不獨立故，法界宗中無孤單法故，若獨觀之，卽是情計之境，非觀智之境故。」❸事法界是宇宙萬有的事相，卽差別的現象界。林林總總，千差萬別，每一個事相都可作所觀的境，事實上難以一一陳述。又，事法界也不是孤立存在的，是和理法界、其他事法界相依而存在的，若果孤立地看

---

❶ 澄觀在《大華嚴經略策》中對四法界有一簡明的界說：「問：何名法界？法界何義？答：法者軌持爲義，界者有二義：一約事說，界卽分義，隨事分別故；二者性義，約理法界，爲諸法性不變易故。此二交絡，成理事無礙法界。事攬理成，理由事顯，二互相奪，卽事理兩亡。若互相成，則常事常理。四、事事無礙法界，謂由以理融彼事故，義如前說。」見《大正藏》卷 36，頁707 下。

❷ 見《華嚴法界玄鏡》卷上，《大正藏》卷 45，頁 672 上、中。

❸ 《大正藏》卷 45，頁 684 下。

它，以事物的差別性或具特殊性的事物作爲認識對象，就成爲妄情偏執的境相了，所以略而不論。

一、眞空觀（理法界觀）

此觀門依理法界而立，觀宇宙一切事物的本性卽空。所謂眞空卽是理。具體說，眞空，旣不是斷滅空（虛無的空），也不是離色空，而是空與有的統一，是無空相。所謂眞空觀，就是要觀宇宙一切事物的本性都是眞空的，把色歸於空，達到色空無礙的境界，以滅除一切情塵的束縛。《華嚴發菩提心章》於眞空觀立四句十門，卽：會色歸空觀（四門）、明空卽色觀（四門）、空色無礙觀、泯絕無寄觀❹。

(一)會色歸空觀 這是在觀時會集一切物質現象都歸於眞空性。因爲一切物質現象都是因緣和合而生，本無自性，所以色卽是空，色會歸空。具體觀法又分四門：

1.色非斷空門。斷空，卽斷滅空，指一切事物終歸斷滅而空。斷空與眞空相對，這是不了解一切事物非常也非斷的，事物不是斷滅空，事物是舉體卽眞空，事物本性就是空。這也就是所謂「見空非斷空，舉體是幻色。」❺幻色是指無實體性的物質現象，是眞空。法藏在《修華嚴奧旨妄盡還源觀》中說：「色是幻色，必不礙空；空是眞空，必不礙色。若礙於色，卽是斷空；若礙於空，卽是實色。」❻實色，指色相。這是區別幻色與實色、斷空與眞空的簡要說明。

---

❹ 《大正藏》卷 45，頁 652 中。
❺ 裴休〈註華嚴法界觀門序〉，《大正藏》卷 45，頁 684 上。
❻ 《大正藏》卷 45，頁 638 中。

2.色非眞空門。這裏的色指色相，也叫實色，如青、黃等是。實色與幻色相對，此門是講「青、黃之相非是眞空之理」❼，實色與眞空並不一致，眞空不是指青、黃相空，而是指青、黃的色性空，青、黃的色體空，所謂「見色非實色，舉體是眞空」❽，就是這個意思。這也是批判那種以爲經文說色空，不知色性空，便執着色相以爲眞空的觀念，強調色相不是眞空，色體（性）才是眞空的道理。

3.色空非空門。這裏的非空是指非眞空。此門是總結前二門，謂實色和斷空都是非眞空。因空中無色，所以色不卽空；因色非空，所以色不卽空；會色無體，所以說卽空，事物無自體，性空，是爲眞空。

4.色卽是空門。由於一切物質現象都是無自性的，必定是不異於眞空的，此爲色卽是空。

以上四門，前三門是着重通過否定斷滅空和以實色爲眞空的觀點，進而在第四門肯定一切物質現象無自性卽是空的眞空觀。

(二)明空卽色觀 這是着重以事物的本性爲對象的觀法，強調眞空是一切物質現象的本性。具體觀法也有四門：

1.空非幻色門。此處空指斷滅空，是說斷滅空不卽是幻色，是非色。眞空不是斷滅的空，幻色是眞空之理的顯現，眞空不異於色，所以說是空卽色。

2.空非實色門。此處空指眞空，是說眞空不卽是實色。如眼前青、黃等色相（實色）不卽是眞空之理，然眞空不異於青、黃等色相，所以說是空卽色。因爲眞空不異青、黃不卽青、黃，所

---

❼ 《華嚴發菩提心章》，《大正藏》卷 45，頁 652 中。
❽ 裴休〈註華嚴法界觀門序〉，《大正藏》卷 45，頁 684 上。

以說空卽色又不卽色。

3.空非空色門。這是綜合前二門，是講眞空並不是斷滅空，也不是眼前實色，而是指眞空的本性。眞空是物質現象生起的依持（「所依」），由於是所依，因此，就不卽是色；也正由於是所依，因此，又卽是色。

4.空卽是色門。空指眞空。一切物質現象都是無自性的，都是眞性空，不是斷滅空，所以眞空並不異色，空卽是色。

以上四門所講的道理，和會色歸空觀的四門是一樣的，只是角度有所不同。前四門是以物質現象爲着眼點，強調物質現象的本性是眞空，後四門是從眞空理出發，強調眞空是一切物質現象的本性。總之是色卽是空，空卽是色，二者不一不二。

(三)色空無礙觀　《華嚴發菩提心章》云：

> 謂色舉體不異空，全是盡色之空故，卽色不盡而空現。空舉體不異色，全是盡空之色故，卽空卽色而空不隱也❾。

這是闡明空與色的無礙關係，強調一切物質現象全體不異眞空，物質現象是幻相而眞空現。眞空全體不異物質現象，眞空卽物質現象而眞空不隱。色是幻色非是實色，空是眞空非是斷空。由此，現色不礙於空，現空不礙於色，進而觀色可以見空，觀空可以見色，觀色空二法，無障無礙。

(四)泯絕無寄觀　泯絕，謂泯絕色空，離一切相。無寄，謂無語言可托，無文字可寄。這一觀是說，所謂眞空不可以說卽色不卽色，也不可以說卽空不卽空，是迥然一體，超越一切對待

---

❾《大正藏》卷 45，頁 652 下。

的。如果生心動念，就不能體悟眞理。也就是說，必須達到心境俱滅不可思議的境地，才能證見眞空的全體。

以上四門，中心是闡述物質現象和空性、空理的關係問題。《華嚴發菩提心章》強調這是由淺入深、由解境到行境的系統修持過程。前二門會色歸空觀和明空卽色觀，是揀情顯解，通過破除妄情迷執以明正解。第三門色空無礙觀，是解終趣行的轉折。第四門是正成行體，是眞正的行法（正行）。不懂得前解，後無以成行。不悟解行法，也不能成其正解。若是守住解不捨，就不能入正行，只有捨解才能成行。總之，是「行由解成，行起解絕」❿，最後歸結爲行，以泯絕無寄爲最高境界。

二、理事無礙觀（理事無礙法界觀）

理，眞理、理性，指事物的本體、本性；事，事法、事相，指世界上各別的現象。所謂理事無礙觀，是通過佛教智慧了解到理是事的本體，事是理體的顯現，理由事顯，事攬理成，也就是觀諸宇宙森羅的事相和宇宙萬有的理性，現象界與本體界，炳然而存，二者互相交絡，無礙融通，具有不一不二的關係。《華嚴發菩提心章》稱理事圓融無礙的觀法有十門:

(一)理遍於事門　謂能遍的眞理，不可分割，所遍的事相，則有分位差別，然眞理遍於一切事相中，一一事相中眞理都全遍在，無不圓足⓫。

---

❿ 《華嚴發菩提心章》，《大正藏》卷 45，頁 652 下。

⓫ 此門原文爲:「理遍於事門，謂能遍之理，性無分限，所遍之事，分位差別，一一事中，理皆全遍，非是分遍。何以故？彼眞理不可分故。是故，一一纖塵，皆攝無邊眞理，無不圓足。」見《大正藏》卷 45，頁 652 下、653 上。

關於理是有「分限」，還是無「分限」，理在各個事物中是「分遍」，還是「全遍」，這是涉及理事無礙觀的理論前提問題，是一個非常重要的問題。法藏在《華嚴經明法品內立三寶章・玄義章》中，設〈理事分無門第五〉，對這個問題作了專門論述：

> 問：如此理事，為理無分限、事有分限耶？為不耶？答：此中理事，各有四句：且理，一、無分限，以遍一切故；二、非無分限，以一法中無不具足故；三、俱分、無分一味，以全體在一法，而一切處恒滿故；……四、俱非分、無分，以自體絕待故，圓融故，二義一相非二門故。事中，一、有分，以隨自事相有分齊故；二、無分，以全體卽理故；……三、俱，以前二義無礙具故，具此二義，方是一事故；四、俱非，以二義融故，平等故，二相絕故。由上諸義，是故理性不唯無分故，在一切法處，而全體一內；不唯分故，常在一中，全在一外。事法不唯分故，常在此處，恒在他方處；不唯無分故，遍一切而不移本位。又，由理不唯無分故，不在一事外；不唯無分故，不在一事內。事不唯分故，常在此處而無在也；不唯分故，常在他處而無在也。是故，無在不在，而在此在彼，無障礙也⑫。

這是說，對理的有無分限問題，要從多種角度去看。從每一事物都存在着完整的理這一意義上說，理可以說是分限的；從理的普遍存在的意義上說，理可以說是無分限的；綜合上面兩種意義，又可以說理既有分限，又沒有分限；而理作爲一種絕對的、

⑫ 《大正藏》卷 45，頁 624 中。

圓融的存在，還可以說是非有分限、也非無分限。對於事物的有無分限問題，也作如是觀。法藏這種說法的實質是，強調理是一個整體，宇宙萬物都是這個理的完整體現。

（二）事遍於理門　　謂事相有分限差別，眞理平等無分限，眞理既遍於事相，而事相也遍於眞理，由於事相是無實體的，因此每一事相都遍理性，有分限的事相與無分限的眞理全同非分同。《華嚴發菩提心章》以大海和小波爲喩說：

> 如全大海在一波中，而海非小；如一小波匝於大海，而波非大。同時全遍於諸波，而海未異；俱時各匝於大海，而波非一。又，大海全遍一波時，不妨擧體全遍於諸波；一波全匝大海時，諸波亦各全匝，互不相礙⑬。

這是以大海喩眞理，小波喩事相。比喩的意思是，眞理在一事相中，仍是無分限的；一事相周遍於眞理，仍是有分限的。眞理完全周遍於一切事相，而眞理本身並沒有差異；一切事相同時周遍於眞理，而各種事相是有差異的。又眞理周遍一事相時，並不妨礙它同時周遍一切事相；一事相完全周遍眞理時，其他各種事相也分別同時完全周遍於眞理，互不妨礙。

那麼，眞理既然周遍於一微小的事相，爲甚麼說又不是小呢？既然和一微小的事相不同，又爲甚麼說眞理是全體周遍於一微小的事相呢？又，一微小事相既然周遍於眞理，爲甚麼不是大呢？如果不同於眞理一樣廣大，又怎麼能周遍於眞理呢？這是關

---

⑬　《大正藏》卷 45，頁 653 上。

於理與事，卽本體和現象相互關係的重大哲學問題，對此，《華嚴發菩提心章》作了這樣的回答：

> 理事相望，各非一異，故得全收而不壞本位。先，理望事，有其四句：一、真理與事非異故，真理全體在一事中；二、真理與事非一故，理性恒無邊際；三、以非一卽是非異故，無邊理性全在一塵；四、以非異卽是非一故，一塵理性無有分限。次，以事望理，亦有四句：一、事法與理非異故，一塵全匝於理性；二、事法與理非一故，不壞於一塵；三、以非一卽非異故，一小塵匝無邊真理；四、以非異卽非一故，匝無邊理而塵不大⓮。

這是以非異、非一、非一卽非異、非異卽非一四種關係，來說明理與事的關係。由於是非異，眞理全體在一事相中，一微小的事相也完全周遍於眞理。由於是非一，眞理恒無邊際，不損害任一微小的事相。又由於非一卽是非異，無分限的眞理全體在一微小的事相中，一微小的事相周遍無分限的眞理。還由於是非異卽非一，一微小事相的眞理無有分限，一微小事相周遍無有分限的眞理而不爲大。

這裏，還有一個問題，無有分限的眞理全體周遍於一微小事相時，其他事相是有眞理呢，還是無眞理呢？若果有眞理，那就不是眞理的全體遍於一微小事相，若果無眞理，那就不是眞理全體能周遍一切事相。義理相違，應如何解釋呢？這是與上述問題

⓮ 《大正藏》卷 45，頁 653 上。

密切相關的又一重要問題，對此，《華嚴發菩提心章》回答說：

以一理性融故，多事無礙故，故得全在內，而全在外，無障無礙。是故各有四句，先，就理四句者：一、以理性全體在一切事中時，不礙全體在一塵處，是故在外卽在內；二、以全體在一塵中時，不礙全體在餘事處，是故在內卽在外；三、以無二之性，各全在一切中故，是故亦在內亦在外；四、以無二之性非一切故，是故非內非外。前三句明與一切法非異，此一句明與一切法非一，良為非一非異故，內外無礙。次，就事四句者：一、一事全匝於理時，不礙一切事法亦全匝，是故在內卽在外；二、一切事法各匝於理時，不礙一塵亦全匝，是故在外卽在內；三、以諸事法同時各匝故，是故全在內亦全在外，無有障礙；四、以諸事法各不壞故，彼此相望，非內亦非外⓯。

這段話以簡明易懂的語言，說明理在一爲內，在多爲外，事是一爲內，是多爲外。強調眞理的圓融性和事相的無礙性，一多皆理，內外皆全，非有多理，令事各遍。由此，理與事的關係是既在內又在外，又是非內非外，彼此無障無礙，圓融自在。這是關於眞理、本體的整體性、一體性、遍在性的重要論述。

(三)依理成事門　是說一切緣起的事物都是無自性的，必依眞理而成立，這也就是事攬理成，如波因攬水而成動。又，依理成事，也就是依如來藏得有一切事法，理就是如來藏。

⓯ 《大正藏》卷 45，頁 653 上、中。

(四)事能顯理門　　由一切事法都是依眞理而成，因此，事法是空虛而理性是眞實。由於事法空虛，事法中的眞理，挺然露現。猶如「波相」空虛令「水體」露現。這也就是理由事顯。

(五)以理奪事門　　謂事旣攬理而成，遂令事相皆盡，而只是唯一眞理平等顯現。離開眞理也就無事相可得，如水奪波，波無不盡，離開水無波可得。

(六)事能隱理門　　眞理隨緣而成事法，雖事法能顯現眞理，但事法有形相，眞理無形相，如此事法和眞理相違，遂使事法顯而眞理隱，如水成波，動顯靜隱。

(七)眞理卽事門　　凡是眞理都不在事法之外，眞理的全體都是事法，眞理本身就是事法，如水卽波，卽水是波。

(八)事法卽理門　　一切事法都是從因緣和合而生，緣生必無自性，因無自性，所以全體卽理。如波浪擧體卽是水，並無異相。

(九)眞理非事門　　眞理是眞、是實、是所依，而事是妄、是虛、是能依，彼此互異，所以「卽事之理，而非是事」⑯，如波之水，並不是波。

(十)事法非理門　　事是相、是能依，理是性、是所依，彼此互異，所以「全理之事，事恒非理」⑰，如全水之波，波恒非水。

以上十門，一、二門爲理事相遍，三、四門爲理事相成，五、六門爲理事相違，七、八門爲理事相卽，九、十門爲理事相非。也就是從理看事，有成、有壞，有卽、有離；從事看理，有

⑯ 《華嚴發菩提心章》，《大正藏》卷 45，頁 653 下。

⑰ 同上。

顯、有隱，有一、有異。十門義旨雖有不同，但同一緣起，逆順自在，無障無礙，這就是理事無礙觀。

理事無礙是華嚴宗人法界觀的核心思想，法界觀的三重法門完全是以理與事爲依據組織成立的。第一眞空觀的眞空就是理，第三周遍含容觀是講事事無礙，事與事本身是難以圓融起來的，必須通過理才能實現，也就是只有在理事圓融的基礎上才能建立事事無礙觀。理事無礙的中心思想是，從事物來看，千差萬別，彼此不同，從眞理來看，萬事萬物都是理的體現，由此一卽一切，一切卽一，圓融無礙。整個宇宙的總規律不是矛盾、對立、鬪爭，而是統一、和諧、圓融。

關於理事關係，法藏肯定爲是體用、本末、空有的關係，他說：

> 事雖宛然，恆無所有，是故用卽體也。如會百川以歸於海。理雖一味，恆自隨緣，是故體卽用也。如擧大海以明百川⑱。

理是體，事是用，理事圓融，體用相卽，本體卽現象，現象卽本體，兩者不一不二。法藏又說：

> 塵空無性是本，塵相差別是末。末卽非末，以相無不盡故；本亦非本，以不礙緣成故。卽以非本爲本，雖空而恆有；以非末爲末，雖有而恆空⑲。

---

⑱　《華嚴經義海百門·體用開合門第九》，《大正藏》卷 45，頁 635 上。

⑲　《華嚴經義海百門·體用開合門第九》，《大正藏》卷 45，頁 635 中。

「塵空無性」，指理；「塵相差別」，指事。理是本，事是末。本卽末，末卽本，相卽無礙。理、本也指空，事、末也指有。以末爲本，是雖空而有，以本爲末，是雖有而空。空卽有，有卽空，相卽無礙。

法藏關於理事、體用、本末、空有的觀念，是其宇宙生成論、宇宙圓融論和宇宙本體論的基礎，是其世界觀的核心，是打開華嚴宗龐大哲學思想宮殿大門的鑰匙。

三、周遍含容觀（事事無礙法界觀）

「周遍」，無所不在；「含容」，無所不攝。周遍含容觀是觀以同一眞如理爲共同本性的一一事法，遍攝無礙，彼此涉入，一多無礙，大小相容，互爲因果，互爲緣起，相資相成。也就是觀現象界的一切事象，互相交融而無障無礙。這是在理事無礙觀基礎上提出的觀法。既然理（本體）與事（現象）是相卽一體，事與事也就能夠相卽相融，宇宙一切事物都有統一性與包容性，萬物相卽相入，重重無盡。衆生若能達到這一觀法的要求，就能成就宇宙圓融的世界觀，進而也就形成了超越一切是非善惡的價值觀，從而進入圓滿平等的境界。這是法藏和華嚴宗人的最爲重要、最爲獨特的理論創造。

《華嚴發菩提心章》稱周遍含容觀也有十門：

(一)理如事門　是說眞理如事法一樣有分限。理性眞實，事法虛空，眞理的動態卽變爲事法。眞理本無分限，旣顯現爲事法，也就如同事法而有分限，有一多，有大小。眞理顯現爲事法，「全理爲事」，事法之外無眞理，由此見事法卽是見眞理。

(二)事如理門　是說事法如眞理一樣遍通圓融。前一門說事法之外無眞理，事法遍於眞理，也就是事法不異於眞理，這樣事法雖有分限，但與眞理無異，也就能隨眞理而遍通圓融，一一事法，卽使是一微塵，也都如眞理一樣普遍廣大，圓融無礙。

(三)事含理事門 謂一一事法，都分別含有理和事，由於事法和眞理非一，因此，一事法，如一微塵能廣容一切事物。由事法與眞理融通，非一非異，形成四種關係：一中一，卽一入於一；一切中一，卽一入於一切；一中一切，卽一切入於一之中；一切中一切，一切入於一切之中，從而體現了萬物的周遍含容，無障無礙的圓融關係。

(四)通局無礙門 通，卽是遍、周遍；局，非遍。此門是說，事法與眞理非一，所以非遍，事法與眞理非異，所以是遍。由於一切事法與眞理非一卽是非異，因此，一一事法不離一處就能全遍十方一切微塵之內；由於一切事法與眞理非異卽是非一，因此一一事法全遍十方而不動一位。如是，一一事法，卽遠卽近，卽徧卽住（局），無障無礙。

(五)廣狹無礙門 事與理非一，所以是狹；事與理非異，所以是廣。此門是說，由於事與理非一卽非異，因此，不壞一微塵而能以狹包容、周遍一切；由於事與理非異卽非一，因此，一微塵不大而能廣容十方世界。如是，一微塵的事法，卽廣卽狹，卽大卽小，無障無礙。

(六)遍容無礙門 遍，普遍；容，廣容。此門是說，一望一切，互有相攝相入的關係。由於普遍卽是廣容，因此，當一塵望於一切，在普遍於一切中時，還能攝一切於自己的一之中。又，由於廣容卽是普遍，因此，還能令此一塵普遍於自己裏面的一切差別法中。這樣，此一塵自身普遍其他事法時，卽其他事法也普遍於自身，能容能入，同時遍攝無礙。

(七)攝入無礙門　攝即廣容，入即普遍。此門是講一切(多)望一，無一切可遍，說是入；無一切可容，說是攝。以入他即是攝他，一切全入一中時，一還在自身的一切之內，同時無礙。以攝他即是入他，一全在一切中時，一切也在一之內，同時無礙。能攝與所攝、能入與所入，互相交參，一多相入相攝無礙。

(八)交涉無礙門　交涉，交相關涉，意指一與一切(多)俱爲能攝能入。此門是說，一望一切，有攝有入，共有四句：「一攝一切，一入一切；一切攝一，一切入一。一攝一法，一入一法；一切攝一切，一切入一切。」⑳能攝所攝，能入所入，能即所，所即能，互能成立，同時交參無礙。

(九)相在無礙門　是說一切望一，也有入有攝。所攝與所入，彼此俱在，叫做「相在」。此門也有四句：「攝一入一，攝一切入一，攝一入一切，攝一切入一切。」㉑一切與一同時交參，無障無礙。

(十)普融無礙門　是說一切和一互相相望，一一具有前兩重四句，圓融無礙，無窮無盡。因總融前面的九門，彼此互不相礙，故稱普融無礙。

上述周遍含容觀的十門，是法藏《華嚴發菩提心章》所謂對宇宙現象與現象相互關係的觀照方法，是一輾轉相生的觀照過程。第一、二門事理相如是總意，以下八門由此展開。第三門是一、二門的綜合，四、五、六、七是就通局、廣狹、遍容、相在四個方面加以展開，由此，又從一望一切和一切望一概括爲八、

---

⑳ 《華嚴發菩提心章》，《大正藏》卷 45，頁 654 上。

㉑ 同上。

九兩門的交涉、相在關係，最後第十門綜合八、九兩門，或說綜合一到九門，爲普融無礙門。

周遍含容觀的十門學說的中心是，在理事相如說的基礎上，着重闡述一與一切（多）的關係，即一事物與其他事物的關係，現象與現象的關係。一切現象與理融通，其相不壞，一多相即，大小相容，無時空限制，整個宇宙現象收攝於一個現象之中，一即一切，一切即一，重重無盡，互涉無礙。衆生應依此觀照宇宙現象的大調和、大融合，是爲佛教正行的思想基礎。

第二節　十重唯識觀

上一節講法界觀，是通過闡述理事無礙進而了解事事無礙的道理。法藏在法界觀的基礎上，還把法界歸於一心，強調一切事物都是一心所現，把一切事物都歸結爲心中的概念，在唯心的思辨中，事事也都是圓融無礙的，這就是唯識觀。《華嚴經·十地品》的第六地曾有「三界唯心」[22]的話，這是爲指明求得解脫的着眼處和方向而說的，意在強調解脫的關鍵就在於心，即衆生的意識狀態，並不是說由心顯現一切事物，也不是隨心變現一切事物。而法藏受到《大乘起信論》和法相唯識宗的影響，不僅把心識視爲解脫的樞紐，而且強調心的變現萬物的作用。他還吸取了法相唯識宗的五重唯識觀，再加上四法界觀，在《華嚴經探玄記》卷13解釋「三界虛妄，但一心作」時，提出了十重唯識觀，形成了典型的唯心主義的緣起論和認識論。

---

[22]《大方廣佛華嚴經》卷37：「三界所有，唯是一心。」見《大正藏》卷 10，頁 194 上。

一、十重唯識觀的內容

十重唯識觀，也稱十門唯識觀，是闡明萬法唯識的十種層次，具體說是:

(一)相見俱存唯識觀　「相」，相分；「見」，見分。法相唯識宗人認爲，八識㉓和諸心所㉔的每一識體都有四種作用：一是相分，是主觀接觸客觀對象後在心裏所映現的影像；二是見分，主觀的認識能力、作用；三是自證分，對見分再加認證；四是證自證分，對自證分的再證知。「相見俱存」是說，無論是主觀（見分）或客觀（相分），都是八識和諸心所的作用、變現，也就是說，萬象都是內心所變的現象，主觀和客觀俱存乎一心，此爲相見二分俱存所說的唯識觀。

(二)攝相歸見唯識觀　謂相見二分的關係是相分不離見分，相分所現的影像屬於能見的識，卽客觀是主觀發生作用的顯現，包攝於主體的心王、心所之中。

(三)攝數歸王唯識觀　「數」，心所的舊譯，卽心所；「王」，指心王，卽八識。就心所心王的關係來說，心所依於心王而起，別無自體，一切都是心王的變現，一切攝歸於心王。

(四)以末歸本唯識觀　八識心王中是各有區別的，前七識（七轉識）只是第八識的差別功能，是末。第八識是本，是本識。七轉識離開本識之外沒有獨立的自體，所以歸攝於本識。法藏曾引《楞伽經》云:「藏識海常住，境界風所動，種種諸識浪，

㉓ 八識，法相唯識宗把心法分爲八類，卽眼識、耳識、鼻識、舌識、身識、意識、末那識和阿賴耶識。

㉔ 心所，指隨從心法（心王）而起的種種心理作用、精神作用。

騰躍而轉生。」又云:「譬如巨海浪，無有若干相，諸識心如是，實亦不可得。」㉕如同離開海水就無風浪一樣，離開本識（藏識）也別無前七識，所以，末識應歸本識。

(五)攝相歸性唯識觀　「性」，指如來藏。此觀是說，以上四種唯識觀，都是就識的相而言的，八識並無自性，八識的相是眞如本性隨緣所變現，識的本性、本體是如來藏，也就是如來藏的平等顯現，並沒有其他相的獨自存在。

(六)轉眞成事唯識觀　前一觀講眞如是識相的本性，此觀是進一步講，不變的眞如理體並不是靜止的，而有隨緣的作用。當眞如理不守自性時，就隨緣而顯現八識心王、心所以及相見二分等，生成種種事相。眞如理雖是隨緣，但不失其自性。法藏引《楞伽經》作論證，經文云:「如來藏爲無始惡習所熏習，故名爲識藏。」㉖

(七)理事俱融唯識觀　謂如來藏不守自性，舉體隨緣生成種種事相，然其本性並不異於不生不滅之理，卽本體的眞如理和現象的諸事法，相互融合。由此一心二諦(眞、俗)，都無障礙。如《勝鬘經》所說:「自性清淨心，不染而染，難可了知；染而不染，亦難可了知。」㉗不染而染，是自性清淨心隨染而成俗諦，也卽生滅門。染而不染，是雖染而常淨爲眞諦，也卽眞如門。這就說明「卽淨之染，不礙眞而恒俗；卽染之淨，不破俗而恒眞，是故不礙一心雙存二諦。」㉘於此可見:染淨相卽，眞俗

㉕ 《華嚴經探玄記》卷 13，《大正藏》卷 45，頁 347 上。
㉖ 同上。
㉗ 《華嚴經探玄記》卷 13引，見《大正藏》卷 45，頁 347 中。
㉘ 同上。

無礙，理事俱融。

(八)融事相入唯識觀　　前一觀講理事俱融，由事事同理，以理成事，進而事事也必定相入圓融：或一入一切，或一切入一。也就是說，現象與現象之間相互容攝，無所障礙。

(九)全事相卽唯識觀　　前一觀是就事的作用講事事相入，這一觀是就事的體講事事相卽。由於理事相融，理融於事，事卽理化，事同於理；事融於理，理卽事化，理同於事。由理事相卽，事攬理成，以理成事，事事互爲一體，事事也必定相卽圓融：或一卽一切，或一切卽一。也就是說，現象與現象之間相卽，不離不異，無所障礙。有如經云：「知一世界卽是一切世界，知一切世界卽是一世界。」「知一卽多，多卽一。」㉙

(十)帝網無礙唯識觀　　前二觀講事事的相入、相卽，這一觀是講事事無礙的無盡性：

> 謂一中有一切，彼一切中復有一切，……重重不可窮盡。……如因陀羅網，重重影現，皆是心識如來藏法性圓融故，令彼事相如是無礙㉚。

事事無礙，重重無盡，是如來藏本性圓融的體現，眞如本體顯現爲現象，眞如本體的圓融決定了現象之間的圓融。

法藏在闡述十重唯識觀後，緊接着又將此十重唯識觀和五教說對應起來。在五教中，小乘教不講唯識，而講唯識的大乘教也

㉙　《華嚴經探玄記》卷13引，見《大正藏》卷45，頁347中。
㉚　同上。

有不同的說法，據此，法藏以上述十門中的(一)(二)(三)三門爲始教，(四)(五)(六)(七)四門爲終教和頓教，(八)(九)(十)爲圓教中的別教，而總具十門的，爲圓教中的同教。

法藏的唯識說，是站在法界緣起論的立場上，將理事說和賴耶緣起說、眞如緣起說統一起來，以論證法界無盡。此說強調十重唯識，都依於一心，如果離開本識心，則一切無所成。這是典型的唯心的緣起論。

法藏認爲，唯識緣起並不等於觀行，觀行應有十重。在修唯識觀時，必須身居靜處，嚴格持戒，誠心懺悔，結跏趺坐，閉目調息，正心住緣，從對象和意識關係的角度，觀照所現境相，都是自心所作的分別，應當止息自心，依次修持十重唯識觀，從觀唯識的結構、內涵始，由淺入深，最後從觀察本識的本體角度達到事事無礙、重重無盡的境界。這也就是把客觀對象、主觀作用、自我意識都消溶於意識的實體、一心的本源——眞如理體之中，或者說是，把主觀的和客觀的，精神的和物質的，卽一切現象，都歸結爲內心的概念，並運用體用相卽、理事圓融的原理，予以融通，從而在主觀精神上建立起無差別、無矛盾、無鬪爭的大統一、大調合、大圓融的世界。這是典型的唯心的認識論。

二、十重唯識觀與五重唯識觀的比較

十重唯識觀是在五重唯識觀基礎上形成的，但又有不同，把握兩者的異同點，有助於了解華嚴宗和法相唯識宗在觀法上卽認識論上的聯繫與區別。

法相唯識宗認爲宇萬宙物「唯識所變」，此宗創始人之一窺基將唯識體的淺深粗細次第分爲五重，作爲觀識如何變現萬物的五個步驟，稱五重唯識觀㉛。卽：

(一)**遣虛存實識**　「遣」，遮遣，意爲否定。謂觀三性中的遍計所執性爲虛妄，應予否定；觀三性中的依他起性和圓成實性，是眞實的，應當留存，並觀此二性也是唯識所現，這是第一重唯識觀。

(二)**捨濫留純識**　依他起的諸識中，有見分、相分、自證分。相分是所緣的境界，是濫；見分、自證分是能緣的心，是純。相分的內境和外境雖有區別，但都屬於所緣，容易混淆，難以得到正觀，爲避免相濫，應當捨境留心，此爲第二重唯識觀。

(三)**攝末歸本識**　在第二重觀時，雖已捨離了濫境，然心法中有見、相、自證分的區別，見、相二分都是依自證分而起的，是所變，是用，叫做末；自證分是能變，是體，叫做本。離本，末則不存在；離開自證分，也就沒有見相二分。由此應當攝用歸體，攝末歸本，只就自證分去觀察唯識的道理，是第三重唯識觀。

(四)**隱劣顯勝識**　八識的自體分中，又有心王、心所的不同。心王是所依，心所是能依，是心王的伴屬，心王的作用強勝，心所的作用低劣，所以應當隱蔽心所而彰顯心王，只就心王的自體去觀察唯識的道理，爲第四重唯識觀。

(五)**遣相證性識**　八識心王雖勝，但仍有事、理的分別。事是相用，指依他起性；理是性體，指圓成實性。應當進一步捨遣依他起的事相，只就圓成實的理體去證悟唯識的道理，此爲第五重唯識觀。

㉛　詳見窺基著《般若波羅蜜多心經幽贊》卷上，《大乘法苑義林章》卷1。

這五重觀法，前四重是就依他起的識相觀察唯識的道理，後一重是就圓成實的識性證悟唯識的道理。五重中依次分別是空有、心境、體用、王所、事理五種對立，如此由淺到深，從粗到細，輾轉相推，依次排遣，到第五重，證悟唯識妙理，於是進入理智冥合的境界。

從法藏和窺基的兩種唯識觀的內容來看，法藏是贊同窺基的觀法的，是肯定唯識說的，其主要表現是比較全面地吸取了五重唯識觀，尤其是前四重的觀法。五重唯識觀的前三重被法藏吸收，綜合爲十重唯識觀的第一門相見俱存唯識觀，即都把相見二分視爲心識的變現。十重唯識觀的攝數歸王唯識觀、攝相歸性唯識觀和五重唯識觀的第四重隱劣顯勝識、第五重遣相證性識，分別有相似之處。

兩種唯識觀的不同，主要有：一是法藏的以末歸本唯識觀和窺基的攝末歸本識，文似而義不同。窺基以八識的每一心識的自證分爲本，見、相二分爲末，主張只從自證分觀察唯識義理。法藏則以前七識爲末，第八識爲本，因此兩種觀法的思維方式相近，而思想內容是不同的。二是十重觀中的攝所歸王唯識觀和五重觀中的隱劣顯勝識，講的都是心王與心所的關係，也都強調心王的作用，這是比較一致的，但兩者觀點仍有不同，法相唯識宗認爲心王與心所是所依和能依的關係，主從的關係，承認心王和心所都有其自體，而法藏則認爲心所依存於心王而別無自體，唯有八識心王的眞正存在。三是十重觀中的攝相歸性唯識觀和五重觀中的遣相證性識，也是文近似而義大異。這兩種觀法對事法都作性相的區分，也都視性爲根本，這是近似的。但法相唯識宗認爲八識都各有自體，強調性相不一，不講性相融通，而華嚴宗人以眞如或如來藏爲識的本性，八識的相都是眞如隨緣的變現，所以強調性相融通，主張把相徹底地歸結於性。此外，十重唯識觀講的眞如不變隨緣、理事圓融、事事無礙、重重無盡，是五重唯識觀所沒有的，事實上也是法相唯識宗人所不同意的。

第三節　妄盡還源觀

法藏的妄盡還源觀法，集中在《妄盡還源觀》一書中。此書一卷，全稱爲《修華嚴奧旨妄盡還源觀》，又稱《華嚴還源觀》，簡稱《還源觀》。係爲法藏晚年的著作㉜，是其最成熟的思想表現。所謂妄盡還源，是妄迷滅盡，自心澄淸，還復淸淨圓明的自性、本源。此觀是主張衆生通過修華嚴的觀法，還歸於一心的本源。

《妄盡還源觀》一書，是法藏有鑒於佛理浩瀚玄奧，衆生難以究源窮際，爲了便於後學修習觀法，於是廣泛研讀三藏敎典，削繁補缺，囊括大宗，而後撰成的。全書以法界緣起論爲基礎，把華嚴觀法分爲六類，也就是把妄盡還源觀分爲六門：「一、顯一體；二、起二用；三、示三遍；四、行四德；五、入五止；六、起六觀。」㉝前三門是趣入的觀門，是顯示衆生心中本來具有的淸淨圓明的性德和由此性德所生起的德用，表明衆生具有修習妄盡還源觀的根據條件。後三門是正明觀法，其中「行四德」是直接爲觀法打下佛敎道德基礎，而「入五止」和「起六觀」是全部觀法的中心，而由止起觀，「起六觀」又是全部觀法中心中的核心，最爲重要。

㉜ 關於本書的作者，有人認爲是杜順作，然從書中多次引用新譯《華嚴經》來看，當知本書確係法藏晚年的作品。

㉝ 見《大正藏》卷 45，頁 637 上、中。

一、顯一體、起二用、示三遍

(一)顯一體

一體指自性清淨圓明的心體。法藏說:

> 顯一體者,謂自性清淨圓明體。然此即是如來藏中法性之體,從本已來,性自滿足,處染不垢,修治不淨,故云自性清淨。性體遍照,無幽不燭,故曰圓明。又,……在聖體而不增,處凡身而不減,……煩惱覆之則隱,智慧了之則顯[34]。

法藏還引《大乘起信論》說此眞如自體有大智慧光明,遍照法界。從法藏對自性清淨圓明體的描述來看,這是一個宇宙的眞心,其特徵是本性清淨、智慧光明、無所不在、恒常不變、無有差別。這是佛心、佛體,也是衆生本來具有的心體,是衆生的本源、本體,但爲煩惱所覆蓋,隱而未顯。《妄盡還源觀》的第一門,就是顯示此一切衆生本來具有的自性清淨圓明心,爲華嚴行者的修持指出內在根據和指明前進方向。

(二)起二用

從自性清淨圓明的心體起二用:一是「海印森羅常住用」,又名「海印三昧」。法藏說:

> 言海印者,真如本覺也。妄盡心澄,萬象齊現,猶如大海,因風起浪,若風止息,海水澄清,無象不現[35]。

---

[34] 《修華嚴奥旨妄盡還源觀》,《大正藏》卷 45,頁 637 中。

[35] 同上。

這是說入於海印三昧，離開妄念，唯是眞如，此眞如本覺，能攝世間出世間法。也就是說，海印三昧威神力，能使一切都顯現出來，如大海風止水清，無象不現一樣。二是「法界圓明自在用」，又名「華嚴三昧」。這是說，入於華嚴三昧，以華嚴三昧力，菩薩廣修萬行，稱理成德，普周法界而證菩提，放大光明，廣度衆生，布施、持戒、忍辱、精進及禪定、智慧、方便、神通等，一切自在，無障無礙。

二用是由體生起的兩種三昧，兩種境界，前者海印三昧是如來境界，後者華嚴三昧是菩薩境界。

(三)示三遍

這是依上述海印、華嚴二用，而示現一一都周遍法界。周遍有三種：一是「一塵普周法界遍」，謂一切事法都無自性，都因眞如理體都得以成立。我們眼所見的一塵也同樣是攬眞如理而成。眞理是無邊的，一塵也隨眞理而周遍法界。換句話說，就是於一一塵中，都見法界。二是「一塵出生無盡遍」，是說一塵生起必須依止眞如，眞如既然具備恒河沙數般的衆德，依眞起用，一塵也具無邊功德和妙用，出生萬法，無有窮盡。也就是說，由於「理事無礙，事事無礙」㊱，一一事相之中，「更互相容攝，各具重重無盡境界」㊲。三是「一塵含容空有遍」，一塵是因緣和合而生，是無自性的，即是空。衆因緣和合相續的假相幻用宛然，即是有。「由幻色無體，必不異空；眞空具德，徹於有表。觀色即空，成大智而不住生死；觀空即色，成大悲而不住涅槃。

㊱ 《修華嚴奧旨妄盡還源觀》，《大正藏》卷 45，頁 638 上。
㊲ 同上。

以色空無二，悲智不殊，方爲眞實也。」㊳依此義理，一塵同時含容眞空、妙有二義，無障無礙。

示三遍，是從一塵的角度，講事物與宇宙整體的關係、事物與其他萬物的關係、事物本身空與有的關係，反映了法藏對宇宙現象的基本看法。

二、行四德、入五止

(一)行四德

依上述一塵能遍的境界而修四德，爲「行四德」，具體說，一是「隨緣妙用無方德」，是說爲了依眞起用，廣利衆生，就要根據衆生的具體對象和悟解條件，樂欲不同，隨順機緣，應病與藥，起萬千神秘莫測的妙用。二是「威儀住持有則德」，威儀，指行住坐臥四威儀。此德是說，整肅威儀，於佛教所制禁戒，常護譏嫌，堪任住持，可爲軌範。三是「柔和質直攝生德」，慈悲平等，調柔和順，是「柔和」；體無妄僞，言行相符，爲「質直」；以此正法攝化衆生，速願自身和他人圓滿。四是「普代衆生受苦德」，謂衆生受苦無量，菩薩懷悲愍救度之心，以身爲質，於畜生、餓鬼、地獄諸惡趣，救贖一切受苦衆生，令衆生捨惡行善，離苦得樂。

行德和觀法是密切聯繫的，以上四德是觀法的道德基礎，只有具備德行，才能有正確的觀法。也就是說，在法藏看來，道德和認識不可分離，正確的認識是建立在良好的道德基礎上的。

(二)入五止

㊳ 《修華嚴奧旨妄盡還源觀》，《大正藏》卷45，頁638上、中。

止，止寂。修止時，要求住於靜處，端坐正意，止息一切想念和思慮，收心歸於正念，專注於一境。入五止，就是依前能行四德之行而修五種止。具體說，一是「照法淸虛離緣止」，觀照眞諦之法本性空寂，俗諦之法似有卽空。眞俗淸虛，蕭然無寄。能緣智寂，所緣境空，境智雙亡，因緣俱離。二是「觀人寂怕絕欲止」，「怕」，通「泊」，淡泊。寂怕，指五蘊無主。此止是觀人——五蘊假合之身寂然淡泊，諸多欲望俱絕，無願無求。三是「性起繁興法爾止」，「謂依體起用，名爲性起；起應萬差，故曰繁興；古今常然，名爲法爾。」[39]就是觀眞如理體隨緣生起千差萬別的事物，任運常然，古今不變。四是「定光顯現無念止」，「定光」，是指萬字輪王的寶珠，體性明徹，十方齊照，無思成事，雖現奇功，心無念慮。「若有衆生入此大止妙觀門中，無思無慮，任運成事，如彼寶珠，遠近齊照，分明顯現，廓徹虛空，不爲二乘、外道塵霧煙雲之所障蔽，故曰定光顯現無念止也。」[40]五是「理事玄通非相止」，謂觀無性的理體，幻相的事法，互隱互顯，互存互奪，俱融玄通，性相雙泯。

入五止是在禪定中觀五種對象：事法、人身、萬物生起、心、事法與理體的關係，概括起來就是對主體和客體及其關係、本體與現象的關係的看法，是在佛教修持中成就的對主觀世界與客觀世界的特有悟解。

三、起六觀

止觀相卽，定慧雙融，止與觀、定與慧兩者不能分離。所謂

---

[39]《修華嚴奧旨妄盡還源觀》，《大正藏》卷 45，頁 639 中。
[40]《修華嚴奧旨妄盡還源觀》，《大正藏》卷 45，頁 639 中、下。

起六觀，就是「依前五門卽觀之止，而起卽止之觀。」[41] 依止起觀，共爲六觀：

（一）攝境歸心眞空觀　法藏說：

> 謂三界所有法，唯是一心造，心外更無一法可得，故曰歸心。謂一切分別，但由自心，曾無心外境，能與心為緣。何以故？由心不起，外境本空[42]。

一切事物都是唯一心所造，對事物的一切分別，也是由於自心。心外無境，境本空寂，無有實體。衆生應觀「由心現境，由境現心，心不至境，境不入心」[43]，止息一切分別，悟平等眞空。

（二）從心現境妙有觀　前一門講攝境歸心是攝相歸體，攝盡現象回歸本體，這一門是講依體起用，從心現境。也就是觀眞如理體現起物質的和精神的一切現象，具修萬行，莊嚴佛土，成就報身。

（三）心境秘密圓融觀　前面兩門是分别就心和境講的，這一門是把心境加以會通。心，是指無礙心，佛證之成就法身。境，是指無礙境，佛證之成就淨土。所謂心境秘密圓融觀，就是觀無礙心和無礙境，卽如來報身和所依淨土，或佛身中現淨土，或淨土中顯佛身，彼此圓融，了無迫隘。

（四）智身影現衆緣觀　智身是指佛身所具能證的實智。此門謂觀智體唯一能鑒照衆緣，顯現衆緣，猶如日輪照現，草木

---

[41] 《修華嚴奥旨妄盡還源觀》，《大正藏》卷 45，頁 640 上。
[42] 同上。
[43] 同上。

都得以滋長一般，一切衆生也無不蒙益。

（五）多身入一鏡像觀　　這一門是講事事無礙法界，謂毘盧遮那佛十身互用，無有障礙。十身指衆生身、國土身、業報身、聲聞身、緣覺身、菩薩身、如來身、智身、法身、虛空身。由於毘盧遮那甚深定力，或以多身入一身，或以一身入多身，或以多身作一身，或以一身作多身，十身互入，十身互作。如是十身，隨與一身，攝餘九身，有如鏡現像，無有障礙。

（六）主伴互現帝網觀　　如以自爲主，望他爲伴；或以一法爲主，一切法爲伴；或以一身爲主，多身爲伴；隨舉一法，主伴互現，重重無盡，猶如帝釋天宮所懸的珠網，光光交映，無盡無際。

法藏認爲，以上六重觀門，既有邏輯順序又是融通無礙的。舉一爲主，餘五爲伴，無有前後，隨入一門，衆德皆具，全收法界。他還舉圓珠六孔爲喻，說：「如圓珠穿爲六孔，隨入一孔之中，卽全收珠盡。」㊹

六觀，主要是對宇宙萬有的觀法，其要點有二，一是講心與境、空與有的關係，一是講一與多、主與伴的關係。前者側重於發揮體用原理，後者則着重發明事事關係原理。六觀就是理事無礙觀和事事無礙觀，是與前述的法界觀完全一致的。

法藏的妄盡還源觀，以顯一體始，起六觀終。六觀實際上是一體的顯現，華嚴觀法的修持，歸根到底是要除盡迷妄，還源心體，修心正是華嚴宗人修持的出發點和歸宿點。

㊹《修華嚴奧旨妄盡還源觀》，《大正藏》卷 45，頁 640 下。

第四節　法藏觀法的認識意義

一、法藏觀法的內在邏輯聯繫

上述法藏的法界觀、唯識觀和還源觀，是以法界觀爲中心的三類基本觀法。法界觀的中心是理事無礙觀，其特色是在理事無礙觀的基礎上闡發事事無礙觀。十重唯識觀是結合唯識學說講理事無礙和事事無礙，這裏關鍵是法藏把理（如來藏、眞如）定爲第八識（本識）的體性、本體，而改變了法相唯識宗的唯識說，並在肯定第八識的理體基礎上，講理轉成事、理事俱融，進而講事事相入、事事相卽、重重無盡。妄盡還源觀也是從理體講起，最後歸結和落腳到事事無礙、重重無盡的境界。於此可見理事這一對範疇在法藏哲學體系中的極端重要地位，正是這對範疇的演繹、開展，奠定了法藏認識論的基本路向。又，上述三類觀法中，法界觀大體上從宇宙萬有的理與事的關係角度開展立論的，而十重唯識觀則是從主觀意識的構成角度開展論述的，妄盡還源觀則又是從體用關係方面衍演說明的，還源觀從體用關係講觀法，帶有綜合以上觀法的意義，具有更高的抽象性，也表現出法藏思想的成熟性。但體用關係的實質也就是理事關係，法藏觀法骨子裏的內核仍是理事關係原理。

二、法藏觀法的途徑和目的

從法藏所講的全部觀法內容來看，他大體上是沿着處理以下基本矛盾去觀察人生和世界，以求得解脫的:（1）空與有（色）

的矛盾，這是關於宇宙萬物有無實體，是否眞實的重大問題，法藏強調會色歸空，明空卽色，空色無礙作爲正確觀察的內容和要求。（2）理與事的矛盾，卽理體與事相，本體與現象是甚麼關係，這也是觀察宇宙萬有的大問題。法藏通過理與事多種關係的深入論證，確定理事無礙的基本原理，突出理事關係的圓融性。（3）一與多的矛盾，本體是一，萬物是多；一事物是一，衆多事物是多。這兩者，尤其是一事物與其他所有事物，卽現象與現象的關係，也是法藏所着重探索的問題，法藏的結論是：一卽一切，一切卽一，一入一切，一切入一，相卽相入，事事無礙，重重無盡。（4）心（識）與境的矛盾，卽主觀的心與客觀的境、主體和客體的關係，也是認識的基本問題，法藏把一切事物歸結爲心中的概念，認爲萬有都是心識本體隨緣的變現。（5）染（妄）與淨（眞）的矛盾，法藏認爲，衆生本性清淨、圓明，但有妄念雜染，這是衆生內在的基本矛盾，解決的途徑是去染轉淨，滅妄求眞，妄盡還源，復歸清淨圓明的本性。通過一系列的修持，最終達到心境俱滅，泯絕無寄的解脫境界。這種境界，也就是對泯絕差別、圓融無礙狀態的主觀感受，是由染轉淨，復歸自性清淨圓明心體的內在證悟。

特別令人感興趣的是，法藏在論述觀法時所闡明的一系列對應的哲學範疇：空與有（色）、理與事、體和用、本與末、性與相、眞如與生滅、一與多（一切）、能與所、心（識）與境、染與淨、眞與妄等，在這些範疇中，前七對範疇具有相應的關係，都是反映本體和現象的關係的，是同一內容的不同表述，這表明法藏對本體與現象的關係是高度關注和異常重視的。一與多（一切）這對範疇不僅表示本體與現象的關係，也表示現象與現象的關係，這是用數量詞表述哲學範疇含義的多重性，同時也表明了法藏重視現象與現象關係的思想特色。能與所是認識主體與認識客體的關係。後三對範疇是着重就主體和客體的關係，以及主體的認識是非和道德善惡而講的，帶有更多的宗教實踐色彩。應當說，在法藏的佛教學說中，存在着一個以理事範疇爲核心的佛教哲學範疇體系。把握住法藏的佛教哲學範疇體系，也就了解法藏哲學思想的基本內容了。

三、法藏觀法的思維特徵

法藏觀法的內容十分豐富，反映在方法論上也極富特色，就其犖犖大者來說，有:

(一)抓住了認識論中的根本問題。如上所述，法藏的觀法是着重就物質現象的本質、本體與現象、主觀和客觀、眞實和虛妄等一些世界觀和人生觀中的根本性問題，提出看法，這表明了法藏這位佛教哲學家理論思維的高度和力度，也表明佛教哲學的廣度和深度。法藏對於這些問題的看法，無疑具有唐代佛教哲學的時代性和空間性特徵，它不僅豐富了中國古代哲學思想，而且也是它對爾後中國古代哲學發生持久的影響力的內在原因。

(二)認識論和世界觀、道德說相結合。觀法是屬於認識論範疇，法藏的觀法並不純粹是探索認識問題，而是直接和對世界的看法、個人的宗教道德修持聯繫在一起的。如十重唯識觀，旣是講對唯識的看法的認識論，又是講唯識緣起的道理，卽關於宇宙萬物的生成問題，是認識論和世界觀的統一。又如妄盡還源觀，旣講一體如何起二用，示三遍，又講行四德，入五止，起六觀，這更是把宇宙本體論、道德論和認識論三者結合起來，成爲熔三者於一爐的哲學理論，具有重要的理論意義與實踐意義。法藏的《妄盡還源觀》的寫作風格與中國古典哲學相近，而其內容的重要性和深刻性，足以使之立於中國古典哲學名著之林，而當之無愧。

(三)思維操作的一些具體特徵。法藏在觀法上的思維運作，也有不少值得總結的地方。首先是差別性與圓融性的統一。法藏在觀法中講「相非」、「相異」，是承認差別，承認對立的存在，上述所舉的對應哲學範疇就是明顯的例證。同時法藏又着重把差別性轉化爲圓融性，強調圓融是比差別層次更高的思想特徵。他用相卽、相入（相容、相攝）、相遍和無盡這四種形式來表達圓融性，從而也在一定意義上掩蓋和取消了差別性。其次是層次性和整體性的統一。如十重唯識觀是通過十個層次、由淺及深地闡明唯識觀，十重前後呼應，缺一不可，形成爲嚴密的整體結構。又如妄盡還源觀，也是先後有序的整體觀法，在這方面反映出法藏邏輯思維的素質和特點。再次，綜合性與超越性的統一。如法藏在講眞空觀時，先把空與有兩面對立起來，再把兩者綜合起來，謂空卽色，色卽空，色空無礙，然後泯絕色空，超越色空，以求進入寂滅境界。又如，在講十重唯識觀時，法藏也有同樣的思維操作，以相分、見分對立、並存，進而超越相、見；又以心王心所對立、並存，進而超越兩者，再後都歸結於心的本體，以求進入清淨圓明的境界。這也可說是法藏對肯定、否定思維方式的具體運用。最後是，明快性與機械性的統一。法藏喜好用數量詞來表達哲學問題，他對「十」更有特殊的嗜好和感情，如以十門說理事無礙觀，又以十門說事事無礙觀，講唯識觀也是十重。法藏還以一、二、三、四、五、六共六層，逐層增加一個內容來闡述妄盡還源觀。這都表現了在表述形式上的明快性、清晰性，但是其間表露出來的機械的運作局限，也是十分明顯的。

第九章　法藏的思想影響和歷史地位

對於一個歷史人物，我們應當從他的思想業績出發，進而看他在歷史上的作用與影響，然後再評估其在歷史上的地位。法藏是唐代佛教華嚴宗的眞正創始人、佛學家、翻譯家、哲學家、宗教和社會活動家、書法家。從上述八章的內容，我們可以進一步看到，他的宗教活動和學術思想給當時與後世的社會生活、宗教理論，乃至文化思想的影響是多方面的、深遠的。在佛教史上，法藏對於《華嚴經》思想的發展、判教和修行實踐等都帶來了衝擊、推動、分歧、變化，對於天台、唯識和禪諸宗的關係，也帶來了正負的作用，並且推動了朝鮮和日本的華嚴宗的創立或發展。在哲學史上，主要是以獨特的現象論、本體論、人生理想論、心性論和認識論，豐富了古代哲學思想的寶庫，並對宋明理學的發展發生了巨大而深刻的推動作用。應當說，在中國佛教史、哲學史和中外文化交流史上，法藏都占有一定的地位。

第一節　法藏在佛教史上的作用和影響

法藏在佛教史上的作用是多方面的，概括起來，可以從四方面去考察，一是從華嚴宗系統，考察其實際創立華嚴宗的巨大作用；二是從華嚴學系統，考察其對印度《華嚴經》佛教思想的評價、發展，以及由此而引發爾後華嚴學的回應、反響、分歧、爭論、變化；三是在與天台宗、法相唯識宗、禪宗的複雜關係上，所引起的排斥、對立、吸取、融合；四是對於朝鮮和日本的華嚴學的傳播、流行或華嚴宗的創立、發展，具有的重大作用。

一、創立華嚴宗

法藏在佛教史上最重大的作用，是依據印度《華嚴經》，結合中國的民族特色，創立了獨特的佛教教派——華嚴宗。法藏生前竭盡全力進行創宗活動，他積極翻譯《華嚴經》等經典，勤於注釋和創作，從理論上發揮《華嚴經》的思想，提出判教、教義、觀法等一套新的宗教理論和方法，他講學不懈，大力弘法，培養弟子，擴大影響，此外，還配合王朝或創宗的需要從事各種宗教性和社會性的活動，在各地創建華嚴寺，建立香社，舉行華嚴齋會。正是由於法藏的努力，創建了擁有自己的理論、觀法、修行方式、活動據點、師承關係和廣大信衆的結社教團，形成了別樹一幟的佛教實體，獨立於佛教宗派之林。這是中國佛教史乃至整個佛教史的一件大事，在歷史上產生了重要的影響。

二、推動華嚴學的發展、變化

法藏是富有創造性的佛教理論家，他在創宗活動中，既繼承了《華嚴經》的學說，又發展了該經的思想；他所創立的華嚴思想也一面爲後繼者所繼承，一面又爲他們所發展，從而也表現出他的華嚴思想影響的廣泛性和深刻性。

(一)法藏對《華嚴經》思想的改造與發展

《華嚴經》是印度大乘佛教經典，其中心內容是從「法性本性」的觀念出發，強調諸法平等無差別，一卽一切，一切卽一，宣揚無盡緣起論。在宗教實踐上，此經依據「三界唯心」的義理，指出衆生解脫的關鍵是在心（阿賴耶識）上用功，強調依十地而輾轉增勝的普賢愿行，最終進入佛地境界。法藏以《華嚴經》爲基本立場，吸取印度大乘空宗的論證方法、大乘有宗的阿賴耶識緣起論和《大乘起信論》的眞如緣起論，加以綜合、批判、創新，從而形成華嚴學的法界無盡緣起論。由此，雖然法藏把《華嚴經》判爲圓教，奉爲本宗的最高經典，但是又帶來了若干與《華嚴經》不同的思想傾向，形成了不同的分際。

《華嚴經》的中心內容無盡緣起思想，是着重從社會現象立論的，是強調人類的本質相同，具有平等意義，相卽相入，圓融無礙，含有消除社會不平等的意義。法藏的無盡緣起思想則是着重就自然現象立論的，強調一切清淨本然，萬物互爲因果，重重無盡，從而更多地肯定現實的價值，也就是通過宇宙論的哲學論證，客觀上爲現存社會秩序祝福。

正如我們在上面所曾指出的，《華嚴經》的「三界唯心」是就修持角度講的，是說迷悟在心，心是解脫的關鍵所在。法藏把這一命題引伸爲由心顯現一切，一切隨心變現，把一個側重於道德論的命題轉爲宇宙論的命題，雖然擴大了含意，卻是改變了原意。

《華嚴經》十分重視修行，重點是宗教實踐。它以菩薩十地爲中心，並與普賢行願相結合，普賢行願包括禮敬諸佛、稱讚如來、廣修供養、懺悔業障、隨喜功德、請轉法輪、請佛住世、常隨佛學、恒順衆生和普皆迴向，要求將以上十種行願相繼不斷實踐力行。但是法藏的行位說強調一普賢行遍一切行，一行貫徹到究竟，這就和依次增勝的十地說不盡一致了。

(二)判教引起的反響

法藏的五教說深受天台宗判教的影響，把天台宗依形式和內容兩個標準所立的五時八教混爲一談，引起弟子慧苑的不滿和批判。慧苑在《續華嚴經略疏刊定記》卷1的〈立教差別〉中，批判了以往菩提流支等十九家的判教學說，其中也包括了師父法藏的小、始、終、頓、圓的五教說，認爲五教是在天台宗的「化法四教」的基礎上而成，即把「藏」改爲小乘教、「通」改爲大乘始教，「別」改爲終教、「圓」照舊，另加上一個頓教。他批判說，五教說中的頓教是用離言說相以顯法性的，不應當作爲能詮的教相，混淆能所是不對的❶。

慧苑更張法藏的五教，另據《究竟一乘寶性論》新立四教。該論卷4說:「有四種衆生，不識如來藏，如生盲人。何等爲四?一者凡夫，二者聲聞，三者辟支佛，四者初發菩提心菩薩。」❷慧苑依據這種說法，對於凡夫的教說，名爲「迷眞異執教」。慧苑認爲此教是非因計因，非果計果所立的教法，相當於人天教，即印度的九十六種外道教❸和中國的孔子、老子、莊子的三家教。對於聲聞和辟支佛的教說，名爲「眞一分半教」。「眞一分」，是謂眞如的隨緣和不變二分中的不變的教法，「半教」，是因眞如爲我法二空所顯，今僅就我空而言，故稱。此教是指小乘佛教的

---

❶ 《續藏經》第一輯第五套第一册，頁 8-12。

❷ 《大正藏》卷 31，頁 839 中。

❸ 九十六外道教，指古印度九十六種非佛教的派別，如數論師、勝論師、無因論師、宿作論師等。

說一切有部等只說「人無我」，不理解「法無我」的道理，是不究極的。對初心菩薩的敎說，名爲「眞一分滿敎」。「眞一分」如前所述；「滿敎」，謂眞如爲我法二空所顯的敎法。此敎所講眞如只有不變而無隨緣，相當於大乘始敎的敎義。對於已識如來藏者的敎說，名爲「眞具分滿敎」，指眞如的隨緣和不變的兩面敎法，闡明我法二空的道理，故稱。相當於終敎和圓敎❹。慧苑的判敎說是和華嚴宗傳統說法的最大分歧之所在。被奉爲華嚴宗四祖的澄觀力彰法藏的五敎說，在所著《大方廣佛華嚴經隨疏演義鈔》卷 3 中說：「破五敎而立四敎，雜以邪宗，使權實不分，漸頓安辨？」❺就是批判和駁斥慧苑的四敎說的。所謂「雜以邪宗」，是指迷眞異執敎將印度九十六種外道和中國儒、道二家也攝入敎判論，是錯誤的。「權實不分」，是指將眞一分滿敎與眞具分滿敎都稱爲滿敎，是不知權敎和實敎的分別。至於「漸頓安辨」是指四敎說除去頓敎而言。

平心而論，慧苑的判敎在克服法藏判敎中的邏輯矛盾方面是有積極作用的，而澄觀的反駁則仍有邏輯混亂之處。澄觀講雜以邪宗，其弟子宗密就在所著《原人論》中先破斥儒、道的迷執❻，這也可說是受到慧苑的影響。至於澄觀隨順禪宗，以南北禪宗爲頓敎，則與禪宗自居敎外的立場不同，混淆了宗與敎，並和判敎的本意相衝突。此外，把禪宗列入頓敎，也開了宗密調和禪敎的先河。

（三）引出十玄的異說和爭議

---

❹ 《續藏經》第一輯第五套第一册，頁12-15。
❺ 《大正藏》卷 36，頁 17 上。
❻ 《大正藏》卷 45，頁 708 上、中、下。

法藏的十玄說也引起慧苑的異議，慧苑在《續華嚴經略疏刊定記》中改變了法藏的十玄宗義，提出德相、業用兩重十義說。十種德相是：一同時具足相應德，二相卽德，三相在德，四隱顯德，五主伴德，六同體成卽德，七具足無盡德，八純雜德，九微細德，十如因陀羅網德。十種業用是：一同時具足相應用，二相卽用，三相在用，四相入用，五相作用，六純雜用，七隱顯用，八主伴用，九微細用，十如因陀羅網用❼。

澄觀在《大方廣佛華嚴經疏》和《華嚴經隨疏演義鈔》中，反駁了慧苑把十玄分爲德相十玄和業用十玄的說法，恢復了法藏《華嚴經探玄記》十玄說，並作了發揮。澄觀說：

> 析十玄之妙旨，分成兩重，徒益繁多，別無異轍。使德相而無相卽相入，卽用之體，不成德相，不通染門，交徹之旨寧就，出玄門之所以。但就如明，却令相用二門，無由成異。以緣起相由之玄旨，同理性融通之一門，遂令法界大緣起之法門，一多交徹而微隱❽。
>
> 德相、業用雖異，不妨同一十玄，無不該攝❾。

澄觀認爲慧苑自立開爲德相和業用兩重十玄，是繁瑣哲學。再，德相十玄中，缺少相入門，在業用十玄中，安置相入門，這樣體無相卽相入，體用相卽也就不能成立了。又，德相十玄，只

---

❼ 《續華嚴經略疏刊定記》卷 1，《續藏經》第一輯第五套第一册，頁 21-25。

❽ 《大方廣佛華嚴經隨疏演義鈔》卷 3，《大正藏》卷 36，頁 17上、中。

❾ 《大方廣佛華嚴經隨疏演義鈔》卷 10，《大正藏》卷 36，頁 76上。

限於淨法，不通染淨二門，眞妄交徹也就不能成立了。還有將十玄緣起的理由，求之理性融通一門，不提緣起相由，也就使法界緣起一多交徹之義，微隱不明。澄觀還認爲德相和業用雖然不同，但是十玄已包攝無遺，不必再作分別了。

(四)唯心緣起說的演變

唯心說是華嚴學中極爲重要的哲學理論。法藏的唯心說發展了《華嚴經》的唯心思想，而澄觀、宗密又發展了法藏的唯心說，推動了華嚴唯心說的演變。

法藏的唯心說是側重於闡明一心的本源顯現宇宙萬象，強調宇宙萬象但是一心所作。澄觀的唯心說則是側重於強調宇宙萬象卽是一心，他認爲「總該萬有，卽是一心。然心融萬有，便成四種法界。」❿一切萬有就是心，心包融一切萬有。法藏和澄觀所講的心也就是性。這裏法藏和澄觀都是繼承和發揮智儼以來的性起說，但是法藏是以唯一眞性全體成就一切萬有，澄觀則強調一切萬有爲性所起，從而表現出性起義的某些微妙變化。

法藏所講的心分眞如和生滅兩門，通常又多指眞如心，是爲包括衆生在內的宇宙萬有的本源。這個眞如心是一種佛理的體現還是具體的心本身，法藏的觀念不是很明確的。而澄觀則比較明確地以「靈知之心」卽先天的智慧來解釋眞如心，解釋衆生的本覺思想。法藏又強調佛、佛境是淨心，所謂性起是屬於淨法的範圍，澄觀不同，他認爲心是一個總相，若果覺悟成佛，是爲淨緣起，若果迷妄作衆生，則爲染緣起，也就是說，性起不但有淨，也有染，這些是華嚴宗人性起論的演變，也是唯心說的演變。

---

❿ 宗密《注華嚴法界觀門》引，《大正藏》卷 45，頁 684 中。

三、華嚴宗與天台、唯識、禪諸宗的交涉

法藏的宗教活動和思想還直接或間接地促進了華嚴宗與其他宗派關係的發展，在這方面，最重要的是華嚴宗與天台宗、唯識宗、禪宗的交涉，反映了法藏給中國佛教所帶來的深遠影響。

(一)華嚴宗與天台宗　自法藏始，華嚴學者多吸取天台學說來充實自己的思想，法藏的五教說是在吸取天台宗的「化法四教」的基礎上形成的，但法藏的性起緣起說與天台宗的性具說在思維結構上是不同的。華嚴四祖澄觀早年曾從天台宗湛然（公元711-782年)受學，他採用了天台宗一念三千的性具說，吸取了性具說中性惡的說法，來補充和發展性起說，表現出華嚴宗主動與天台宗合流的傾向，也表現了華嚴宗意在包涵天台宗的教義從而使之失去理論優勢的圖謀。華嚴宗人的作法引起天台宗人湛然的對抗。湛然一面吸取華嚴宗學說的重要典據《大乘起信論》的思想，尤其是眞如不變隨緣的論點，但又作出不同於華嚴宗的解釋。湛然強調不變和隨緣是一致的，不變卽隨緣，隨緣卽不變，如波卽是水，水卽是波，批評華嚴宗人的不變而隨緣，隨緣而不變，以水的濕性來比喩不變的說法，斥之有割裂之嫌。湛然還針對華嚴宗澄觀等人的有情衆生有佛性，無情無佛性的說法，運用《大乘起信論》的眞如隨緣不變說，提出「無情有性」的說法⑪，強調不變的眞如和變化的萬法是一體，有情、無情都不在萬法之外，無情之物也是眞如的體現，也有佛性。由此，湛然認爲性起的性不能只是心性而是法性，從而表現出了與華嚴宗性起說的對立。

⑪ 《金剛錍》，《大正藏》卷 46，頁 784 下。

（二）華嚴宗與唯識宗　法藏大量吸取唯識宗的學說，如理事觀念就是與玄奘對理的翻譯有關⑫，法藏判教的十宗說是吸收窺基的說法而成。法藏的十重唯識觀，也是在吸收唯識宗五重唯識觀的基礎上加以擴充而確立的。但是華嚴宗人又在表面上對唯識宗持批評態度，把唯識宗貶低爲大乘始教。法藏實是針對唯識宗，有意在玄奘、窺基一系之外，另立門戶，從而形成對唯識宗的重大衝擊。唯識宗的由盛轉衰，就與華嚴宗包涵了它的學說，並在該宗之外另樹一幟直接有關。

（三）華嚴宗與禪宗　法藏華嚴宗是在天台宗、唯識宗之後，幾乎與禪宗南宗同時創立的。華嚴與禪兩宗在思想上有共通之處，法藏的性起說和人人都有佛性說與禪宗的思想基調是相同的，法藏的妄盡還源觀和禪宗的明心見性說，具有異曲同工之妙，這都爲兩宗的相互溝通提供思想基礎。再者，華嚴宗的理論思辨和義理文字既已登峰造極，中國佛教哲理也就接近山窮水盡了，這也就刺激了禪宗不立文字，教外別傳宗旨的發展。而禪宗沿此道路前進，久而久之，必然流於空疏，從而又轉向與華嚴宗義理合流。

法藏之後，澄觀爲反駁慧苑的四教說，恢復法藏的五教說，就明確地把禪宗列入頓教，表現出主動調和禪宗的傾向；他用來解釋《大乘起信論》本覺思想的「靈知之心」就是來自禪宗荷澤系的說法。澄觀的弟子宗密，既是禪宗荷澤系禪師，又是華嚴學者，他明確提出禪教一致的理論，用心，即用心性本覺統一了禪與教的說法。宗密在《禪源諸詮集都序》中說，佛說頓教、漸教，禪開頓門、漸門，二教、二門各相符契。又說，全部大藏經

---

⑫ 參見呂澂：《中國佛學源流略講》，中華書局，1979年8月版，頁192。

論可分爲三教，所有的禪也可分爲三宗，三教、三宗也是相應符合的。三教是：「密意依性說相教，密意破相顯性教，顯示眞心卽性教。」⓭三宗是：「息妄修心宗，泯絕無寄宗，直顯心性宗。」⓮三教與三宗相配對，顯示眞心卽性教和直顯心性宗分別爲教和宗的最高階段。顯示眞心卽性教，是說一切衆生皆有空寂眞心，無始以來自性淸淨，靈知不昧；眞顯心性宗，是說一切諸法都只是眞性，或者說一切諸法，包括言語行爲都是眞性的呈現。眞心卽眞性，顯示眞心卽直顯心性，兩者契合一致。宗密還作了一個結論，說：「三教三宗是一味法，故須先約三種佛教證三種禪心，然後禪教雙忘，心佛俱寂。俱寂卽念念皆佛，無一念而非佛心，雙忘卽句句皆禪，無一句而非禪教。」⓯

如果說，澄觀和宗密強調靈知之心爲本源，主要是受禪宗思想影響的話，那麼，後來華嚴思想也影響了禪宗，在這方面，最爲典型的是五代的文益（公元885-958年）和五代宋初的延壽（公元 904-905 年）。文益是禪宗法眼宗創始人，他洞悉當時禪宗學人空疏不通教理的弊病，轉而提倡教理，尤爲推崇《華嚴經》。文益對《華嚴經》義理運用入化，會通華嚴教義來講禪。他作《頌華嚴六相義》，用「六相」來體會《華嚴》的法界，把握理事的關係。他講的禪是完全建立在理事圓融的基礎上的⓰。

延壽從文益弟子德照參學，而深受文益思想的影響，同時也受宗密禪教統一思想的影響，撰有百卷本的《宗鏡錄》一書，對

⓭ 《禪源諸詮集都序》卷上之二，《大正藏》卷48，頁 402 中。

⓮ 同上。

⓯ 《禪源諸詮集都序》卷下之一，《大正藏》卷48，頁 407 中。

⓰ 《宗門十規論》，《續藏經》第一輯第二編第十五套第五册，頁 440。

後世影響頗大。《宗鏡錄》「立心爲宗」⑰，「一心」的心就是自性清淨心。延壽在詮釋「一心」時，引用《華嚴經》和華嚴宗的理論最多。延壽寫作《宗鏡錄》的目的是使禪教統一，他宣揚禪是達摩，教是《華嚴》，因爲《華嚴》示一心廣大之文，達摩標衆生心性之旨⑱。這種禪尊達摩，教尊賢首的主張，成爲禪宗五家宗派最後一宗法眼宗的門風。

這裏，要附帶指出的是，明末清初的哲學家方以智（公元1611-1671年），在公元1650年清兵攻陷桂林、廣州之後，削髮爲僧，改名弘智，別號愚者大師。他批評禪宗的明心見性說是不理解內外、絕對相對的統一關係，熱情肯定華嚴宗的圓融哲學。方以智晚年在《東西均》中提出「隨」、「泯」、「統」三個觀念，作爲他的方法論的總綱。所謂「隨」是隨順常識，承認事物和差別的存在；所謂「泯」卽泯除一切差別，不承認事物的存在；所謂「統」就是綜合隨、泯，把兩種相對立的觀點統一貫通起來。方以智的這三個觀念就來源於華嚴宗的事事無礙說，他說：「《華嚴》歸於事事無礙法界，……可見中諦統眞、俗二諦，……俗諦立一切法之二，卽眞諦泯一切法之一，卽中諦統一切法之一卽二、二卽一也。」⑲隨、泯、統卽華嚴宗所謂俗諦、眞諦、中諦。隨承認「二」，泯承認「一」，而統是肯定「一卽二，二卽一」。方以智也運用華嚴宗的六相說來闡明事物和事物之間的統一關係，他在《易餘》卷上說：

---

⑰ 《宗鏡錄》卷1，《大正藏》卷48，頁417中。
⑱ 見《宗鏡錄》卷34，《大正藏》卷48，頁614上。
⑲ 《東西均・全偏》，中華書局，1962年12月版，頁70。

何謂六象？曰統、曰辨、曰同、曰異、曰成、曰毀是也。譬之宅然，合門牖堂室，而號之曰宅，此統名⑳之總也；「統」象也。分宅之中所曰堂；堂之內可入者曰室；堂室之簾可出入者曰門；開壁納光者曰牖；此辨名之別也，「辨」象也。門牖，宅之門牖也；堂室，宅之堂室也；「同」象也。堂自堂，室自室，門自門，牖自牖，「異」象也。堂兼室，室兼堂，門兼牖，牖兼門，此宅之「成」象也。棟梁不可為階壁，階壁不可為棟梁，此宅之「毀」象也。

毀宅之中，具有成象，成象之中，具有毀象。同不毀異，異不毀同，統不廢辨，辨不廢統。即一宅而六者同時森然，同時穆然也。

軀之備肢體也，天之備日星也，心之於事物也，一也。冬與夏，生與死，顯與幽，本與末，內與外，一與多，皆可以斷之、常之、離之、即之，同時錯綜，森然穆然者也㉑。

像，現象，即相。統、辨，相當於總、別。森然，錯綜複雜。穆然，和諧統一。方以智同樣以房宅為喻，來說明六象的整體與部分、同一與差異、兼成與獨立的錯綜關係。方以智還引申到軀體和天體的結構，進一步推論「心之於事物」也是如此，都是錯綜複雜和諧一致的。方以智的上述言論，足以可見法藏思想影響之深遠。

⑳ 抄本原為「天」字，據文義改。
㉑ 見《方以智「合二而一」言論選錄》，《中國哲學》第三輯，三聯書店，1980 年8月版，頁324-325。

四、法藏與朝鮮、日本的華嚴宗

法藏對於朝鮮華嚴學的流傳與日本華嚴宗的創立的作用是巨大的。和法藏同時代的朝鮮人義湘[22]（公元 625-702 年），二十歲出家。公元 650 年和元曉共同計劃渡海入唐求法，後元曉放棄計劃，義湘也直至公元 661 年纔入唐，到陝西終南山至相寺，從智儼學習《華嚴經》。時與法藏同學，相與鑽研求索，情誼篤厚。義湘師事智儼七年，在智儼去世後，返回朝鮮。隨後在太白山創浮石寺，並在印海、五泉等名刹傳播華嚴義理，弟子中知名者有悟眞、智通、眞定、表訓等十大德，學徒雲集，被尊爲東海華嚴初祖。公元 692 年，法藏弟子勝詮返國回朝鮮，法藏順便托帶所著《華嚴一乘敎義分齊章》和《華嚴經探玄記》等，連同所寫書信給義湘。書曰：「夙世同因，今生同業，得於此報，俱沐大經。特蒙先師，授玆奧典，希傍此業，用結來因。但以和上章疏，義豐文簡，致令後人多難趣入。是以具錄微言妙旨，勒成義記，傳之彼土，幸示箴誨。」[23]「想乃目閱藏文，如耳聆儼訓，掩室探討，涉旬方出。召門弟子可器瀉者四英（眞定、相圓、亮元、表訓），俾分講《探玄》，人各五卷。」[24]義湘還深情地對弟子說：「博我者藏公，起予者爾輩。」[25]法藏和義湘互相尊重，交流學術，成爲中朝佛敎古德間弘傳華嚴義理的佳話。法藏對於華嚴學在朝鮮廣泛流傳的作用，正如朝鮮崔致遠所評論的：「《雜

---

[22] 義湘，亦作義想。

[23] 崔致遠：<唐大薦福寺故寺主翻經大德法藏和尚傳>，見《華嚴金師子章校釋》，中華書局，1983 年 9 月版，頁 186。

[24] 同上。

[25] 同上。

華》（《華嚴》）盛耀螽桃，蓋亦藏之力爾。」㉖

法藏創立的華嚴學，還經由弟子朝鮮人審詳返國傳入朝鮮。後來審詳赴日本住大安寺，於公元 740 年應請在金鐘道場宣講《華嚴經》，爲日本講《華嚴經》的第一人。法藏的學說經審詳輾轉傳給日本僧人良辯，開創了日本的華嚴宗。良辯建東大寺，爲華嚴的根本道場，盛弘華嚴學，至今猶存。此外，當時洛陽大福先寺道璿，應來唐日本學僧榮睿、普照之請，於公元 736 年賫同《華嚴經》章疏赴日本，弘揚華嚴宗的學說，對於傳播法藏華嚴學也起了重要的作用。

法藏是中、印、朝、日佛教文化交流和人民友好的推動者，他的學說不僅影響了中國文化，而且越界渡海，對東亞地區佛教文化的建樹和發展，都發生了重要影響。

第二節　法藏對哲學史的衝擊和影響

從哲學史的角度來看，法藏主要是對唐以來的儒學帶來了直接或間接的刺激和推動。

一、對唐代儒學的衝擊

在法藏逝世後一百多年間，包括法藏創立的華嚴宗在內的佛教勢力越來越興盛，佛教與道教一度在哲學思想領域占有統治地位，引起了儒學重要代表人物韓愈（公元 768-824 年）的憂慮和不滿。他領導了當時的復古運動，這個運動有「文」和「道」兩

㉖ <唐大薦福寺故寺主翻經大德法藏和尙傳>，見《華嚴金師子章䇮釋》，中華書局，1983 年 9 月版，頁 187。

個方面，卽一方面以所謂三代兩漢文體代替魏晉以來的駢文，一方面用儒教代替佛教和道教，爭取和鞏固儒教的統治地位。韓愈撰寫的〈原道〉、〈原人〉、〈原性〉、〈原鬼〉，就是針對佛道兩教而發的。與韓愈同時的李翺（公元 772-841 年），對韓愈的思想作了補充和發展。韓愈崇信孟子，抬高《大學》，李翺又突出《中庸》，強調《中庸》是「性命之書」，認爲關於「性命之源」的問題，是從哲學上駁倒佛教的根本問題。李氏作了三篇〈復性書〉，因《中庸》的性命之學過於簡略，又從佛教心性說中吸取資料。這樣，李氏一方面打着反對佛教的旗號，一方面又在心性學說上與佛教合流。這就在佛教多方面的刺激下，開創了一種新的思想途徑，具有重要的導向意義。韓愈和李翺還力陳先王之道，製造了一個「道統」，以爲道學作歷史根據，並提出《大學》、《中庸》爲道學的基本經典，這二篇文章和《論語》、《孟子》，成爲後來道學的《四書》。可見唐代儒學學術旨趣的轉移、基本經典的確定，都是和佛教的衝擊直接相關的，這種衝擊自然也包括法藏華嚴宗的作用在內。

韓、李，尤其是李翺一面反對佛教信仰，一面又吸取佛教思想，對於佛教趨向衰落和理學隨之興起，也都具有重要的作用。道學開啓宋明理學之先河，是從隋唐佛學向宋明理學過渡的基本環節。

二、對宋代理學的影響

宋代理學的思想旨趣，是從理與氣的形而上與形而下關係，探討爲人修身之道，以期確立人類的道德倫理，所以矚目宇宙本體論與心性學說。宋儒繼承韓愈、李翺的道路，爲了中興儒學，如周濂溪、張橫渠、程明道、程伊川、楊龜山、謝上蔡、朱熹、陸象山等人都是主張排佛的。他們一面反對佛教，一面研究佛教，研究佛教是爲了深入批判佛教，同時也吸收佛教某些思想資料，以深化儒學思想。

佛教對宋代理學家影響最大的是華嚴宗和禪宗的思想，而華嚴宗又是通過華嚴禪而影響理學的，正如呂澂先生所說：「理學之受《華嚴》影響這是大家共認的，不過他們是通過禪學特別是所謂華嚴禪而間接受到的影響，並非是直接研究而得之《華嚴》的。」[27] 這就是說，華嚴宗是通過華嚴宗人宗密[28]，以及法眼宗人文益、延壽等人的著作和思想而影響了理學。也就是說法藏是直接地更重要是間接地通過宗密等人而對理學發生思想影響的。

法藏思想對理學的直接和間接的影響，從內容上講，主要有宇宙本體論和心性論、認識論三個方面，值得注意的是影響的方式，一般不是被直接引用，而是理學家借用、參照某些哲學範疇，特別是某些運思理路、思維方式、認識結構，也就是吸取了法藏佛教理論的方法論，至於在範疇觀念的具體內涵方面則往往有很大的不同，甚至是本質的差別。

法藏的理和事的範疇與理事無礙的玄旨，無疑對理學產生了先導的作用。在《二程語錄》卷11的〈伊川語錄〉中有一段很值得

---

[27] 《中國佛學源流略講》，中華書局，1979年8月版，頁249。

[28] 馮友蘭先生說：「《原人論》（宗密作）的『儒道亦是』的說法，預示宋明道學的出現。事實上，《原人論》所說的一乘顯性教已爲宋明道學提供了一個基本的內容。」見《中國哲學史新編》第四册，人民出版社，1986年9月版，頁257。又冉雲華先生對宗密思想及其對宋、明理學的影響也有詳密的論述，見其所著《宗密》，東大圖書公司，1988年版，頁253-263。

注意的問答:

問: 某嘗讀《華嚴經》，第一真空絶相觀，第二事理無礙觀，第三事事無礙觀。譬如鏡燈之類，包含萬象，無有窮盡。此理如何?

曰: 只為釋氏要周遮，一言以蔽之，不過曰萬理歸於一理也。

又問: 未知所以破他處。

曰: 亦未得道他不是㉙。

這裏所講的三觀，出自法藏《華嚴發菩提心章》中的華嚴法界觀門，如前所述，書中這一部分，澄觀、宗密定爲杜順所作，並分別加以注釋而成《華嚴法界玄鏡》和《注華嚴法界觀門》。問中所說的《華嚴經》並不是長篇譯本《華嚴經》，而是指法藏或澄觀、宗密的上述著作。上述語錄表明，程伊川(程頤，公元1033-1107 年）讀過華嚴宗法藏等人的著作，並準確地把三觀概括爲「萬理歸於一理」，也肯定了華嚴宗人的這一說法。由此可以推斷，法藏華嚴宗的理事說對於二程哲學思想體系的構造、形成，具有直接的重要的啓導意義。

理事說是華嚴宗學說的理論基石，也是該宗與中國傳統哲學思想相交涉的結合點。程、朱吸取華嚴宗人的理事說的精神實質，由理事說進一步推導出理氣說，把「理」上升爲最高的哲學範疇，提高到永恆的、至高無上的地位，構成以理爲本原的本體

㉙ 《河南程氏遺書》卷18，《二程集》，中華書局，1981年7月版，第一册，頁 195。

論。

二程說:「所以謂萬物一體者，皆有此理，……生則一時生，皆完此理。」[30]萬物是一體，此體就是理，事物生成時就完全具有此理。這和法藏的萬事同歸於一理，一理體現爲千差萬別事物的本體論思路是一致的。法藏認爲事不能離開理而存在，而事有生滅，理是永恆的，「事既攬理成，遂令事相皆盡，唯一眞理平等顯現，以離眞理外，無片事可得故。」[31]同樣，朱熹（公元1130-1200年）也說:「未有此氣，便有此理;既有此理，必有此氣。」[32]法藏講理事的隱顯，二程則講理事的微顯，「至顯者莫如事，至微者莫如理;而事理一致，微顯一源。」[33]二者的思想實質也是完全一致的。當然，程、朱與法藏在理事關係問題上看法的一致性，並不排斥雙方對理的理解的差異性，雙方雖同以理爲體，但一者視理爲理體、眞如，一者視理爲事物的法則和仁義禮智的抽象化，這種理的具體內涵的差異是儒佛世界觀上對立的表現。

在心性問題上，可以說理學與華嚴學的思維旨趣是極爲相近相似的。法藏以心爲本，強調衆生都有自性清淨心，朱熹說:「心性本不可分」[34]。法藏認爲人人都有佛性，朱熹則認爲人的本性是至善的。朱熹說:「蓋本然之性，只是至善。然不以氣質

---

[30] 《河南程氏遺書》卷2上，《二程集》，中華書局，1981年7月版，第一册，頁33。
[31] 《華嚴發菩提心章》，《大正藏》卷45，頁653中。
[32] 《朱子語類》卷63，中華書局，1986年3月版，第四册，頁1548。
[33] 《河南程氏遺書》卷25，《二程集》，中華書局，1981年7月版，第一册，頁323。
[34] 《朱子語類》卷60，《孟子・盡心上》，中華書局，1986年3月版，第四册，頁1422。

而論之，則莫知其有昏明開塞，剛柔強弱。」[35]人的本性是至善的，但由於氣質的障蔽，又有不善，昏暗。這和法藏所講的人性本來清淨，由於隨緣生起而有雜染，在思考問題的角度上是一致的。由此法藏在宗教修持上主張由染轉淨，妄盡還源，朱則在道德修養上強調去人欲，存天理，二者的思維途徑又是何其相似乃爾！

在認識論上，法藏的觀法與理學也有相通之處。二程說：「物則事也，凡事上窮其理，則無不通。」[36]「隨事觀理，而天下之理得矣。」[37]隨事觀理，由事窮理。不難看出，這和法藏所講的眞空絕相觀、事理無礙觀，在認識路線上也是近似的。

第三節　法藏的歷史地位

從法藏一生的業績及其在歷史上的作用與影響，我們可以進一步評判他在歷史的地位。最爲重要的是，法藏作爲宗教活動家和哲學家所發揮的歷史作用與影響，牢固地奠定了他在歷史上的重要地位。

一、法藏在佛教史上的地位

法藏生逢其時，生涯平坦，在武則天等最高封建統治者的大

---

[35] 《朱子語類》卷 59，《孟子・告子上》，中華書局，1986 年 3 月版，第四册，頁 1387。

[36] 《河南程氏遺書》卷15，《二程集》，中華書局，1981 年 7 月版，第一册，頁 143。

[37] 《宋元學案》卷 15，《伊川學案・語錄》，中華書局，1986 年 12月版，第一册，頁 605。

力支持下，把佛教組成爲一個新系統，構成新的觀門、教相，開創了華嚴宗。法藏成爲一代高僧，一代名匠，華嚴宗也因他開創之功而又名爲賢首宗、賢首教。從宗教地理來看，華嚴宗在陝西、河南、山西、江蘇、浙江一帶，都曾有着重要的勢力和影響，如白居易（公元 772-846 年）在長慶二年（公元 822 年）就參加杭州龍興寺僧人南操創立的華嚴社，爲該社社員。白氏在〈華嚴經社石記〉中記述該社情況說：

> 有杭州龍興寺僧南操，當長慶二年，請靈隱寺僧道峰講《大方廣佛華嚴經》至〈華藏世界品〉，聞廣博嚴淨事。操歡喜發愿，愿於白黑衆中勸十萬人，人轉《華嚴經》一部。十萬人又勸千萬人，人諷《華嚴經》一卷。每歲四季月，其衆大衆會。於是攝之以社，齊之以齋。自二年夏至今年秋，凡十有四齋。每齋，操捧香，跪啓於佛曰：愿我來世生華藏世界，大香水上，寶蓮金輪中，毘盧遮那如來前，與十萬人俱，斯足矣。又於衆中募財，置良田十頃，歲取其利，永給齋用[38]。

這是一個有大量信衆參加，有一系列活動的華嚴宗信仰團體，是華嚴宗興盛的一個實例。此外，十分重要的是，華嚴宗還傳播到朝鮮、日本，成爲國際性的佛教宗派。再從宗教歷史來看，華嚴宗系的命脈久傳不絕。法藏有弟子多人，其中以慧苑爲上首。據傳慧苑有弟子法銑（公元 718-778 年），法銑有弟子澄

---

[38] 《白居易集箋校》卷 68，上海古籍出版社，1988 年 12 月版，頁3661。

觀，稱華嚴四祖。澄觀弟子宗密爲華嚴五祖。宗密逝世不久，隨即發生會昌滅佛事件，經論銷毀殆盡，華嚴宗和其他宗派同樣受到打擊。到宋初，有長水子璿（公元 965-1038 年）傳弘宗密之學，華嚴宗得以復興。子璿弟子淨源（公元 1001-1088 年），在浙江一帶作疏倡導，大力弘揚華嚴宗義，時稱中興教主。又有道亭、觀復、師會、希迪四人，分別撰法藏《華嚴一乘教義分齊章》的注解，世稱宋代華嚴四大家。元代有文才（公元 1241-1302 年）等傳承華嚴學說。迄至明末雲棲袾宏（公元 1535-1615 年）、憨山德清（公元 1546-1623 年）、蕅益智旭（公元 1599-1655年）也都研習法藏的思想。清初續法（公元 1641-1728 年）撰有多種著作，弘闡法藏的學說。清末有楊文會（仁山，公元 1837-1911 年），廣究諸宗，尤爲服膺華嚴宗的教義。同時有月霞（公元 1861-1918 年），創辦華嚴大學，也以大力弘揚華嚴宗著稱。華嚴宗雖自宗密以後，漸趨衰微，但一千二百多年來，其學術傳承沒有斷絕，表明了法藏學說的持久生命力。法藏開創華嚴宗的業績是佛教史上的一座豐碑，奠定了他在中國佛教史上的重要歷史地位。

二、法藏在哲學史上的地位

法藏具有高度的哲學思辨能力，他主要通過闡發理和事這一對重要的哲學範疇，系統地論述了本體和現象、現象和現象的關係，提出一套獨特的宇宙生成論、現象論和本體論的學說，構成一個博大深沉、別具一格的圓融哲學體系。他還組織了一套觀法，發揮了與宗教修養密切聯繫的特殊的認識論。法藏的哲學是以客觀唯心主義爲基調的，其中旣有辯證法因素，也有非辯證成份。但最爲重要的是，法藏爲哲學史提供了理論思維的深刻的經驗和教訓。

法藏佛教哲學思想的影響是廣泛而持久的，他的學說一直爲中外佛教華嚴學者所繼承和發揮，也爲哲學家、哲學史家所重視。法藏的重要著作如《華嚴一乘教義分齊章》不斷地有後人的注釋和發揮。上面提到宋代華嚴四大家都爲《華嚴一乘教義分齊章》作注釋，即：道亭所作名《義苑疏》十卷；觀復所作名《折薪記》五卷，已佚；師會所作名《焚薪》二卷，又作《復古記》三卷或六卷；希迪所作名《集成記》六卷，其中《義苑疏》和《復古記》，都是重要著作。日本華嚴宗著名僧人凝然（公元1240-1321 年）不僅撰《五教章通路記》五十卷，還作《探玄記幽洞鈔》。又日本華嚴宗著名僧人鳳潭（芳潭，公元 1654-1738 年）也作《華嚴五教章匡眞鈔》十卷，還有日本其他華嚴僧人所作有關《華嚴一乘教義分齊章》的注解多種[89]。此外，宋代淨源所著《金師子章雲間類解》和《妄盡還源觀疏鈔補解》，也都是闡發法藏哲學思想的重要著作。

法藏以其出衆的哲學智慧、豐富的哲學思想、衆多的哲學著作和廣泛持久的思想影響，而成爲一代世界哲人，永載史册。由此又可見，當代中國哲學史著作都設專章論述法藏的哲學思想，就不是偶然的了。

法藏也是重要的翻譯家，他曾參加《華嚴經》的新譯，並補齊〈入法界品〉的闕文，對該經的翻譯是有貢獻的；法藏還參加了其他一些佛教經典的翻譯，從而在中國翻譯史和中外文化交流

---

[89] 見《大正藏》卷 72 和卷 73。

史上占有一席之地。法藏還是書法家，他的〈致新羅法師義湘書〉眞蹟，被譽爲希世之珍寶，受到後人高度的評價，原上海有正書局曾以《賢首國師墨寶》印行，可見法藏在中國書法史上也是有地位的。

年　表

(一)本年表以法藏生年（公元 643-712 年）爲線索，着重選錄了法藏生平、學術活動和宗教活動的資料，並簡要地列出有關佛教的大事，以反映法藏宗教活動的學術背景。

(二)本表所選資料，均註明出處；同一史實若有數處記載且文字有出入者，則另加說明。

(三)本表所錄主要資料的來源及其簡稱，列表如下：

1. 閻朝隱：〈大唐大薦福寺故大德康藏法師之碑〉(〈碑〉)。
2. 崔致遠：〈唐大薦福寺故寺主翻經大德法藏和尚傳〉(〈傳〉)。
3. 贊寧：《周洛京佛授記寺法藏傳》(《周》)。
4. 祖琇：《隆興佛教編年通論・法藏》(《隆》)。
5. 志磐：《賢首法藏法師傳》(《賢》)。
6. 續法：《三祖賢首國師》(《三》)。
7. 張遵騮：〈隋唐五代佛教大事年表〉，見范文瀾著《唐代佛教》附(〈張〉)。
8. 湯用彤：〈隋唐佛教大事年表〉，見所著《隋唐佛教史稿》附錄一(〈湯〉)。

公元 643 年（癸卯，唐太宗李世民貞觀十七年）

● 法藏生於是年十一月初二日。俗姓康，其祖先康居國人，

高祖、曾祖相繼爲該國相。祖父自康居來華。父諱謐，唐太宗贈左侍中郎將。（《三》）

● 玄奘自印度啓程，携經論和舍利佛像回國。（〈張〉）

● 此前貞觀十三年（公元 639 年），終南山至相寺智正卒，年八十一。智正隨曇遷入關，後從彭淵遊，講《華嚴》、《勝鬘》、《唯識》等，撰《華嚴疏》十卷，華嚴二祖智儼從學。（〈湯〉）

● 此前貞觀十六年（公元642年），長安弘福寺沙門僧辯卒，年七十五。僧辯從智凝學，善《攝論》。智儼曾從僧辯學。（〈湯〉）

公元 644 年（甲辰，唐太宗李世民貞觀十八年）

● 玄奘自印度回國途中，先後在于闐、沙州上表，唐太宗時在洛陽，特令長安留守左僕射房玄齡使有司迎待。(〈張〉)

公元 645 年（乙巳，唐太宗李世民貞觀十九年）

● 玄奘於正月抵長安，共得經論五百二十夾，六百五十七部，房玄齡遣官奉迎，安置弘福寺。二月赴洛陽謁見唐太宗，太宗勸玄奘還俗從政，玄奘不肯，乃命撰《西域記》。玄奘請立譯場，得許居弘福寺譯經。五月首開翻譯。道宣、神泰、慧立、辯機、玄應等襄助譯事。（〈湯〉、〈張〉）

● 幷州玄中寺沙門道綽卒，年八十四。勸人念阿彌陀佛名，風行成習。淨土宗尊爲二祖。按，曇鸞爲初祖。（〈湯〉、〈張〉）

● 長安普光寺沙門法常卒。法常爲曇延弟子，專弘《攝論》。智儼曾從其學。（〈湯〉）

公元648年（戊申，唐太宗李世民貞觀二十二年）

- 玄奘爲所譯《瑜伽師地論》請序，唐太宗乃親撰〈大唐三藏聖教序〉。（〈湯〉、〈張〉）
- 唐太宗下詔全國三千七百一十六所寺廟，度僧尼一萬八千五百餘人。（〈湯〉、〈張〉）
- 皇太子爲文德皇后建慈恩寺成，度僧三百，請五十高僧入住。玄奘移居翻譯，並任上座。窺基等亦往居之。（〈湯〉、〈張〉）

公元649年（己酉，唐太宗李世民貞觀二十三年）

- 四月太宗至翠微宮召玄奘同住，問及佛法，並以相見恨晚，「不得廣興佛事」爲嘆。五月太宗卒。（〈湯〉、〈張〉）

公元651年（辛亥，唐高宗李治永徽二年）

- 蘄州雙峰山沙門道信卒，年七十二。道信從僧璨學禪修，後至廬山大林寺，又至黃梅雙峰山，修禪三十餘年，禪宗尊爲四祖。（〈湯〉、〈張〉）

公元652年（壬子，唐高宗李治永徽三年）

- 中天竺沙門無極高携梵本至長安，於慧日寺譯出《陀羅尼集經》十二卷。英國公李世勣、鄂國公尉遲敬德等十二人同請建陀羅尼普集會壇。（〈湯〉、〈張〉）

公元655年（乙卯，唐高宗李治永徽六年）

- 中印度沙門那提三藏携大小乘經律論五百餘夾，一千五百餘部抵長安，敕住慈恩寺。（〈湯〉、〈張〉）
- 尚藥奉御呂才作《因明注解立破義圖》，破斥玄奘所譯因明理論。後高宗召玄奘與呂才對定。（〈湯〉、〈張〉）

公元656年（丙辰，唐高宗李治顯慶元年）

●十一月武后生皇子(中宗)，敕賜號佛光王。踰月，請從玄奘受戒。(〈湯〉、〈張〉)

公元657年(丁巳，唐高宗李治顯慶二年)

●詔僧道等不得受父母及尊者禮拜。(〈張〉)

●爲孝敬太子病癒，命建西明寺，屋四千餘間，以道宣爲上座，神泰爲寺主，懷素爲維那。又於東都建敬愛寺。(〈湯〉、〈張〉)

●金陵牛頭山沙門法融卒，年六十四。融傳頓悟法門，立牛頭宗。(〈湯〉、〈張〉)

公元658年(戊午，唐高宗李治顯慶三年)

●法藏時十六歲，煉一指於岐州法門寺阿育王舍利塔前，以伸供養，誓悟佛乘。(《三》、〈傳〉、《塔》)

公元659年(己未，唐高宗李治顯慶四年)

●法藏志銳擇師，遂辭別雙親，赴太白山求法。雲棲朮食，學道家服食法，吃白朮數載。同時閱佛教方等諸典。(《三》)

●詔僧道入合璧宮議論，道士李榮立「道生萬物」義，沙門慧立以詞屈之。(〈張〉)

●敕智琮等往禮鳳翔法門寺，迎舍利。(〈湯〉、〈張〉)

●玄奘自顯慶元年始譯《阿毗達磨大毗婆娑論》，至此譯成，共二百卷。(〈張〉)

●玄奘於是年編譯《成唯識論》十卷，窺基筆受。(〈湯〉)

●吏部尚書唐臨卒。臨著有《冥報記》二卷，闡發因果報應之應驗。後有郎元休又著《冥報拾遺》二卷。(〈湯〉、〈張〉)

公元660年（庚申，唐高宗李治顯慶五年）

- 正月，玄奘於玉華宮始譯《大般若經》。（〈湯〉）
- 詔沙門靜泰、道士李榮在洛宮辯《化胡經》之眞僞。（〈湯〉）
- 詔迎鳳翔法門寺佛骨至東都，入內供養。（〈張〉）

公元661年（辛酉，唐高宗李治顯慶六年、龍朔元年）

- 法藏在太白山雲棲朮食數年，因慈親不悅，自太白山返西京。時智儼法師於雲華寺講《華嚴經》，乃前往膜拜。儼因設數問，藏對答如流，言出意表。儼嗟賞曰：「比丘義龍輩，尙罕扣斯端，何計仁賢，發皇耳目？」告曰：「是居士雲棲朮食，久玩《雜華》（卽《華嚴》），爲覲慈親，乍來至此。」藏以爲眞吾師也，儼亦喜傳燈有人。（〈傳〉）
- 新羅沙門義湘來華，從終南山智儼學華嚴，與法藏同學。
- 沙門道宣撰成《集古今佛道論衡》三卷，後於麟德元年又補出第四卷。（〈湯〉）

公元662年（壬戌，唐高宗李治龍朔二年）

- 沙門道宣始撰集《大唐內典錄》。（〈湯〉）
- 四月下敕令僧道致敬父母，沙門道宣、威秀等二百餘人上表抗拒致敬。五月大集文武官僚九品以上幷州縣官等千有餘人，坐中臺都堂議致敬事。因議致敬事狀崇佛者多，高宗乃於六月下詔停令致敬。（〈張〉）
- 淨土宗善導和尙卒。善導倡念阿彌陀佛，修淨土業，爲淨土二祖道綽弟子，世稱淨土三祖，爲淨土宗實際創始人。（〈張〉、〈湯〉謂善導卒於永隆二年，卽公元681年，年六十九歲。）

公元663年（癸亥，唐高宗李治龍朔三年）

● 十月，玄奘譯成六百卷《大般若經》，歷時四年。（〈湯〉、〈張〉）

● 長安慈恩寺沙門靈辨卒，年七十八。初從曇遷學，後從智正專業《華嚴》，撰《華嚴疏》十二卷，《抄》十卷，《章》三卷。辨性孝，講學每遇父母恩重的經文，輒哽塞良久，因之廢講。（〈湯〉、〈張〉）

公元664年（甲子，唐高宗李治麟德元年）

● 玄奘法師卒，年六十三。葬日京都及諸州五百里內送者達五百餘萬人。玄奘共譯經論七十五部，一千三百三十五卷（又載七十四部，或七十三部，一千三百三十卷）。弘揚法相唯識學，下啓窺基、圓測之法相唯識宗。（〈湯〉、〈張〉）

● 沙門道宣所撰《大唐內典錄》訖，前後歷時三年。（〈湯〉）

公元665年（乙丑，唐高宗李治麟德二年）

● 時西行求法風盛，有無行禪師遊五天竺，於那爛陀寺聽《瑜伽》，習《中觀》，研《俱舍》，學律典，卒於北天竺，後其所得梵夾均携至長安華嚴寺。（〈湯〉）

公元666年（丙寅，唐高宗李治乾封元年）

● 上年武后請封禪，發東都，赴東岳。是年高宗封泰山，以武后爲亞獻，大赦改元。（〈張〉）

● 詔天下諸州置觀寺一所。（〈湯〉、〈張〉）

公元667年（丁卯，唐高宗李治乾封二年）

● 沙門道宣卒，年七十二。道宣參與玄奘譯場，立南山律宗，編著有《廣弘明集》、《集古今佛道論衡》、《續高

僧傳》、《大唐內典錄》等二百二十餘卷。(〈湯〉、〈張〉)

公元668年(戊辰，唐高宗李治乾封三年，總章元年)

● 終南山至相寺沙門智儼卒，年六十七。智儼從杜順出家，又跟法常、僧辯學，後從智正學《華嚴》，撰有《華嚴經搜玄記》等二十餘部，後尊爲華嚴二祖。智儼生前念念不忘法藏尚居俗，特囑道成、薄塵二大德曰：「此賢者注意於《華嚴》，蓋無師自悟，紹隆遺法，其惟是人。幸假餘光，俾沾剃度。」(〈傳〉、〈湯〉、〈張〉)

● 法藏往釋迦彌多羅尊者所，請受菩薩戒。衆告曰：「是居士能誦《華嚴》，兼講《梵網》。」尊者驚嘆曰：「但持淨行一品，已得菩薩大戒，況義解耶？」

● 沙門道世(玄惲)撰成《法苑珠林》一百卷。(〈湯〉、〈張〉)

● 詔百僚僧道於百福殿議《老子化胡經》，後下敕搜集天下《化胡經》焚棄，不在道經之列。(〈張〉)

公元670年(庚午，唐高宗李治總章三年，咸亨元年)

● 武則天母榮國夫人楊氏逝世，武后捨宅爲太原寺。道成、薄塵等大德受智儼和尙囑託，連狀薦舉法藏，由是奉勅削染於太原道場，並被詔爲住持。(《三》、〈傳〉)；〈張〉記武后母榮國夫人卒於咸亨二年。

● 法藏承旨於所配寺講《百千經》(即《華嚴經》)。端午時，武后遣使送衣裳五事，以符端午之數。

公元671年(辛未，唐高宗李治咸亨二年)

● 新羅沙門義湘返國。義湘與法藏同學於智儼，同爲智儼

的兩大弟子。義湘回國後開華嚴宗，爲海東華嚴初祖。（〈湯〉、〈張〉）

● 沙門義淨自南海附波斯舶，往西天竺求法。（〈湯〉、〈張〉）

公元 672 年（壬申，唐高宗李治咸亨三年）

● 敕洛陽龍門山鐫石龕盧舍那佛像，高八十五尺。武后曾助錢兩萬貫。（〈張〉）

● 慧能至湖北黃梅問佛法於禪宗五祖弘忍。（〈湯〉、〈張〉）

公元 674 年（甲戌，唐高宗李治咸亨五年，上元元年）

● 帝旨命京城十大德爲法藏受滿分戒，賜號賢首。（《三》）《隆》、《賢》謂受滿分戒事在萬歲通天元年（公元 696 年）。又《傳》云：「釋法藏者，梵言達摩多羅，字賢首，梵言陀羅室利，帝賜別號國一法師。」此謂賢首爲法藏原有的字。

● 詔法藏於太原寺講《華嚴經》。（《三》）

● 武后上奏十二條，請王公百僚皆習《老子》，每歲依《論語》、《孝經》例試人。（〈張〉）

公元 675 年（乙亥，唐高宗李治上元二年）

● 蘄州東山弘忍卒，年七十四。弘忍爲道信弟子，闡發《金剛般若》的義旨，開東山法門，禪宗尊爲五祖，代宗朝敕謚大滿禪師。（〈湯〉、〈張〉）

公元 676 年（丙子，唐高宗李治上元三年，儀鳳元年）

● 中天竺沙門地婆訶羅（日照三藏）賫梵本來長安。（〈張〉）

● 慧能至廣州從沙門印宗受戒。（〈湯〉、〈張〉）

公元 677 年（丁丑，唐高宗李治儀鳳二年）

●慧能禪師自南海歸曹溪寶林寺，韶州刺史韋據請爲衆說法。能大唱性淨自悟，頓悟成佛之旨。門人錄其語稱爲《壇經》，盛行於世。（〈張〉、〈湯〉）

公元 678 年（戊寅，唐高宗李治儀鳳三年）

●詔自今而後《道德經》並爲上經，貢舉人皆需兼通。（〈張〉）

公元 679 年（己卯，唐高宗李治儀鳳四年、調露元年）

●中天竺地婆訶羅（日照三藏）表請翻度所携經夾，准玄奘例於寺譯經。法藏因疑《華嚴經》缺而不全，遂往就問並與三藏校對，果得善財求天主光等十善友文。於是請共譯補缺，譯出〈入法界品〉內兩處脫文：一從摩耶夫人後至彌勒菩薩前，中間脫天主光等十善知識；二從彌勒菩薩後至三千大千世界微塵數善知識前，中間脫文殊申手過一百十一由旬按善財頂。依此六十卷本爲定。（《三》、〈傳〉、〈湯〉）

●法藏奉旨與日照三藏及道成律師、薄塵法師、大乘基法師等，同譯《密嚴》等經、《顯識》等論十有餘部，二十四卷。慧智度語，復禮潤文。（《三》）

公元 680 年（庚辰，唐高宗李治調露二年、永隆元年）

●法藏覲親於夏州，郡牧邑宰均到城郊迎接。（《傳》）

●縉雲智威卒。智威爲灌頂弟子，天台宗人奉爲六祖，其弟子慧威爲七祖。（〈湯〉）

公元 681 年（辛巳，唐高宗李治永隆二年、開耀元年）

●太子文學權無二述釋典稽疑十條，沙門復禮作《十門辯惑論》三卷答之。（〈湯〉、〈張〉）

公元682年（壬午，唐高宗李治開耀二年、永淳元年）

● 長安大慈恩寺窺基卒，年五十一。窺基傳玄奘法相唯識學，開法相唯識宗，造疏宏富，後有「百疏論主」之稱。（〈湯〉、〈張〉）

● 長安恒濟寺沙門懷素卒，年七十四。懷素先就相部法礪學，後又學於玄奘，開戒律之東塔宗。（〈湯〉）；〈張〉記懷素卒於公元684年。

公元683年（癸未，唐高宗李治永淳二年、弘道元年）

● 南天竺沙門菩提流支來中國，朝廷遣使迎接。（〈張〉）

公元684年（甲申，唐中宗李顯嗣聖元年、唐睿宗李旦文明元年、唐武則天光宅元年）

● 法藏與日照三藏在西太原寺譯經時，問日照曰：「西域古德於一代聖教，判權實否？」答曰：「近代天竺有二論師，一名戒賢，遠承慈氏、無著，近踵護法、難陀，立法相宗；二稱智光，遠宗文殊、龍勝，近禀青目、清辨，立法性宗。」自是判教疑決。（《三》）

● 高宗卒後百日，爲立大獻佛寺，度僧二百人以充實之，後改爲薦福寺，自中宗神龍後翻譯佛經幷於此寺。（〈張〉）

公元686年（丙戌，唐武則天垂拱二年）

● 法藏於慈恩寺講《華嚴經》。（《三》）

公元687年（丁亥，唐武則天垂拱三年）

● 法藏應詔於西明寺立壇祈雨，未七日，雨水沾足。（〈傳〉）

● 南天竺沙門菩提流支至東都，令居福先寺譯經。（〈張〉）

● 中天竺沙門地婆訶羅卒於東都，葬於龍門。以梁王請置伽藍，賜名香山寺。（〈張〉）

公元688年（戊子，唐武則天垂拱四年）

- 越王貞起兵反抗武則天，並使道士和沙門誦經以助成功，後兵敗自殺。（〈張〉）
- 江南道巡撫使狄仁傑奏毀江南淫祠一千七百餘所。（〈張〉）

公元689年（己丑，唐武則天永昌元年、載初元年）

- 正月，命僧等於玄武北門建華嚴高座八會道場講經，集僧尼衆數千人，武后親制〈聽華嚴詩並序〉。（〈湯〉、〈張〉）
- 于闐沙門提雲般若（天智）來長安，赴洛陽謁武則天。敕於魏國東寺譯經，至天授二年出《華嚴經・佛境界分》、《法界無差別論》等六部七卷。（〈湯〉、〈張〉）

公元690年（庚寅，武則天天授元年）

- 七月，沙門懷義、明法等進《大雲經疏》陳符命，稱則天后是彌勒下生，當代唐作閻浮提主。是年九月，武則天自立爲皇帝，改國號爲周，改元天授，加尊號曰「神聖皇帝」。制頒《大雲經》於天下，令天下各置大雲寺，各藏《大雲經》一本，總度僧尼千人，封懷義、明法等九人爲縣公，賜紫袈裟銀魚袋，沙門封爵賜紫始於此。（〈湯〉、〈張〉）

公元691年（辛卯，唐武則天天授二年）

- 法藏應曹州牧宰之請，講《華嚴經》。（《三》）
- 武則天以釋教開革命之階，令釋教在道法之上，僧尼處道士女冠之前。（〈湯〉、〈張〉）
- 詔神秀禪師入京行道，武后肩輿上殿，親加跪禮，內道場豐其供施，時時問道。（〈湯〉、〈張〉）
- 武則天以佛道兩教常相爭毀，乃下詔制止之。（〈張〉）

公元692年（壬辰，唐武則天天授三年、如意元年、長壽元年）

●敕禁斷天下屠釣，前後共八年。（〈湯〉、〈張〉）

●天授中吐火羅國沙門彌陀山（寂友）共法藏等譯出《無垢淨光陀羅尼經》一卷。（〈湯〉）；《三》謂是事在中宗神龍元年。

●長壽年中法藏曾於雲華寺講《百千經》（《華嚴經》）。（《三》）

●沙門義淨自室利佛逝遣大津返長，攜歸新譯經論十卷、《南海寄歸內法傳》五卷及《西域求法高僧傳》兩卷。（〈張〉）

公元693年（癸巳，唐武則天長壽二年）

●南天竺沙門菩提流支等譯《寶雨經》，中有「菩薩殺害父母」等語，武則天引作殺害唐宗室之自飾。後則天爲八十卷《華嚴經》作序有曰：「金仙降旨，《大雲》之偈先彰；玉宸披祥，《寶雨》之文後及。」（〈湯〉、〈張〉）

●始令佛經制「卍」字爲如來吉祥萬德之所集，音之爲萬。（〈張〉）

●法藏弟子尼法澄被誣「將扶汝南，謀其義舉」，乃沒爲宮婢。中宗時始放出，後爲紹唐寺及興聖寺主。（〈張〉）

公元694年（甲午，唐武則天長壽三年、延載元年）

●法藏於雲華寺講《華嚴經》。（〈傳〉）

●五月，敕天下僧尼隸祠部，不再屬司賓，敕文謂佛有護國救人造福解厄之德。（〈湯〉、〈張〉）

公元695年（乙未，唐武則天證聖元年，天册萬歲元年）

●武后以晉譯《華嚴》未備，遣使往于闐國求索梵本，並迎實叉難陀（喜學）前來主持翻譯。是年三月於東都大徧空寺開譯，法藏應詔爲筆受，戰陀、提婆二人譯語，復禮綴文，義淨、菩提流支、弘景、圓測、神英、法寶也都參加共譯。武則天時至該寺，親受筆削，施供食饌。後移佛授記寺譯，是爲八十卷《華嚴》。（《三》、〈湯〉、〈張〉）

- 雍州冬溫，長吏建安王絹請法藏求雪。（〈傳〉）
- 沙門義淨游學天竺，歷三十餘國，經二十五年回國，還至洛陽。得梵本經律論近四百部，武后親迎於上東門外，敕於佛授記寺安置。義淨初與實叉難陀共譯《華嚴經》，久視之後，乃自專譯。（〈湯〉、〈張〉）

公元696年（丙申，唐武則天萬歲登封元年、萬歲通天元年）

- 洛陽弘道觀主杜乂求爲僧，賜名玄嶷，賜夏臘三十，此爲賜夏臘之始。玄嶷撰《甄正論》以斥道教，尊佛教。（〈湯〉、〈張〉）
- 僧懷義受則天之寵後益驕恣，選有勇人僧人千人居白馬寺，則天惡之，乃設計殺之於禁中，送尸白馬寺焚之，其侍者僧徒皆流放遠惡之處。（〈張〉）
- 西明寺沙門圓測卒，年八十四。圓測爲新羅國王之孫，初學於法常、僧辯，後從學於玄奘，撰述甚豐，傳玄奘法相唯識學，與窺基爲法相宗之兩大派。（〈湯〉）

公元697年（丁酉，唐武則天萬歲通天二年、神功之元年）

- 以契丹犯邊，特詔法藏依經咒法，配合出兵討伐。法藏釁浴更衣，建立十一面道場，置觀音像，按《神咒經》行道拒敵。事畢，則天優詔慰勞。（《三》、〈傳〉）

公元699年（己亥，唐武則天聖曆二年）

●十月八日，新譯八十卷《華嚴經》畢，增〈現相〉、〈普賢〉、〈世界〉、〈華藏〉、〈十定〉諸品，仍缺日照三藏所補文殊按善財文。法藏以新舊兩經對勘梵本，將脫文補齊。（《三》）

●詔法藏於東都佛授記寺講新《華嚴經》，至〈華嚴世界品〉，大地震動，逾時乃息。卽日召對長生殿，問十玄、六相等義，武則天茫然不解，法藏指殿隅金師子爲喩，武則天豁然悟解，後成《金師子章》。（〈湯〉、〈張〉）；是事《隆》卷 14 謂在長安元年，《三》謂在長安四年。

●法藏致書同門新羅義湘，並托新羅歸國僧勝詮法師贈其撰述的《華嚴經探玄記》等。（〈湯〉、〈張〉）據高麗僧一然《三國遺事》卷 4 〈勝詮髑髏〉載，法藏贈義湘書有《探玄記》二十卷，兩卷未成，《教分記》三卷，《玄義章》等雜義一卷，《華嚴梵語》一卷，《起信疏》兩卷，《十二門疏》一卷，《法界無差別論疏》一卷。

公元700年（庚子，武則天聖歷三年、久視元年）

●是年五月五日，法藏應詔於東都三陽宮與于闐沙門實叉難陀、吐火羅沙門彌陀山（寂友）同譯《大乘入楞伽經》。（《三》、〈傳〉、〈張〉）

公元701年（辛丑，唐武則天大足元年、長安元年）

●則天聖歷中令張宗昌、李嶠、宋之問、劉知幾等三教學士撰《三教珠英》，是年成書一千三百卷，目十三卷。（〈湯〉、〈張〉）

公元702年（壬寅，唐武則天長安二年）

●是年，於西京清禪寺法藏與實叉難陀譯《文殊師利授記

經》。(《三》)

● 秘書少監駙馬都尉鄭萬鈞持《心經》數千萬遍，再三請解，法藏爲著《般若略疏》，張說作序。(《三》、〈張〉)

公元703年(癸卯，唐武則天長安三年)

● 是年義淨三藏等華梵十四人，共譯出《金光明最勝王經》等二十一部，一百十五卷。法藏應詔爲證義。(《三》)；〈湯〉謂是事在久視元年。

公元704年(甲辰，唐武則天長安四年)

● 是年冬杪，武則天「寢疾，居長生院」，敕法藏等衆僧於內道場建華嚴法會。(《三》)

● 是年命鳳閣侍郎博陵崔玄暐與法藏同往岐州無憂王寺迎舍利。時法藏爲大崇福寺主，遂與應大德、綱律師等十人至塔所，行道七天後，啓奉舍利。於十二月末迎至西京崇福寺中，正月十一日達東都洛陽城下，後迎置於明堂。觀燈節日，由法藏捧持，武則天虔誠善禱。(《三》、〈傳〉、〈張〉)

公元705年(乙巳，唐中宗李顯神龍元年)

● 法藏應詔與彌陀山譯《無垢淨光陀羅尼經》。

● 其年武則天嬖臣張易之反叛，法藏「內弘法力，外贊皇猷」，配合滅除張氏。事後得中宗褒獎，賜以鴻臚卿職。法藏奏請弟朝議郎行統萬監康寶藏歸里養親。(《三》)

● 其年十一月，敕令寫法藏眞儀，御製讚四章。頌揚法藏功德。(《三》、〈傳〉)

● 中天竺沙門般刺密帝譯出《楞伽經》，房融筆受。(〈湯〉、〈張〉)

●詔天下試經度人。(〈湯〉、〈張〉)

●詔僧道集內殿定《化胡經》眞僞，尋下敕廢《化胡經》。(〈湯〉、〈張〉)

●武則天於正月被廢，十一月卒。中宗爲其追福，造聖善寺，立報慈閣，修大像。(〈張〉)

公元706年(丙午，唐中宗李顯神龍二年)

●是年法藏應詔於西崇福寺與菩提流支同譯《大寶積經》，法藏爲證義。(《三》)；〈傳〉云:「神龍年中，與喜學(實叉難陀)奉詔於林光殿譯《大寶積經・文殊師利授記會》三卷。」

●上勅法藏弟寶藏爲游擊將軍行威衞隆平府左果毅都尉，兼令侍母。

●以賞造聖善寺功，法藏和沙門慧范、慧珍等九人並加五品階，賜爵郡縣公。敕上庸公慧范加銀青光祿大夫，充聖善寺主；沙門萬歲加朝散大夫，封縣公，充都維那；沙門廣清檢校殿中監，充功德使。(〈湯〉、〈張〉)

●太平公主與僧寺爭碾磑，雍州司戶李紘判歸僧寺。(〈張〉)

●荆州當陽山度門寺沙門神秀卒於東都天宮寺，詔賜大通禪師。神秀爲弘忍大弟子，開禪宗北宗。(〈湯〉、〈張〉)

●酸棗縣尉袁楚客上書中書令魏元忠論國政十失，斥左道僧徒害國。書中有「今度人旣多，緇衣半道，不本行業，專以重寶附權門，皆有定直，……以玆入道，徒爲游食」等語。(〈湯〉、〈張〉)

公元707年(丁未，唐中宗李顯神龍三年、景龍元年)

●中宗復位後，曾下令天下諸州立寺觀各一所。又遣使江

南，分道贖生，以所在官場充直。中書舍人李乂上疏，諫謂「未若回救贖之錢物，減貧困之傜賦。」（〈湯〉、〈張〉）

● 沙門慧范畜貲千萬，太平公主與通，中宗及韋后皆重之，勢傾內外，無敢指目者。以御史魏傳弓數劾奏發其奸贓四十餘萬，乃放於家。（〈張〉）

公元708年（戊申，唐中宗李顯景龍二年）

● 是年中夏缺雨，勅法藏集百法師於薦福寺，設壇誦經求雨。近七日，降雨。七月又旱，法藏又依法祈雨，事後得中宗嘉勉。由是中宗禮法藏爲菩薩戒師，賜號國一。

● 法藏奏請於長安、洛陽、吳、越和清涼山五處造寺，均標爲華嚴寺，寫經、律、論三藏並諸家章疏置放。又上書請許，雍、洛一帶普締香社。「於是乎像圖七處，數越萬家。」由此，人們對於法師皆不稱名，而尊呼爲「大乘法師」、「華嚴和尚」。（《三》、〈傳〉）

● 是年法藏又應詔入內殿，與義淨三藏同譯《藥師琉璃光七佛本愿功德經》。（《三》）

● 再詔請于闐國沙門實叉難陀來京，於大薦福寺安置。（〈張〉）

● 中宗、韋后及公主等多營佛寺，左拾遺辛替否上疏極諫，謂「十分天下之財而佛有七八」，「出財依勢者，盡度爲沙門，……其所未度，唯貧窮與善人」，是乃「竭人之力」，「費人之財」，「奪人之家」，「取三怨於天下」。疏奏不納。（〈湯〉、〈張〉）

公元710年（庚戌，唐中宗李顯景龍四年、唐殤帝李重茂唐隆元

年、唐睿宗李旦景雲元年)

●中宗以所養雍王守禮女爲金城公主，遠嫁吐蕃。(〈湯〉)

●法藏應詔與菩提流支續譯《大寶積經》，以中書陸象先、尚書郭元振、宰相張說潤文，譯成共一百二十卷。(〈張〉)

●睿宗即位，敕普度僧道三萬人。(〈張〉)

●睿宗初受內禪，請法藏從受菩薩戒。(〈張〉)

公元711年(辛亥，唐睿宗李旦景雲二年)

●是年冬不雪，帝召法藏入禁中問之。法藏曰:「有經名《隨求即得大自在陀羅尼》，若結壇作法，寫是咒語，投於龍湫，應時必獲。」帝允其請。遽往藍田山悟眞寺龍池作法，未到十天大雪。後又六出遍四方作法祈雪。得帝嘉勉。(《三》、〈傳〉)

●詔以釋典玄宗理均迹異，拯人化俗，教別功齊，自今每緣法事，集會僧尼道士女冠等宜齊行道。(〈湯〉、〈張〉)

●敕採訪使王志愔視諸郡無敕寺院，並令罷除，所有銅鐵佛像收入近寺。按唐制天下寺有定數，立寺須朝廷批准。據《唐大典》謂諸州寺總五三五八所，僧三二四五所，尼二一一三所。(〈湯〉、〈張〉)

公元712年(壬子，唐睿宗李旦太極元年、延和元年、唐玄宗李隆基先天元年)

●七月，睿宗傳位，玄宗尊之爲太上皇。

●是年十一月初二日，法藏壽誕，太上皇賜衣財和食品。誥曰:「勅華嚴師，欣承載誕之祥，喜遇高禖之慶。乘玆令日，用表單心，故奉法衣，兼陳湯餅。願壽等恒沙，年同劫石，別賜絹二千匹，俾贍興福所須。」(《三》)

●是年十一月十四日，法藏於西京大薦福寺逝世。此前闡釋唐譯《華嚴經》始〈妙嚴品〉至第六行，知壽將盡，乃越次釋〈十定品〉，僅了「九定」而長逝。又輯《華嚴傳》（《纂靈記》）五卷，未畢，後門人慧苑、慧英等續之。世壽七十歲，僧臘四十三。（〈傳〉「僧夏未悉」）逝世五日後，太上皇賜誥，賻贈鴻臚卿，絹一千二百匹。是月二十四日葬於神禾原華嚴寺南，勅諡賢首。送葬儀式爲追寵典屬國三品格式。秘書少監閻朝隱撰碑文。（《三》、《僧》）

參考書目

一、法藏著作:

1.《華嚴經探玄記》，《大正藏》卷35[1]。

2.《華嚴文義綱目》，同上。

3.《華嚴經義海百門》，同上。

4.《華嚴一乘教義分齊章》，《大正藏》卷45。

5.《華嚴經旨歸》，同上。

6.《金師子章雲間類解》，法藏撰，淨源述，同上。

7.《大方廣佛華嚴經金師子章註》，法藏撰，承遷註，同上。

8.《華嚴策林》，同上。

9.《修華嚴奧旨妄盡還源觀》，同上。

10.《華嚴經問答》，同上。

11.《華嚴發菩提心章》，同上。

12.《華嚴經明法品內立三寶章》，同上。

13.《華嚴遊心法界記》，同上。

14.《華嚴經關脈義記》，同上。

15.《華嚴經傳記》，《大正藏》卷51。

16.《般若波羅蜜多心經略疏》，《大正藏》卷33。

17.《入楞伽心玄義》，《大正藏》卷39。

18.《十二門論宗致義記》，《大正藏》卷42。

---

[1] 《大正藏》，高楠順次郎（公元1866-1945年）等編，日本東京，大藏經刊行會，1924-1935 年出版；戰後印本，下均同此。

19.《大乘法界無差別論疏》，《大正藏》卷44。

20.《大乘起信論義記》，同上。

21.《大乘起信論義記別記》，同上。

22.《梵網經菩薩戒本疏》，《大正藏》卷40。

23.《華嚴經普賢觀行法門》，《續藏經》第二編第八套第一册，上海涵芬樓影印本，1923 年 12 月版。

24.《大乘密嚴經疏》，《續藏經》第三十四套第三册，同上版本。

二、佛教典籍：

1.《大方廣佛華嚴經》，六十卷本，《大正藏》卷 9 。

2.《大方廣佛華嚴經》，八十卷本，《大正藏》卷10。

3.《十地經論》，菩提流支等譯，《大正藏》卷26。

4.《攝大乘論釋》，眞諦譯，《大正藏》卷31。

5.《攝大乘論本》，玄奘譯，同上。

6.《大乘起信論》，眞諦譯，《大正藏》卷32。

7.《大方廣佛華嚴經搜玄分齊通智方軌》，智儼述，《大正藏》卷35。

8.《華嚴一乘十玄門》，智儼撰，《大正藏》卷45。

9.《華嚴五十要問答》，智儼集，同上。

10.《華嚴經內章門等雜孔目章》，智儼集，同上。

11.《續華嚴經略疏刊定記》，慧苑撰，《續藏經》，第一輯第五套第一册。

12.《大方廣佛華嚴經隨疏演義鈔》，澄觀述，《大正藏》卷36。

13.《大華嚴經略策》，澄觀述，同上。

14.《華嚴法界玄鏡》，澄觀述，《大正藏》卷45。

15.《註華嚴法界觀門》，宗密註，同上。

16.《原人論》，宗密述，同上。

17.《禪源諸詮集都序》，宗密述，《大正藏》卷48。
18.《宗鏡錄》，延壽撰，同上。
19.《摩訶止觀》，智顗說，《大正藏》卷46。
20.《四教義》，智顗撰，同上。
21.《金剛錍》，湛然述，同上。
22.《法苑珠林》，道世撰，《大正藏》卷53。
23.《大慈恩寺三藏法師傳》，慧立本、彥悰箋，《大正藏》卷50。
24.《華嚴五教章》，鎌田茂雄著，日本，大藏出版，1979年。
25.《華嚴金師子章校釋》(內含有關法藏的傳記)，方立天校釋，北京，中華書局，1983年版。

三、其他著作:

1.《中國佛教思想資料選編》，石峻等編，第二卷第二册，北京，中華書局，1983年。
2.《華嚴學研究資料集成》，鎌田茂雄編，日本，東京大學，1983年。
3.《法藏》，談壯飛撰，《中國古代著名哲學家評傳》續編三，方立天等編，山東，齊魯書社，1982年。
4.《華嚴思想》，中村元編，日本京都，法藏館，昭和 43 年。
5.《中國華嚴思想史の研究》，鎌田茂雄著，日本，東京大學，1965年。
6.《宗密》，冉雲華著，臺北，東大圖書公司，1988年。
7.《華嚴學概論》，張曼濤主編，臺北，大乘文化出版社，1978年。
8.《華嚴思想論集》，張曼濤主編，同上。
9.《華嚴宗之判教及其發展》，張曼濤主編，同上。
10.《中國佛學源流略講》，呂澂著，北京，中華書局，1979年。
11.《隋唐佛教史稿》，湯用彤著，北京，中華書局，1982年。
12.《漢魏兩晉南北朝佛教史》，湯用彤著，北京，中華書局，1983

年。
13.《湯用彤學術論文集》，北京，中華書局，1983年。
14.《漢唐佛教思想論集》，任繼愈著，北京，人民出版社，1973年。
15.《隋唐佛教》，郭朋著，山東，齊魯書社，1980年。
16.《唐代佛教》，范文瀾著，北京，人民出版社，1979年。
17.《中國佛教史》，黃懺華著，商務印書館，1940年。
18.《中國佛教哲學簡史》，嚴北溟著，上海人民出版社，1985年。
19.《中國佛教史》第三卷，任繼愈主編，北京，中國社會科學出版社，1988年。
20.《中國佛教》第一輯，中國佛教協會編，知識出版社，1980年。
21.《中國佛教》第二輯，中國佛教協會編，知識出版社，1982年。
22.《簡明中國佛教史》，鎌田茂雄著，鄭彭年譯，上海譯文出版社，1986年
23.《中國哲學史》，馮友蘭著，北京，中華書局重印本，1984年。
24.《中國哲學史新編》(四)，馮友蘭著，北京，人民出版社，1986年。
25.《中國思想通史》卷 4 上册，侯外廬主編，北京，人民出版社，1959年。
26.《隋唐史》，岑仲勉著，北京，高等教育出版社，1957年。
27.《隋唐制度淵源略論稿》，陳寅恪著，北京，中華書局，1963年。
28.《金明館叢稿初編》，陳寅恪著，上海古籍出版社，1980年。
29.《舊唐書》，劉昫監修，北京，中華書局，1975年。
30.《全唐文》，北京，中華書局影印本，1983年。
31.《資治通鑑》，司馬光撰，古籍出版社，1956年。
32.《宇宙全息統一論》，王存臻等著，山東人民出版社，1988年。

索　　引

一　　畫

二　　畫

三　　畫

四　畫

五　畫

六　畫

七　畫

八　畫

九 畫

十 畫

十一畫

十二畫

十三畫

十四畫

十五畫

世界哲學家叢書(一)

書名	作者	出版狀況
孟子	黃俊傑	撰稿中
老子	劉笑敢	撰稿中
莊子	吳光明	已出版
墨子	王讚源	撰稿中
淮南子	李增	撰稿中
賈誼	沈秋雄	撰稿中
董仲舒	韋政通	已出版
揚雄	陳福濱	撰稿中
王充	林麗雪	排印中
王弼	林麗眞	已出版
嵇康	莊萬壽	撰稿中
劉勰	劉綱紀	已出版
周敦頤	陳郁夫	已出版
邵雍	趙玲玲	撰稿中
張載	黃秀璣	已出版
李覯	謝善元	已出版
王安石	王明蓀	撰稿中
程顥、程頤	李日章	已出版
朱熹	陳榮捷	已出版
陸象山	曾春海	已出版
陳白沙	姜允明	撰稿中
王陽明	秦家懿	已出版
王廷相	葛榮晉	排印中
方以智	劉君燦	已出版
朱舜水	張立文	撰稿中

世界哲學家叢書(二)

書名	作者	出版狀況
眞德秀	朱榮貴	撰稿中
劉蕺山	張永儁	撰稿中
黃宗羲	盧建榮	撰稿中
顏元	楊慧傑	撰稿中
戴震	張立文	已出版
竺道生	陳沛然	已出版
眞諦	孫富支	撰稿中
慧遠	區結成	已出版
僧肇	李潤生	已出版
智顗	霍韜晦	撰稿中
吉藏	楊惠南	已出版
玄奘	馬少雄	撰稿中
法藏	方立天	已出版
惠能	楊惠南	撰稿中
澄觀	方立天	撰稿中
宗密	冉雲華	已出版
永明延壽	冉雲華	撰稿中
知禮	釋慧嶽	撰稿中
大慧宗杲	林義正	撰稿中
世親	釋依昱	撰稿中
袾宏	于君方	撰稿中
章太炎	姜義華	已出版
熊十力	景海峰	已出版
梁漱溟	王宗昱	排印中
馮友蘭	殷鼎	已出版

世界哲學家叢書(三)

書名	作者	出版狀況
唐君毅	劉國強	撰稿中
龍樹	萬金川	撰稿中
元曉	李箕永	撰稿中
休靜	金煐泰	撰稿中
知訥	韓基斗	撰稿中
道元	傅偉勳	撰稿中
李栗谷	宋錫球	撰稿中
李退溪	尹絲淳	撰稿中
伊藤仁齋	田原剛	撰稿中
山鹿素行	劉梅琴	已出版
山崎闇齋	岡田武彥	已出版
三宅尚齋	海老田輝巳	撰稿中
中江藤樹	木村光德	撰稿中
貝原益軒	岡田武彥	已出版
荻生徂徠	劉梅琴	撰稿中
富永仲基	陶德民	撰稿中
楠本端山	岡田武彥	已出版
吉田松陰	山口宗之	已出版
西田幾多郎	廖仁義	撰稿中
柏拉圖	傅佩榮	撰稿中
亞里斯多德	曾仰如	已出版
聖奧古斯丁	黃維潤	撰稿中
聖多瑪斯	黃美貞	撰稿中
笛卡兒	孫振青	已出版
斯賓諾莎	洪漢鼎	排印中

世界哲學家叢書(四)

書名	作者	出版狀況
洛克	謝啟武	撰稿中
巴克萊	蔡信安	撰稿中
休謨	李瑞全	撰稿中
盧梭	江金太	撰稿中
康德	關子尹	撰稿中
費希特	洪漢鼎	撰稿中
黑格爾	徐文瑞	撰稿中
祁克果	陳俊輝	已出版
約翰彌爾	張明貴	已出版
馬克思	許國賢	撰稿中
狄爾泰	張旺山	已出版
韋伯	陳忠信	撰稿中
卡西勒	江日新	撰稿中
雅斯培	黃藿	撰稿中
胡塞爾	蔡美麗	已出版
馬克斯·謝勒	江日新	已出版
海德格	項退結	已出版
高達美	張思明	撰稿中
漢娜鄂蘭	蔡英文	撰稿中
盧卡契	錢永祥	撰稿中
哈伯馬斯	李英明	已出版
馬利丹	楊世雄	撰稿中
馬塞爾	陸達誠	撰稿中
梅露·彭廸	岑溢成	撰稿中
德希達	張正平	撰稿中

世界哲學家叢書(五)

書名	作者	出版狀況
呂格爾	沈清松	撰稿中
懷德黑	陳奎德	撰稿中
卡納普	林正弘	撰稿中
卡爾巴柏	莊文瑞	撰稿中
柯靈烏	陳明福	撰稿中
穆爾	楊樹同	撰稿中
維根斯坦	范光棣	撰稿中
奧斯汀	劉福增	撰稿中
史陶生	謝仲明	撰稿中
赫爾	馮耀明	撰稿中
帕爾費特	戴華	撰稿中
魯一士	黃秀璣	撰稿中
珀爾斯	朱建民	撰稿中
詹姆斯	朱建民	撰稿中
杜威	李常井	撰稿中
史賓格勒	商戈令	已出版
奎英	成中英	撰稿中
洛爾斯	石元康	已出版
諾錫克	石元康	撰稿中
希克	劉若韶	撰稿中

世界哲學家叢書(五)

書　名	作　者	出版狀況
呂格爾	沈清松	撰稿中
懷德黑	陳奎德	撰稿中
卡納普	林正弘	撰稿中
卡爾巴柏	莊文瑞	撰稿中
柯靈烏	陳明福	撰稿中
穆爾	楊樹同	撰稿中
維根斯坦	范光棣	撰稿中
奧斯汀	劉福增	撰稿中
史陶生	謝仲明	撰稿中
赫爾	馮耀明	撰稿中
帕爾費特	戴華	撰稿中
魯一士	黃秀璣	撰稿中
珀爾斯	朱建民	撰稿中
詹姆斯	朱建民	撰稿中
杜威	李常井	撰稿中
史賓格勒	商戈令	已出版
奎英	成中英	撰稿中
洛爾斯	石元康	已出版
諾錫克	石元康	撰稿中
希克	劉若韶	撰稿中